Niels Petersen

# HopeDealer –
# Vom Drogenhändler zum Hoffnungsträger

Meine 180°-Wende im härtesten Knast Kolumbiens

NIELS PETERSEN

# HOPE DEALER

## Vom Drogenhändler zum Hoffnungsbringer

Meine 180°-Wende im härtesten Knast Kolumbiens

adeo

Frei

*Wo wär ich jetzt wohl ohne Dich, Gott?*
*vielleicht unter der Erde mit ner Kugel im Kopf*
*vielleicht wieder im Knast wegen Drogenimport*
*wär auf dem Weg in die Verdammnis, alle Hoffnung verlorn'*
*180°, Du hast mein Leben geswitched*
*führtest mich aus dem Dunkeln durch den Nebel ins Licht*
*mein Schöpfer, mein Retter ohne Dich gäbe es mich nicht*
*Du hast jeden kleinen Riss in meiner Seele geflickt*
*Du hast mich gefunden in der dunkelsten Stunde*
*drehte Runden um Pudding, mir ist die Flucht nicht gelungen*
*viel zu viel Zeit verbracht in dieser Einzelhaft*
*ich hab nach Dir geschrien, Du hast mich freigemacht*
*Du ergriffst die Initiative*
*hast in der Ewigkeit entschieden, mich für immer zu lieben*
*Du gibst mir den inneren Frieden*
*ich hab mich entschieden, Dich für immer zu lieben!*

(Auszug aus dem Song „Frei“ von R.E.A.L x Double M
vom Realtalk Records Sampler 2)

*Aus Gründen der eigenen Sicherheit und der Wahrung aller Persönlichkeitsrechte sind einige Namen, Orts- und Zeitangaben verändert worden.*

# INHALT


Prolog ........ 9

Wie alles anfing ........ 13
Street Credibility ........ 31
Südamerika – eine Liebe fürs Leben ........ 52
Auf Abwegen in Kolumbien ........ 64
Ein kurzer Traum ........ 82
Bruchlandung in den Bergen ........ 94
Volles Risiko ........ 101
Der Alptraum beginnt ........ 118
La Modelo – die Hölle auf Erden ........ 125
Ein Stück Himmel in der Hölle ........ 150
Neue Hoffnung ........ 159
Gefangen, aber frei ........ 167
Eine zweite Chance ........ 176
Made in Heaven ........ 190
Vom Dope-Dealer zum Hope-Dealer ........ 206
Realtalk – Gospel statt Gangster ........ 225

Epilog ........ 233
Anhang – Wenn du mehr wissen möchtest ........ 239

# Prolog

*„Machs gut, Alter! Und viel Glück", ruft mein Kumpel Oscar mir noch zu, als ich am El-Dorado-Flughafen in Bogotá aus seinem Auto steige. Er weiß, was ich vorhabe, und sein Glück-Wunsch ist keine hohle Phrase.*

*Ich nehme meinen Koffer und meinen Rucksack und gehe zum Air-France-Schalter. Checke ein, gebe den Koffer ab, alles ganz normal. Den Rucksack behalte ich natürlich als Handgepäck bei mir. Der Flug hat drei Stunden Verspätung, erfahre ich. Mist. Drei Stunden mehr Zeit, nervös zu sein. Drei Stunden mehr, in denen irgendwas schiefgehen kann. Aber wohl nicht zu ändern. Auf der positiven Seite haben die von der Air France mir zur Entschädigung einen Gutschein mitgegeben für eins der Restaurants, die sich in der Abflughalle befinden, „Crepes & Waffles". Ein echt guter Laden mit viel Auswahl für den süßen Zahn, aber auch herzhafte Sachen. Nicht schlecht!*

*Ich schultere meinen Rucksack und gehe hoch in die Halle, wo die ganzen Restaurants sind. Setze mich im „Crepes & Waffles" an einen freien Tisch. Und plötzlich kommt da ein ganzes Rudel bildschöner Frauen herein. An ihren Schärpen erkenne ich, dass es sich um eine Abordnung von „Missen" aus den ganzen kolumbianischen Departamentos, also den Bundesländern, handelt. Anscheinend wollten sie gerade gemeinsam zu irgendeiner Misswahl fliegen. Alter, das ist wirklich ein Fest für die Augen – ein Mädchen ist schöner als das andere. Und ich denke: Wow, das ist jetzt wohl für längere Zeit das letzte Mal, dass ich so hübsche Frauen sehe. Eigentlich bezog sich das nur darauf, dass ich Südamerika und seine Naturschönheiten verlasse. Doch plötzlich macht sich in mir irgendwie so ein Bauchgefühl bemerkbar, das mir sagt: Das geht schief! Du wirst auffliegen! Die verhaften dich und dann siehst du für Jahre nicht das Sonnenlicht.*

*Ich weiß, dass ich eine 50/50-Chance habe, durchzukommen oder gepackt zu werden. Die vielleicht beste Drogenpolizei der Welt sitzt in diesem Flughafen. Das schlechte Gefühl ist so stark, dass ich tatsächlich blitzschnell im Kopf meine Optionen durchgehe – in Sekundenbruchteilen mache ich Pläne: Noch ist nichts passiert. Niemand hat irgendwas gemerkt. Ich kann jetzt einfach aufstehen und den Flughafen verlassen. Und dann soll Oscar mich abholen, ganz egal, dass mein Koffer dann ohne mich nach Paris fliegt. Schon überlege ich mir, wie ich das dann mache, wo ich den Rucksack verstecke und wie ich den schnell wieder loswerde. Doch fast genauso schnell kickt mein Hustler-Gen wieder rein und ich denke: Nein, ich bin jetzt hier und ich zieh das durch, koste es, was es wolle. Es gibt kein Zurück mehr.*

*Gibts ja auch tatsächlich eigentlich nicht, denn ich brauche diese Kohle. Ganz einfach. Außerdem ist das bei Weitem nicht das größte Ding, das ich gedreht habe. Da sind schon ganz andere Sachen gelaufen, dagegen ist das hier echt ein Witz.*

*Als ich mich auf den Weg zum Security-Check mache, bin ich daher auch nicht mal groß nervös, geschweige denn, dass ich irgendwelche verdächtigen Stressanzeichen zeigen würde. Ich stelle mich brav in der Schlange an, und am Band vor dem Scanner angekommen lege ich vorschriftsmäßig meine Uhr und meinen Gürtel ab, leere die Hosentaschen, lege Handy und Laptop in diese Plastikwanne und den Rucksack in eine zweite. Während ich darauf warte, dass der Beamte am Scanner mich durchwinkt, sehe ich hinter der Station Anti-Narcóticos-Leute mit ihren Drogen-Suchhunden stehen.*

*Mir ist klar: Jetzt kommt es drauf an. Wenn etwas schiefgeht, dann hier. Wenn ich hier durchkomme, hab ich es geschafft.*

*Ich gehe durch den Sicherheitscheck und nichts passiert. Niemand sagt etwas, niemand merkt etwas. Ich nehme meinen Rucksack und die anderen Sachen wieder an mich und gehe an den Drogenhunden vorbei. Auch die schlagen nicht an und ich gehe einfach unbehelligt weiter.*

*Dann der Zoll und Passkontrolle. Nur ein kurzer, desinteressierter Blick des Beamten, dann bekomme ich den Ausreisestempel in meinen Pass. Fertig.*

*Ich gehe wie ferngesteuert zum Gate. Setze mich hin und denke: Geschafft. Das Ding ist gelutscht. Jetzt kann nichts mehr schiefgehen. Der Flug an sich wird kein Problem sein, warum auch. Das Handgepäck liegt die ganze Zeit schön in den Gepäckfächern im Flugzeug, da guckt niemand mehr nach irgendwas. Und der Flug von Paris nach Hamburg ist ein Transitflug, da passiert auch nichts mehr. Fett! Die Anspannung löst sich fühlbar von meinen Schultern. Ich bücke mich, ziehe meine Sneakers aus und fange an, mich zu entspannen. Und schon geht es wieder los mit dem Gedankenfeuerwerk: Ey, das war ja sowas von easy going. Krass! Wenn ich wieder zurück in Kolumbien bin und das alles abgewickelt habe, schicke ich als Nächstes gleich fünf oder zehn Mulas los, also Leute, die man Drogen schmuggeln lässt. Und nicht nur mit 600 Gramm Base, sondern gleich mit zwei, drei Kilo! Bei einer kurzen Überschlagsrechnung, was das an Umsatz bedeutet, kriege ich das Grinsen gar nicht mehr aus meinem Gesicht.*

*Eine halbe Stunde später schrecke ich aus meinen rosaroten Gedanken hoch, als plötzlich eine ganze Horde Polizisten von den Anti-Narcóticos das Gate entert. Blitzartig bauen sie drei Tische auf und rufen: „Alle Passagiere des Flugs nach Paris kommen bitte nochmals aus dem Gate raus und dann hierher für eine letzte Sicherheitskontrolle."*

*Mit so einer Aktion habe ich nicht gerechnet. Wie ich im Nachhinein mitbekommen habe, ist das wohl bei „vuelos calientes", also „heißen Flügen", auf denen viel geschmuggelt wird, inzwischen gang und gäbe.*

*Ich bin wie vor den Kopf gestoßen. Realisiere gar nicht sofort, was das bedeutet. Fühle gar nichts. Mein Kopf ist wie im Leerlauf.*

*Ich weiß nur: Das ist richtig, richtig schlecht. Aber ich muss mich jetzt zusammenreißen. Darf mir nichts anmerken lassen.*

*Tatsächlich gehe ich sogar als einer der Ersten nach vorn, um den Eindruck zu erwecken, dass ich nichts zu verbergen hätte. Aber ich sehe, wie sie das Handgepäck der anderen auseinandernehmen und ohne viel Aufhebens mit großen Nadeln in Taschen und Rucksäcke stechen. Und dann geht alles ganz schnell. Sie leeren meinen Rucksack aus, schauen hinein. Und als sie nichts finden, stechen sie mit ihren Nadeln in den Boden und das Rückenteil. Sie riechen daran, schauen sich gegenseitig vielsagend an und dann mich.*

*Der eine Polizist sagt zu mir: „Setzen Sie sich bitte hier in die erste Reihe" und ich denke: Die erste im Flugzeug wäre vielleicht ganz gut gewesen ... aber hier im Gate nach dieser Ansage, das heißt nichts Gutes.*

*In diesem Moment weiß ich: Das wars. Diese große Show „Drogenbusiness in Kolumbien", das ist alles vorbei. Nach diesem Hype eben, wo ich dachte, ich habs geschafft, ist das ein verdammt tiefer Fall. Noch weiß ich nicht, was auf mich zukommt, aber mir ist klar, dass das, was jetzt folgt, brutal hart werden wird und ich stark sein muss.*

# WIE ALLES ANFING

Ich bin am 13. März 1983 geboren. Es war ein sonniger Tag. Ach nein, wahrscheinlich eher nicht, denn ich kam in Flensburg zur Welt, einer kleinen Hafenstadt an der dänischen Grenze. Doch meine Eltern, Uwe und Inis Maria Petersen, hatten sich tierisch auf mich gefreut und waren sehr glücklich über meine Ankunft.

Mein Vater Uwe ist in eher ärmlichen Verhältnissen in Flensburg in einer Zweieinhalbzimmerwohnung aufgewachsen, die er sich mit seinen Eltern, drei Geschwistern und einer kleinen Schneiderei teilen musste. Meine Großeltern väterlicherseits sind früh gestorben, ich habe sie kaum kennengelernt. Und wenn wir mal da waren, war das Interesse ihrerseits nicht sehr groß. Nach dem, was mein Vater mir erzählt hat, hatte er eine nicht so leichte Kindheit. Er war das jüngste Kind und wurde von seinen Eltern nicht immer ganz fair behandelt. Während seine Zwillingsschwester aufs Gymnasium durfte, musste er die Hauptschule besuchen. Aber mein Vater hat doch über den zweiten Bildungsweg seine Fachhochschuleignung gemacht, und nach einer Kfz-Mechanikerlehre dann Ingenieurwesen studiert.

Er hat einen guten Job ergattert und viel gearbeitet. Jeden Werktag musste er früh raus und kam spät nach Hause, wenn ich schon ins Bett ging. Aber er hat dennoch an den Wochenenden viel Zeit mit mir verbracht, hat mit mir draußen Fußball gekickt und wirklich das bisschen Freizeit, das er hatte, in mich investiert. Ich kann mich noch an viele Aktivitäten mit ihm erinnern, und heute, wo ich selbst Vater bin, weiß ich vermutlich noch mehr zu schätzen, was er da geleistet hat. Auch für seinen Arbeitseifer bewundere ich ihn und bin ihm sehr dankbar für alles, was er für uns geschafft hat.

Meine Mutter war Sekretärin und hat erst in einem Steuerbüro gearbeitet und später bei meinem Onkel, der ein erfolgreiches Architektenbüro hatte. Aber immer nur halbtags, damit sie für mich da sein konnte. Und wenn ich aus der Schule kam, stand das warme Mittagessen schon auf dem Tisch.

Meine Eltern haben sich beide immer sehr bemüht, dass zu Hause alles bestens klappt. Bei uns lief es gesittet und ordentlich ab, meine Eltern sind im besten Sinne gute Vorbilder, sehr liebevolle und hilfsbereite Menschen. Ich habe von ihnen nie ein schlechtes Wort über andere gehört, geschweige denn hätte es irgendwelche Heimlichtuereien gegeben. Sie waren total ehrlich und transparent, und so haben sie mich auch erzogen.

Soweit ich weiß, hätten sie gerne noch mehr Kinder gehabt, aber es hat einfach nicht geklappt. Anscheinend sollte es so sein, dass ich das einzige Kind bleibe, und entsprechend viel Liebe und Aufmerksamkeit habe ich bekommen. Das war einerseits schön, andererseits ist es bestimmt auch ganz angenehm, wenn man zu zweit oder zu dritt ist und sich als Kind auch mal der Aufmerksamkeit entziehen kann.

Bis 1990 haben wir in Harrislee bei Flensburg gelebt, in einem grauen, hässlichen Hochhausblock. Später haben meine Eltern in einem Neubaugebiet eine Doppelhaushälfte gebaut, in der ich meine Kindheit und Jugend verbracht habe. Harrislee ist eine Gemeinde direkt an der dänischen Grenze, der letzte Ort, durch den man muss, wenn man nach Dänemark will. Es ist eine schöne, ruhige Gemeinde mit so um die 12000 Einwohnern. Und dafür, dass das eigentlich ein eher verschlafenes Nest war, ist es dort doch ganz schön abgegangen. Aber dazu später mehr.

Wir waren nicht reich, wir waren aber auch auf gar keinen Fall arm, also eigentlich diese typische Mittelschicht, die man heutzutage fast gar nicht mehr hat. Wir hatten unser Reihenhäuschen, ich habe schöne Geschenke zum Geburtstag und zu Weihnachten bekommen und wir konnten ein-, zweimal im Jahr Urlaub machen. Zwar oftmals nur in Dänemark und nicht dick in die Karibik oder so, aber es hat an nichts gefehlt. Natürlich war es nicht so, wie man das vielleicht bei manchen anderen Kindern gesehen hat, deren Eltern wirklich reich waren und die einfach alles bekamen, was sie haben wollten. Ich konnte mir nicht dauernd die neuesten Schuhe oder die teure Jacke anschaffen. Klar, ich habe auch mal die angesagten Adidas-Sneakers bekommen, aber eben nicht viermal im Jahr.

Im Hinblick auf Religion waren meine Eltern der Ansicht, dass ich selbst entscheiden sollte, woran ich irgendwann mal glaube und auch, wie meine politischen Einstellungen sein werden. Meine Oma und Opa mütterlicherseits waren aber sehr fromme Menschen, in deren Leben der Glaube an Gott eine große Rolle gespielt hat. Ich kann mich daran erinnern, dass ich immer, wenn ich bei den Großeltern übernachtet habe, abends vor dem Schlafengehen mit ihnen gebetet habe: „Ich bin klein, mein Herz ist rein, darf niemand drin wohnen als Jesus allein." Sie haben mir auch aus der Kinderbibel vorgelesen, das hat übrigens auch meine Mutter immer mal getan. Aber dadurch, dass mein Vater gar keinen Bezug dazu hatte und meine Mutter eher so einen traditionellen Glauben hatte, war Gott bei uns eigentlich kein Thema. Mein Vater ist Ingenieur, er betrachtet die Dinge eher von einer wissenschaftlichen Warte. Es war aber auch nicht so, dass bei uns gegen Religion geredet wurde oder jemand Atheist war.

Mit 13 habe ich mich dazu entschieden, mich konfirmieren zu lassen, aber natürlich nicht etwa, weil ich so ein großes Interesse an Gott hatte, sondern wegen der Kohle, die ich bekommen würde, wie ich wusste. Der Konfirmandenunterricht war auch leider nicht so pralle, ich habe nichts daraus mitgenommen. Wie es leider auch in so vielen traditionellen Landeskirchen heutzutage ist, ging es halt nicht um einen Gott, der dir auch in größter Verzweiflung einen Ausweg schenkt, um Liebe und Hoffnung, sondern es wurde mit gepflegter Langeweile über den Klimawandel oder moralische Fragen geredet. Aber das sind Themen, die dich nicht verändern können, die machen dich geistig nicht lebendig.

Dennoch hatte ich schon so ein Grundvertrauen und einen Glauben daran, dass es einen Gott gibt. Wenn man mich gefragt hätte, ob ich Christ bin, hätte ich vermutlich Ja gesagt. Aber das hat mich jetzt nicht weiter in meinem Leben tangiert. Das ist ja bei vielen Leuten so, dass sie eben mit einer bestimmten Religion aufwachsen und sie dann irgendwie als gegeben hinnehmen, ohne sich jemals wirklich damit zu befassen oder für sich selbst eine Meinung zu bilden. Ich bin zum Beispiel mit vielen Jungs aufgewachsen, die ich als „Shisha-Lounge-Moslems" bezeichnen würde. Wenn Ramadan ist, fasten sie halt mal ein bisschen und essen vielleicht kein Schweinefleisch. Aber sie haben weder den Koran gelesen noch beten sie regelmäßig, aber dafür saufen sie und haben Frauengeschichten. Nicht missverstehen, das sind Freunde, die ich alle liebhabe. Aber sie sind für mich keine Moslems, nur weil sie da reingeboren sind. So wie ich eben auch kein „richtiger" Christ war. Ich habe einfach wenig Gedanken daran verschwendet. Vielleicht ist es im Rückblick auch ganz gut, dass ich ein sehr unbeschriebenes Blatt war, was Religion anging.

Ich ging auf die Zentralschule in Harrislee. Das Lernen fiel mir leicht, ich war ein guter Schüler, weshalb meine Eltern auch die Empfehlung bekommen haben, mich aufs Gymnasium zu schicken. Was sich aber auch schon früh abzeichnete, war, dass ich ein Draufgänger war, der immer irgendwelche Flausen im Kopf hatte und den Lehrern das Leben schwer gemacht hat. Ich war derjenige, der in der Klasse den Ton angegeben hat und auch immer ganz vorn dabei war, wenn irgendwelcher Mist verzapft wurde. Die anderen Kinder mochten mich größtenteils ganz gern, wahrscheinlich, weil ich stets versucht habe, das Heft in die Hand zu nehmen und Leben in die Bude zu bringen.

Wir hatten eine Lehrerin, die noch so richtig vom alten Schlag war. Eine kleine zierliche kurzhaarige Dame, immer sehr gut gekleidet, die, wenn sie sauer wurde, immer so ein bisschen weißen Schaum im Mundwinkel hatte. Und sie wurde ziemlich oft sauer über mich und hat mich öfters mal nach Hause geschickt, obwohl das noch wirklich harmlose Sachen waren. Ich habe rumgealbert, vielleicht mal Leute in der Klasse mit Papierkügelchen beworfen oder sie verbal geärgert. Heute würde man das Mobbing nennen, aber es war damals noch nicht ganz so extrem.

Aber von Jahr zu Jahr steigerten sich die Missetaten, und in der dritten, vierten Klasse ging es dann los mit den ersten Schlägereien auf dem Schulhof. Ich habe mich sehr früh danach ausgestreckt, anerkannt zu sein und von anderen respektiert zu werden. Und ich hatte eine sehr kurze Lunte, wenn ich das Gefühl hatte, ich werde provoziert oder jemand will mir blöd kommen. Ebenfalls schon in jungen Jahren waren Mädchen sehr interessant für mich. Ich war immer hinterher, dass ich mit den hübschesten Mädels rumhing oder dass eine davon meine „Freundin" war – was erst mal nur bedeutete, dass man sich kleine Liebesbriefe geschrieben und Händchen gehalten hat. Und schon bald sneakte ich mich an Mädchen aus den älteren Klassen ran und konnte tatsächlich mit 10 Jahren bei einer landen, die schon 14 war. Natürlich wollte ich auch fresh aussehen und immer die angesagtesten Klamotten tragen. Zu der Zeit waren das Doc Martens oder Adidas-Streetball-Sneaker und Levis-Jeans.

Meine Eltern haben wirklich bestmöglich versucht, mich so zu erziehen, dass ich auf den geraden Weg komme. Aber es war irgendwie so, als wären die Grenzen, die sie mir setzten, für mich einfach nur dazu da, sie zu übertreten. Als ich mir beispielsweise in der vierten Klasse Ohrringe schießen lassen wollte, verboten sie mir das. Und dann ging ich hin und ließ mir nicht nur ein Ohrloch stechen, sondern gleich drei – eins in ein Ohr und zwei in das andere. Ich habe mich schon in jungen Jahren extrem entschlossen über jede Art von Grenzen hinweggesetzt und einfach meinen Willen durchgesetzt. Es war gar nicht so, dass ich unbedingt gegen meine Eltern rebellieren wollte, so nach dem Motto: „Jetzt mach ich aber genau das Gegenteil von dem, was sie sagen." Sondern es ging eher in die Richtung: „Ich hab da jetzt Bock drauf, ich darf es nicht, aber ich mach's einfach trotzdem. Weil ich es kann."

In der Grundschule hatte ich ein ganz gutes Standing. In unserer Klasse war ein Junge, der schon zweimal backen geblieben war – nennen wir ihn mal Alex. Er kam aus einem komplett zerrütteten Elternhaus wie man hörte: Die Eltern waren wohl irgendwie auf Drogen und haben sich nicht um ihn und seine Schwester gekümmert. Zudem hatte Alex auch mal Krebs gehabt und das zum Glück überstanden. Heute kann ich total nachvollziehen, was mit ihm los war, und er tut mir im Nachhinein mega leid. Aber damals war er für mich einfach nur strange, zudem war er sehr ungepflegt und stank unglaublich, und er wurde natürlich von Jungs wie mir mit meiner großen Klappe gnadenlos gemobbt. Da er zwei Köpfe größer war als wir anderen und auch sehr aggressiv, hatten wir schon irgendwie Respekt vor ihm, aber wir haben ihn trotzdem geärgert bis zum Geht-nicht-mehr. Dann ist er uns immer hinterhergerannt und wollte uns verprügeln, und das war unser Adrenalinstoß für den Tag. Weil wir wussten: Wenn der uns in die Hände bekommt, dann gibt es richtig Lack.

Aber eines Tages entschied ich mich, nicht mehr wegzulaufen. Ich war immer schon ein sehr kräftiger Junge, habe Fußball gespielt und tausend andere Sportarten gleichzeitig gemacht – Tennis, Schwimmen, Tischtennis, Judo. Mit meinem Vater habe ich oft Spaßkämpfe gemacht. Natürlich haben wir uns nicht geschlagen, aber er hat mir viele Griffe gezeigt. Es war für mich einfach sehr instinktiv, irgendwie wusste ich von Grund auf, wie man kräftig zuschlägt. Ein Naturtalent sozusagen. Normalerweise hat man da ja so eine Hemmschwelle, jemandem wirklich eine ins Gesicht zu hauen. Die hatte ich auch. Bis zu dem Moment, als ich gedacht habe: Nee, jetzt laufe ich nicht mehr weg. Und wenn Alex jetzt auf mich losgeht, dann wird der mich plattmachen. Also bevor ich auf die Fresse bekomme, schlage ich lieber zuerst zu.

Und so habe ich ihm einfach drei Schläge in die Schnauze verpasst. Da lag er dann auf dem Schulhof mit blutender Lippe und war K.O., und alle haben es gefeiert. Und ich habe in der Folge gemerkt, dass mir das noch mal ein anderes Standing gab, weil selbst Kinder aus den oberen Klassen Angst vor Alex gehabt hatten. Und ich war erst in der Vierten. In einem kleinen Ort wie Harrislee, wo alle sich irgendwie kennen, habe ich deutlich die neue Anerkennung gespürt.

Bei all den Sportarten, die ich gemacht und ausprobiert habe, war ich immer einer der Besten. Das soll keine dumme Angeberei sein, es war gar nicht mein Verdienst, das ist mir alles irgendwie zugefallen. Ich habe mit Tischtennis angefangen und dann war ich plötzlich Landesmeister. Im Judo habe ich auf dem Turnier als Noch-Weißgurt die ganzen Gelb- und Orangegürtel auf die Matte gelegt. Bei der Leichtathletik hat mir der Trainer gesagt: „Du bist so gut, du musst mit den ganzen anderen Sachen aufhören und dich nur auf Leichtathletik konzentrieren." Ich sagte: „Okay, also nur noch Fußball?", und als er meinte: „Nein, auch kein Fußball", war das das letzte Mal, dass er mich gesehen hat.

Fußball war nämlich absolut mein Ding. Das war mein Sport. Ich bin als kleiner Butscher schon zum Training gegangen und mein Vater musste auch noch und nöcher mit mir kicken, wann immer er Zeit hatte. Also mich hat da niemand hingeschoben, sondern es war wirklich meine Leidenschaft. Auf Fußball habe ich immer Bock gehabt. Und entsprechend war ich auch darin sehr gut, ein richtiges Talent. Das konnte man schon sehr früh sehen. Ich habe ohne Ende Tore geschossen, und mein Vater, der bei jedem Spiel dabei war, hat mir erzählt, dass es in der F-Jugend schon immer hieß: „Ihr müsst den Rothaarigen decken, den

Rothaarigen!" Und dann haben alle den Rothaarigen gedeckt, aber der Rothaarige hat trotzdem fünf Tore geschossen.

In der D-Jugend wurde für die Kreisauswahl gesichtet, die besten 16 Spieler des Kreises Schleswig-Flensburg wurden ausgesucht, um dann in den Landesmeisterschaften zu spielen. Ich war natürlich dabei und hatte von da an jeden Montag Kreisauswahl-Training. Dann kam die Landesmeisterschaft, auf der alle Mannschaften aus den Kreisen in Schleswig-Holstein gegeneinander gespielt haben. Und da wiederum wurde für die Landesauswahl gesichtet. Auch hier wurde ich zu den Landesauswahltrainings eingeladen, die in Malente stattfanden, anderthalb Stunden von Flensburg entfernt. Meine Mutter hat mich immer hingefahren, weil die Trainings unter der Woche waren und es sonst zu viel Zeit gekostet hätte. Sie hat da echt viele Kilometer mit mir geschrubbt.

Meine ganze Jugend über bis zum frühen Männerbereich war ich in der Landesauswahl und habe bei den Deutschen Meisterschaften gespielt, in Duisburg oder auch in Berlin. Und bei diesen Gelegenheiten hat der DFB für die U16, U17 und so weiter nach Nachwuchs geschaut. Ansonsten spielte ich in den besten Teams rund um Flensburg. Ich hatte auch Angebote von VFB Lübeck und Holstein Kiel, dort zu größeren Vereinen zu gehen, aber da ich nun mal in Flensburg lebte und dort aufs Gymnasium ging, bin ich vereinsmäßig auch dort geblieben.

✝

Es gibt fünf deutsche Gymnasien bei uns in Flensburg. Meine Freunde von der Zentralschule und ich haben uns entschieden, aufs Alte Gymnasium zu gehen. Das ist schon eine Art Elitegymnasium, eine richtig gute Schule, auf die die ganzen Kinder aus den reichen Familien von und zu soundso gingen.

Da ich wie gesagt schon immer vom Typ her ein Draufgänger war, hing ich natürlich immer mit den Älteren in Harrislee rum.

Wir trafen uns am Jugendheim, wo wir Billard und Tischtennis spielen konnten. Die Älteren haben schon gekifft und es lief auch einiges mit Mädels. Dafür, dass Harrislee eher eine kleine Gemeinde war, ging es echt schon ziemlich ab. Die sozialen Brennpunkte von Flensburg grenzten direkt an Harrislee. Dadurch war Harrislee ein Dreh- und Angelpunkt für alle möglichen Sachen. Und es war Grenzstadt zu Dänemark. Als ich 15 oder 16 war, haben sich 100 bis 120 Jugendliche am Wochenende auf dem Marktplatz getroffen, zusammen gesoffen und Schlägereien angezettelt und noch einiges mehr. Es war echt ganz schön wild.

Ich zog meine Fußballleidenschaft beständig durch, hatte aber immer Lust auf Nervenkitzel, auf das Ausprobieren von neuen Sachen, die man so sah bei den Älteren. Die saßen auf den Spielplätzen und haben sich die Kurzen reingehauen. Also haben wir uns beim Supermarkt auch welche gezockt und so sind wir schon mit 10, 11 Jahren das eine oder andere Mal besoffen am Spielplatz aufgelaufen. Zum ersten Mal geraucht habe ich auch um den Dreh.

1993, ich war 10 Jahre alt, kam etwas in mein Leben, was mich sehr geprägt hat: meine erste große Liebe. Und das war der Hip-Hop. Ich weiß es noch, als wäre es gestern gewesen: Ich saß zu Hause in der Wohnstube und habe MTV laufen gehabt. Natürlich. Das war nun mal das Programm, das man gucken musste, wenn man Musik mochte und aktuell informiert sein wollte. Und Musik hatte ich schon immer gemocht, auch wenn ich selbst keine machte. Ich hatte zwar mal Keyboard-Unterricht gehabt, aber das hatte mich nicht so richtig gepackt. Doch Musik hören, das war super. Am besten rockig. Ich war ein riesiger Guns N' Roses-Fan, auch Metallica und AC/DC fand ich super.

Ich überlegte gerade, ob ich mal im Kühlschrank gucken sollte, was so zu essen da war. Da passierte es: Auf MTV wurden Neuheiten vorgestellt und ein extrem cooler Beat erwischte mich wie eine kühle Brise. Ich starrte fasziniert auf die Mattscheibe: „Snoop Doggy Dogg" stand da, mit dem Video „Who Am I (What's My

Name)". Diese Melodie und der Beat und diese Attitude – der Typ war einfach durch und durch cool, und ich saß da wie gebannt und dachte: Alter, was ist das?!? Wie er sich bewegte, wie er angezogen war ... die hübschen Frauen an seiner Seite, die fetten Autos ... In dem Video verwandelte er sich vom Menschen in einen Dobermann, dem er auch tatsächlich irgendwie ähnlich sah. Es war witzig, es war stylish, es war einfach der Hammer. Von einem Moment auf den nächsten war ich in diese Musik verliebt. Ich brauchte mehr davon!

Also fuhr ich am selben Nachmittag mit dem Bus nach Flensburg, das dauerte von Harrislee zum Glück nur ein paar Minuten, und ging schnell zu Brinkmann. Dort konnte man sich CDs aussuchen und anhören, bevor man sie kaufte. Das Album von Snoop Dogg hieß „Doggy Style", und ich habe es rauf und runter gehört. Und von da an habe ich fast jeden Tag gefragt: „Darf ich in die Stadt fahren, eine neue CD kaufen?" Ich habe mir alles angehört, was in dieser Richtung zu kriegen war: Wu-Tang Clan, N.W.A., Dr. Dre, Mobb Deep und DMX. Und dann kam irgendwann 2Pac auf, mein favourite Rapper, bei dem ich dann komplett hängengeblieben bin.

Ich habe dieses ganze Hip-Hop-Ding einfach komplett gelebt. Mein Kleidungsstil wurde umgestellt. Bald hatte ich nur noch Dickies- und Carhartt-Sachen und irgendwann dann Southpole und Karl Kani. Weite Schnitte, die Hosen etwas tiefer hängend, die Cap ein bisschen schief auf dem Kopf. Ich war einer der Ersten in der Gegend, was diesen Style und diese Kultur anging. Zu der Zeit war in so einer kleinen Stadt wie Flensburg Hip-Hop noch gar nicht richtig angekommen, das war also für die anderen voll strange, wie ich rumlief und was ich verkörperte. Das machte mir aber wenig aus; ich hatte mein Ding gefunden.

Der Hip-Hop als Kultur hat vier Elemente, und das sind Breakdancing, Graffiti, DJing und Rappen. Was das Breakdancen angeht, konnte ich nichts reißen, ich war als Fußballer ein steifer

Bock. Ich habe zwar Rhythmus, tanze auch heute Salsa. Aber wenn ich damals versuchte zu breakdancen, sah das eher aus, als hätte ich einen epileptischen Anfall. Graffiti war auch eher low. Klar, wir sind mit Eddings rumgelaufen und haben unsere Tags überall hingeschmiert. Aber das war nicht wirklich etwas, wofür ich eine Begabung oder Leidenschaft hatte. DJing hat mich ebenfalls nicht so getriggert, das war zu der Zeit auch nicht mehr ganz so im Fokus, wie es in den 1980er-Jahren noch war. So richtig interessiert hat mich nur das Rappen. Ich habe begonnen, mich da reinzufuchsen, und später, als ich dann so 15, 16 war, haben wir auch immer mal mit ein paar Leuten Freestyle-Sessions gemacht.

1993 aber ging es erstmal los. Natürlich waren die Texte ein wichtiger Teil der Faszination, und ich habe auch irgendwie leichten Zugang dazu gehabt. Ich habe nicht alles verstanden, die Texte waren ja auf Englisch, aber doch überraschend viel. Irgendwie habe ich das rasch durchschaut, die Punchlines gerafft und auch die Kunst dahinter wirklich gesehen und gefeiert. Und ich konnte mich auch sehr schnell mit dem Street Slang identifizieren. Was ich in diesen Songs gehört habe, hat mich sehr geprägt: Es ging darum, dass du dir einen Namen machen musst auf der Straße, es ging um Respekt und Anerkennung, es ging um Drogendeals, um schöne Frauen mit dicken Ärschen, um Schmuck und Autos, um Loyalität, um das Streetgame. Hauptsächlich waren es Schwarze und ein paar Chicanos, die in den USA zu der Zeit als Rapper bekannt waren, und in ihren Texten ging es oft um das Leben in der Hood und darum, wie schwer es ist für sie, da rauszukommen und etwas aus sich zu machen. Um die ständigen Struggles mit der Polizei, die sie nur wegen ihrer Hautfarbe oder Herkunft schon als Kriminelle abstempeln und ihnen das Leben schwermachen. Obwohl ich ja nun weder farbig noch aus der Gosse war, identifizierte ich mich voll mit alledem. So setzte sich schon in jungen Jahren in mir die Überzeugung fest, dass die Polizei mein Gegner sei.

Und dazu gab es auch die entsprechenden Filme. Ich weiß noch, dass ich zwei Jahre lang fast jeden Tag einen Film geguckt habe, der in den Ghettos von L.A. spielte, „Menace II Society". Ein sehr brutaler Streifen, in dem jede Menge Leute sterben und der die Realität in diesen Ghettos auf schockierende Weise zeigt. Oder auch „Boyz in The Hood", ein anderer Film dieser Art. So etwas lässt einen natürlich nicht unberührt. Die ganze Attitude, die in den Videos von den Rappern rüberkam, und die Aussagen in den Texten haben sich dadurch für mich noch mehr visualisiert und mich komplett geprägt. Ich wollte mehr. Ich wollte so ein Mann sein, ich wollte ein Gangster sein. Aber die Realität war, dass ich einfach ein Kind aus einem guten Elternhaus aus einer Kleinstadt an der dänischen Grenze war. Genau wie die meisten meiner Freunde, mit denen ich rumhing und diese Liebe zum Hip-Hop teilte.

Zu der Zeit waren wir mit dieser Leidenschaft für Rap eine Minderheit, zumindest in Harrislee. In den Neunzigern war ja noch die Neue Deutsche Welle angesagt und die Backstreet Boys oder die Kelly Family und was es da nicht alles gab. Auf Snoop Dogg, Dr. Dre und 2Pac und Konsorten standen nur wenige Jugendliche. In Flensburg gab es ein paar mehr, hauptsächlich Türken oder Araber, die den Style auch gefeiert haben. Und das bedeutete, dass wir unsere Kreise vom Jugendheim in Harrislee immer weiter ausgedehnt haben und auch viel in Flensburg unterwegs waren. Die Leute aus der Stadt kamen aus anderen Verhältnissen und da kursierten auch ganz andere Sachen und da wurde auch schon mal das eine oder andere Ding besprochen.

Hinter dem Fußballplatz in Harrislee, wo wir immer kickten, war der dänische Supermarkt „Fleggaard". In dessen Hinterhof, das konnten wir vom Fußballplatz aus sehen, standen oft Paletten mit Getränken. Und irgendwie kam dann einer von den Jungs auf die Idee, dass wir doch mal den Zaun aufflexen und uns ein paar Kisten schnappen sollten. So ging es mit den ersten kriminellen

Gedanken und Handlungen los. Es war natürlich auch kostspielig, immer die ganzen Rap-Alben bei Brinkmann zu kaufen, also habe ich angefangen, sie stattdessen zu klauen. In der Schule hatten wir einen Typen, der Computerspiele brannte, und ich habe immer die originalen Computerspiele für ihn gezockt und sie ihm dann verkauft. In der 5. oder 6. Klasse fingen viele an, dieses Odol-Spray zu benutzen, weil sie heimlich rauchten und den Geruch damit überdecken wollten. Also habe ich mir immer im Krankenhausladen in der Nähe der Schule die Taschen vollgemacht mit diesen Sprayflaschen und sie dann vertickt.

Als dann irgendjemand von den Leuten aus Flensburg, mit denen wir rumhingen, plötzlich eine Gasknarre hatte, war sofort klar: Ich will auch so ein Ding haben. Hatte ich dann auch bald. Mit 13. Ich bin mit meiner Gasknarre rumgelaufen und fand, dass ich der absolut krasseste Typ war. Währenddessen arbeitete ich weiter an meiner Fußballkarriere. Bis darauf, dass ich dauernd Rote Karten bekam, weil ich so unbeherrscht war, lief es wirklich gut. Und im Gymnasium kam ich auch recht gut klar, obwohl ich echt wenig Zeit für die Schule investierte. Ich war ein durchschnittlicher Schüler, habe aber ständig Probleme gemacht, und einige Lehrer hatten mich entsprechend auf dem Kieker. Öfter hörte ich Dinge wie: „... aber der Allerschlimmste ist dieser Niels!"

Dabei habe ich zuerst wirklich keine großartigen Sachen angestellt. Das Schlimmste war, als ich mit ein paar Kumpels im Schulkiosk „Kernbeißer" gearbeitet habe. Zuerst haben wir uns selbst vollgefressen und nachher dann auch mal in die Kasse gegriffen. Als es überhandnahm, wurden wir erwischt und man sagte mir: „Bei der nächsten Sache fliegst du!" Das muss in der 9. Klasse gewesen sein.

Durch den Fußball hatte ich viele Kontakte zu Älteren, und da kursierten auch Drogen. Der eine oder andere kiffte und das hat mich natürlich auch gereizt. Durch die Filme und die Rap-Songs war ich voll darauf geeicht, dass Drogen einfach dazugehörten.

Und für mich war ganz klar, dass ich das ausprobieren würde. Ich muss etwa 15 gewesen sein, als ich das erste Mal an einem Joint gezogen habe. Zu meiner Enttäuschung habe ich gar nichts gemerkt und mir gesagt: Das nächste Mal muss ich dann wohl gleich ne Bong rauchen.

Wenig später habe ich genau das auch gemacht. Und war gleich voll high. Ja, das hat mich krass getriggert. Ich habe mir eine eigene Bong besorgt und dann ging es los. Ich habe von da an so ziemlich jeden Tag gekifft. Und damit verschob sich auch noch mal mein Fokus. Bis dahin war ich immer auf der Straße unterwegs gewesen, bin von Jugendheim zu Jugendheim, habe hier und da auch Mist gebaut und vielleicht die eine oder andere Schlägerei gehabt. Jetzt zog es mich in die Kifferbuden, wo ich Zugang zu Stoff hatte – zu Gras und Hasch. Ich war beileibe nicht der Einzige in meiner Klasse, der gekifft hat, und so haben wir uns dann in der Pause im Stadtpark direkt gegenüber der Schule hingesetzt und geraucht. Die anderen hatten nicht so die Möglichkeiten, an den Stoff ranzukommen. Ich schon.

Und so ging es los, dass ich immer ein bisschen was für andere mitgebracht habe. Noch hatte ich in dieser Hinsicht keine größeren Pläne, aber es war sehr angenehm, dass ich mir so ganz easy meinen eigenen Konsum finanzieren konnte. Zeitgleich gab es wieder irgendein Problem auf meinem Gymnasium, und ich war ja sowieso schon angezählt. Ich weiß nicht mehr, was letztlich der ausschlaggebende Grund war, auf jeden Fall hieß es: „Entweder, du gehst jetzt selbst von der Schule und suchst dir eine andere, oder wir schmeißen dich raus." Das war ja noch echt nett, dass sie mir diese Möglichkeit gegeben haben, denn wenn du irgendwo geschmissen wirst, ist es schwierig, dann anderswo aufgenommen zu werden.

Ich kannte vom Fußball ein paar Jungs, die auf die Goetheschule gingen. Die war zwar von mir aus ein bisschen weiter weg – auf der anderen Seite des Hafens in Flensburg –, aber laut meiner

Kumpels ging es da total entspannt zu. Ich habe meinen Eltern also gesagt, dass ich gern dorthin wechseln würde, und sie haben dem zugestimmt. Sie waren wohl auch ganz froh, dass ich auf eine andere Schule gehen wollte, weil ich auf dem Alten Gym nur Probleme hatte und sie sich auf den Elternabenden das Gejaule über mich von den Lehrern und auch teilweise von anderen Eltern anhören mussten. Bis dato wussten sie noch nichts vom Kiffen, das habe ich schön vor ihnen geheim gehalten. Wir haben mich also dort angemeldet. Die Lehrer dort wussten nicht genau den Grund, warum ich die Schule gewechselt habe, den wollten sie auch nicht wissen, aber sie konnten sich denken, dass ich ein Problemschüler war. Ich habe ein halbes Jahr Probezeit bekommen und mich so lange auch schön ruhig verhalten. Das war beim Übergang von der 9. in die 10. Klasse.

Alles, was sonst so im Hintergrund lief, ging natürlich weiter. Meine Eltern wussten zunächst wie gesagt nichts davon. Als ich angefangen habe, die ersten Tüten oder Pillen zu verkaufen, habe ich das sehr sorgfältig vor ihnen versteckt. Dass meine Eltern mitbekommen, dass ihr Sohn kriminell ist, war das Letzte, was ich wollte.

Sie hatten dann sowieso andere Sorgen. Mein Vater hatte einen guten Job als Ingenieur in Flensburg. Doch dann wurde die Firma umstrukturiert und mein Vater wurde gefeuert. Ich habe mitbekommen, wie sehr ihn das fertiggemacht hat, und das hat mich ziemlich geschockt. Für mich war es krass, meinen Vater so zu sehen: am Boden zerstört und mit Tränen in den Augen. Klar, er hatte Familie, das Haus musste abbezahlt werden, vermutlich hatte er echt Existenzängste.

Das war der Moment, in dem ich mir geschworen habe, dass ich nie für jemanden arbeiten möchte. Ich wollte nicht für irgendeinen Hampelmann knechten, der mich dann abservieren könnte, wenn ich ihm nicht mehr gut genug war. Ich wollte mein eigener Chef sein, egal wie! Und ich glaube, der Moment war auch der Grundstein für meinen frühen Fokus darauf, noch vor meinem 30. Geburtstag Millionär werden zu wollen. Und zwar um so ziemlich jeden Preis. „Get rich or die tryin'", wie 50 Cent so schön singt.

Schließlich fand mein Vater einen neuen Job, allerdings auf Sylt. Daher war er nur noch am Wochenende zu Hause. Das war gerade in der übelsten Zeit, in der Pubertät, als ich 13 war. Meine Mutter hatte es wirklich schwer mit mir. Im Nachhinein tut mir das furchtbar leid. Natürlich kam es, wie es kommen musste, und irgendwann fand meine Mutter Stoff in meinem Zimmer. Ich habe die üblichen Ausreden angebracht, um sie zu beschwichtigen: dass das nicht mein Zeug sei, dass ich es nur für jemanden aufbewahren sollte ... Sie hat das damals schon nicht geglaubt und dann immer wieder probiert, mit mir ins Gespräch zu kommen und mich zu warnen: „Das ist ganz schlecht, Niels. Wenn das rauskommt, fliegst du von der Schule und dann ..." Aber ich habe es abgeblockt. Und nach und nach wurde es mir auch immer egaler, ob sie es nun mitkriegt oder nicht. Wenn sie gemeckert oder versucht hat, vernünftig mit mir zu reden, bin ich in mein Zimmer, hab mich eingeschlossen und meine Bong geraucht. Und was sollte sie schon machen?

Meine Eltern waren in diesen Dingen selbst zwar unbeleckt – als in den Siebzigerjahren die wilde Drogenzeit war, haben sie beide nie welche genommen –, aber sie haben miterlebt, wie Freunde von ihnen so richtig Christiane-F.-mäßig komplett lost gegangen und teilweise gestorben sind. Meinen Vater hat es daher massiv belastet, als er mitbekommen oder zumindest geahnt hat, was ich so trieb.

Für mich war der Graskonsum bereits ein fester Bestandteil meines Lebens geworden. Das ist in der Hip-Hop-Kultur komplett verankert. Jeder, den ich kannte, hat gesmoked, in allen Raptexten und -videos drehte es sich um Drogen, man konnte dem gar nicht entkommen. Es gehörte einfach dazu, es musste irgendwie sein. Und so waren wir dann halt auch fast ständig stoned. Seitdem ich 15 war. Immer und überall. Nur wenn ich zum Fußball gegangen bin, war ich klar. Aber in der Schule und überall sonst war ich dauer-high. Ich habe mich mit meinen Jungs oben im Zimmer eingeschlossen und dann ist die Bong rumgegangen. Und wenn es nicht bei mir war, dann eben woanders.

Das ging natürlich ganz schön ins Geld. Und wenn ich mir die Typen, von denen wir das Zeug bezogen, genauer ansah, waren das eigentlich mega die Lappen, die aber ziemlich viel Geld verdienten. Das setzte bei mir gewisse Denkprozesse in Gang.

✝

Ein Riesenthema wurden auch sehr bald schon Mädels. Mit meinem besten Freund Dogan, der halb Türke, halb Kurde ist, hatte ich einen Kumpel an meiner Seite, der sogar noch einen Tick schlimmer war als ich. Wir waren wirklich total fokussiert darauf, uns zu besaufen und Mädchen klarzumachen.

Meine erste ernsthafte Freundin hatte ich mit 16. Sie hieß Lara. Wir waren ein halbes Jahr zusammen und mit ihr hatte ich auch mein erstes Mal. Doch irgendwann ging es auseinander, und da war für mich klar: Okay, jetzt weiß ich, wie es funktioniert – jetzt geht es richtig los. Und das tat es auch. Am Anfang ging es mir vor allem ums Partymachen, und dabei hat man natürlich auch dann und wann was mit Mädels gehabt. Aber das kehrte sich nun um und bald war die Party gar nicht mehr wichtig, sondern nur noch, dass man eine Frau klarmachte.

Da ich nach wie vor viel in Flensburg unterwegs war, hatte ich viele Connections zu allen möglichen Leuten. Mit 16, 17 Jahren fing es dann an, dass wir als Hip-Hop-Leute auch mal Abstecher in andere Szenen gemacht haben. Es gab in der Gegend keine Hip-Hop-Partys, dafür aber in den Großraumdissen recht heftige Technopartys, wo die Leute alle hingepilgert sind. Dort wurden andere Drogen genommen – Ecstasy, Speed. Kokain. Und irgendwann war es dann so weit, dass ich das auch mal ausprobieren wollte. Ich glaube, da war ich 17. Wir sind nach Hamburg auf den G-Move gefahren, das war so eine Art kleine Love Parade. Und dort habe ich ein halbes Teil eingeschmissen. Eine halbe Stunde später war ich auf Wolke 7, völlig in Ekstase, und dachte nur: Boah, voll krass! Wir haben durchgefeiert, also wirklich bis zum nächsten Tag um 12 Uhr mittags, und ich spürte keine Müdigkeit und fühlte mich bombastisch.

Hip-Hop blieb meine Nummer 1, aber von da an war ich fast jedes Wochenende auf irgendeiner heftigen Techno-Party, wo ich mir was eingeschmissen und wieder neue Kontakte geknüpft habe.

Auf der neuen Schule wurde noch viel mehr gekifft als auf der alten, und rasch fing es an, dass irgendjemand fragte: „Ey, du hast immer so heftig gutes Gras. Kannst du nicht auch mal 50 Gramm besorgen, ich würde das gerne bei mir auf'm Dorf verchecken." Also habe ich dem Menschen 50 Gramm verkauft und beim nächsten Mal dann schon 200 Gramm und so weiter.

So ergab es sich, dass ich mit 17 immer mehr verkauft habe. Auf den großen Partys hatte ich bald immer 50 oder 100 Pillen Ecstasy und paar Tüten mit Speed dabei, schön an den Eiern versteckt. Die Türsteher kannte ich größtenteils auch schon, und so ging ich rein in die Disco, feierte und kam hinterher mit einem Batzen Geld wieder raus.

Brief an die Straße

# STREET CREDIBILITY

Es ging mir bei dem Ganzen nicht nur ums Geldverdienen, obwohl das natürlich sehr praktisch war. Vor allem aber wollte ich mir auf der Straße einen Namen machen, ich wollte Anerkennung bekommen, Respekt von anderen. *Street Credibility*, wie man so schön sagt.

Ich bin quasi ganz „organisch" ins Drogenmilieu reingerutscht. Weil ich auf den Partys die Pillen verkauft habe, haben die Leute im Umkreis mitbekommen, dass man über mich an Stoff rankommt. Das sprach sich dann rum, und so wurden es immer mehr Leute, die auf mich zukamen. Ich war gerade 18 und innerhalb von einem Jahr hatte ich Kunden, die direkt Hunderte von Pillen abgenommen haben, kiloweise Gras und Amphetamin. Für so einen kleinen Butscher wie mich war das schon ein recht großes Geschäft.

In Flensburg gab es eine große Diskothek über drei Stockwerke, das „Big Lemon". Im dritten Stock, im „Vanity", lief Techno und dort wurde ziemlich viel Geschäft gemacht. Alle waren mega drauf. Ich werde hier natürlich keine Namen nennen und auch keine Nationalitäten, damit die Leute sich nicht irgendwas zusammenreimen, aber eines Tages kam ein Angehöriger einer großen Familie auf mich zu, die in Flensburg zu der Zeit zu denen gehörten, die im Milieu das Sagen hatten.

Es war der jüngste Bruder, der mich an diesem besagten Abend ansprach: „Du bist doch dieser Niels. Ich habe gehört, du machst ziemlich viel Business."

„Von wem hast du das gehört?", wollte ich wissen, und er meinte ausweichend: „So was spricht sich schnell rum. Du kannst dir jetzt überlegen, ob du das in Zukunft mit uns zusammen machst oder gar nicht mehr."

„Okay, überlege ich mir", sagte ich und damit war das Gespräch auch schon beendet.

Also habe ich es mir überlegt und es schien mir die weiseste Entscheidung, mit diesen Jungs zusammenzuarbeiten. Zu der Zeit hatte ich angefangen, neben dem Fußball Bodybuilding zu betreiben – eigentlich vor allem, damit die Mädels mich auf dem Schirm hatten, aber dann fand ich Gefallen daran. Und mit 18 war ich eine richtige Maschine, ohne dass ich irgendwie geballert, sprich, irgendwas eingenommen hätte. Zumindest zu der Zeit war alles noch Natur.

Ich habe sehr oft trainiert und traf mich von da an mit diesem besagten jüngsten Bruder beim Sport, wo wir dann besprachen, was man gemeinsam machen könnte. Mir kam die blendende Idee, dass wir doch eine gemeinsame Geschäftsreise machen könnten, um uns besser kennenzulernen. Und zwei Stunden später saßen wir in seinem Auto und fuhren nach Amsterdam. Letztlich haben wir dort keine Geschäfte gemacht, sondern uns einfach nur halb totgekifft. Aber besser kennengelernt haben wir uns definitiv.

Von da an arbeitete ich also mit dieser Familie zusammen, und ab da wussten auch alle in Flensburg: Okay, mit dem können wir jetzt keine komischen Sachen mehr versuchen. Eigentlich hatte ich nämlich gar nicht mal so gute Karten in dem Milieu als Deutscher, als Einzelkind ohne Leute im Hintergrund. Ja, es gab auch deutsche Familien mit vielen Brüdern, und auch die hatten einen heftigen Namen auf der Straße. Aber ich war bis dahin alleine unterwegs gewesen. Sicher hatte ich meine Jungs aus Harrislee, die loyal waren, aber das war etwas anderes. Diese Familie jetzt, die waren mein Rücken. Die Leute wussten: Okay, der Niels arbeitet jetzt mit denen zusammen, da halten wir lieber unsere Klappe und machen das alles so, wie es sein soll.

Und so sind meine Geschäfte größer geworden. Wir haben Stoff von Holland über Hamburg bis über die Grenze nach Dänemark vertickert. Ich ging noch zur Schule, habe aber schon richtig dickes Geld verdient.

Es gab in Flensburg das Modehaus „NIK Fashion", das die ganzen hochwertigen Marken hatte: Hugo Boss, Dolce & Gabbana, Gucci, wirklich teilweise sehr ausgefallene Sachen und nicht nur so Nullachtfünfzehn-Zeug. Dort habe ich mich in einen Hugo-Boss-Mantel verliebt, fast bodenlang und mit Chinchilla-Fell am Kragen. Mann, der war heiß! Den wollte ich haben. Er sollte 3000 Euro kosten, was für mich kein Problem war. Aber man sagte mir, der Mantel sei schon reserviert und zurückgelegt für Lars Christiansen, den Spitzenhandballer von SG Flensburg-Handewitt. Flensburg ist im Handball eine große Nummer, zum Leidwesen der Fußballer, weil das ganze Sponsorengeld immer beim Handball landet. SG Flensburg-Handewitt ist mit THW Kiel DER Verein in Deutschland, quasi das Borussia Dortmund des Handballs. Und Lars Christiansen war einer der berühmtesten Handballer weltweit. Heutzutage ist er nicht mehr aktiv, aber der Name ist noch immer eine Legende. Wie Rudi Völler oder David Beckham. Er war immer mega stylisch angezogen und so war es keine Überraschung, dass der Mantel für ihn zurückgelegt war. Doch ich wollte das Ding unbedingt haben. Ich habe den Verkäufer ohne Ende bequatscht und mit Bargeld gewunken und den Mantel letztlich auch bekommen. Keiner sonst hatte so einen Mantel, keiner hatte diesen Style. Und ab da bin ich dann also mit diesem 3000-Euro-Mantel durch die Gegend gelaufen.

In der Schule kam es jetzt schon mal vor, dass mir in der Pause einer von den Brüdern schrieb: „Hey, was machst du?", und wenn ich dann antwortete: „Ich bin in der Schule", hieß es: „Ich hole dich ab." Und dann kam ein nagelneues Mercedes Cabrio vor dem

Pausenhof angefahren, total getunt natürlich, und ich stieg da ganz selbstverständlich ein.

Bald kannte ich die ganze Drogenszene weit über die Landesgrenzen hinaus. Dieser jüngste Bruder der Familie und ich machten ohne Ende Party. Oft nahmen wir uns am Wochenende einfach einen Mietwagen, packten noch zwei hübsche Mädels mit ein und fuhren irgendwohin, wo halt gerade eine große Techno-Party stieg. Auch mit meinen Jungs aus Harrislee war ich viel unterwegs. Wir fuhren zur Love Parade nach Berlin, mieteten uns in eine Luxus-Politikerwohnung am Kudamm ein und ballerten uns die ganze Woche nonstop Drogen rein. Wir waren voll auf diesem Film.

Natürlich bekam ich auch mit, dass hier und da mal jemand abgezogen oder die Wohnung durchsucht wurde. Aber ich war wirklich gut aufgestellt, ich kannte alle Tricks und ich hatte ja für so einen Fall Rückendeckung durch die Leute, mit denen ich zusammenarbeitete, sodass ich da recht wenig Bedenken hatte. Zu dieser Zeit ging ein großer Teil des Grases und der Pillen, die irgendwie in Flensburg unterwegs waren, durch meine Hand und über meine Leute.

Irgendwann bekam ich den Tipp, dass irgendwelche Techno-Typen 3000 Pillen bekommen sollten, an einem Freitag in der und der Wohnung – aber nicht von uns. What?, dachte ich. Alter, niemand verkauft in meiner Stadt einfach so 3000 Pillen! Und dann lief ich mit drei von meinen Jungs mit Ballermännern und schwarzen Skimasken über den Köpfen an einem Freitagvormittag um 11 Uhr an dieser besagten Wohnung auf. Wir klingelten, ein Typ machte auf und wir stürmten in die Wohnung. Drinnen waren einige Leute, die noch auf After Hour waren, voll drauf vom Vortag. Und wir standen da, bewaffnet und mit unseren Masken, und ich brüllte: „Wir wissen, dass ihr Pillen bekommen sollt!" Die Anwesenden waren alle vollkommen in Schockstarre. Letztlich stimmte das mit den Pillen gar nicht, aber der

Wohnungseigentümer hatte trotzdem jede Menge Drogen und Geld da, was wir ihm natürlich beides abgezogen haben.

Für uns war es zu der Zeit einfach, ein Ding zu drehen, aber wenn man sich mal vor Augen hält, was wir da gemacht haben, war das schon richtig heftig. Auch das hat sich natürlich später in den Kreisen rumgesprochen und es wurde spekuliert, dass ich und meine Leute hinter der Aktion steckten. Das verfestigte meinen Ruf, dass ich einer bin, der Dinge auch durchzuziehen bereit ist.

Natürlich wurde ich auch oft getestet, besonders von den Ausländern, weil ich einer der wenigen Deutschen in der Szene war. Ich wurde sehr oft zum Beispiel in der Disco provoziert, indem sie mich als „Kartoffel" oder Schlimmeres bezeichnet haben. Aber bis auf einmal, wo wir zu zweit richtig auf die Fresse bekommen haben von 12 Leuten, war es eigentlich immer so, dass mein Gegner nach dem ersten Schlag von mir bedient war. Ich musste mich buchstäblich durchschlagen, und je häufiger das geschah, desto mehr haben die Leute mich respektiert, weil sie wussten, dass mit mir nicht zu spaßen war. Ich habe durchaus auch Anzeigen wegen Körperverletzung bekommen, zum Beispiel einmal nach einer Mannschaftsfeier, auf der ich vollkommen besoffen einer Frau hinterhergepfiffen hatte, die aber dummerweise in Begleitung ihres Freundes war. Dieser hat sich umgedreht und mich beschimpft. Und dann habe ich ihn mir geschnappt, ihn umgehauen, mich auf ihn gesetzt und ihm einige verpasst. Der sah nicht gut aus danach. Er hat mich hinterher wegen Körperverletzung angezeigt und ich musste 2000 Euro abledern. Und das war beileibe nicht das einzige Mal. Ich hatte null Skrupel dabei, denn ich wusste: Ich muss mir diesen Respekt erkämpfen, den gibt es nicht umsonst. Einen Namen auf der Straße zu haben kostet Blut.

Wegen der Drogen wiederum war ich wahrscheinlich noch nicht so sehr im Visier der Fahnder, weil ich ja noch sehr jung war. Vermutlich wussten sie, dass ich mit dieser besagten Familie rumhing und vermutlich auch irgendwie beteiligt war. Dass ich aber schon so dick am Start war, haben sie wohl nicht gedacht, wer weiß.

Und die ganze Zeit bin ich weiterhin in die Schule gegangen. Na gut, ich war wahrscheinlich der, der von allen in meinem Jahrgang am wenigsten dort war. Ich habe sehr häufig geschwänzt, und natürlich habe ich schon morgens auf dem Weg zur Schule mein Spliff geraucht, wenn ich dann mal hingegangen bin. Dort habe ich dann nur mein Ding abgesessen. Die meiste Zeit hatte ich den Kopf auf der Tischplatte, die Hugo-Boss-Chinchilla-Kapuze übergezogen, und hab gepennt.

In meinem Jahrgang war ein Surfer namens Heinrich, der einen Bus hatte, um seine Surfbretter zu transportieren. Und dieser Bus hat einfach in jeder Pause gequalmt, als würde er brennen, weil wir da drinnen so heavy gesmoked haben. Die Lehrer haben das natürlich mitbekommen, sie haben auch gesehen, dass wir stoned waren, aber was sollten sie machen? Erstens war ich da ja schon 18, und zweitens hatten sie durchaus mitbekommen, welcher Ruf mir vorauseilte, und meine ganze Aura trug sicher auch dazu bei, dass sie mich lieber nicht darauf ansprachen.

Ab und zu hat mich mal ein Lehrer im Unterricht angehauen: „Na, Niels, was sagst du dazu?" Aber ernsthaft einen sinnvollen Beitrag hat niemand erwartet. Mir war klar, dass ich mündlich auf einer 5 oder 6 stand. Hier und da habe ich aber einen auf reumütig und besserungswillig gemacht. Dann habe ich auch mal eine ganz vernünftige Arbeit abgeliefert, mich am Unterricht beteiligt und gemeldet. Bei manchen Lehrern hat das gezogen.

Ich weiß nicht, warum, aber ich hatte als Leistungskurs Physik gewählt. Und natürlich Sport. In der 11. war ich noch ganz gut in Physik, aber ab der 12. habe ich gar nichts mehr gecheckt. In dem Leistungskurs Physik waren anfangs 15, dann nur noch 9 oder 10 Leute, hauptsächlich Nerds, und das heißt, der Lehrer hat voll Stoff gegeben. Die Killer-Kombi aus „nichts checken" und „selten da sein" hat dann dazu geführt, dass ich in der Abiklausur in Physik

Null Punkte geschrieben habe. Damit ist man eigentlich durchgefallen durch das ganze Abi. Es gibt nur eine einzige Rettung, nämlich, wenn du in dem anderen Leistungskurs 15 Punkte hast. Und im Sport hatte ich schriftlich sowie in der Praxis 15 Punkte.

Die schriftliche Prüfung war mega aufwändig, da war sehr viel auswendig zu lernen. Aber ich hatte da so meine Strategie: Ich druckte mir alle Antworten auf kleinen länglichen Zetteln in der kleinsten Word-Schrift aus, 4 Punkt oder so, und dann klebte ich sie mit Tesa um meine Kugelschreiber. Weil ich dadurch nicht mit irgendwelchen Spickzetteln hantieren musste, hat es niemand gecheckt. In Physik hat mir das aber nicht geholfen, denn da habe ich nicht mal gepeilt, was auf meinen eigenen Spickern stand. Letztendlich habe ich dann mein Abi mit Ach und Krach haarscharf geschafft.

✝

Mittlerweile hatten wir das Jahr 2003. Zu der Zeit war ich immer noch am Kicken und ich war auch richtig gut. Mein erstes Männerjahr spielte ich in der Bezirksoberliga beim DGF Flensborg, einem dänischen Flensburger Verein, in dem ich auch in der Jugend schon gekickt hatte. Eigentlich weiß man erst nach dem Wechsel von der Jugend in den Männerbereich, ob man wirklich das Zeug zum Profifußballer hat. Viele sind in der Jugend richtig gut, aber kriegen den Sprung in den Männerbereich nicht hin, weil es dort deutlich schneller und härter zugeht. Bei mir war das nicht der Fall, ich habe in der ersten Saison, soweit ich mich erinnere, an die 25 Tore geschossen. Es gab Spiele, bei denen ich fünf Tore gemacht habe. Der Sponsor unserer Mannschaft war auch Sponsor von einer Oberliga-Mannschaft in Hamburg, dem SC Victoria Hamburg. Und die haben mich dann abgeworben.

Während der letzten Wochen meines Abis sind um uns herum mehrere größere Dealer hochgegangen, mit denen wir zusammengearbeitet haben. Wir hatten einen „Bunker", wo wir die Drogen aufbewahrt haben. Eines Nachts sollte eine neue Ladung kommen, und ich bekam irgendwann um 23 Uhr nachts einen Anruf von einem meiner Partner, der mir sagte, dass unser Kurier hopsgenommen worden war. Jetzt hieß es schnell sein – in Windeseile holten wir die letzten Sachen aus dem Bunker und verkauften sie, für den Fall, dass irgendwas durchsickerte. Dann mussten wir zwangsweise erstmal die Füße stillhalten. Natürlich haben wir bei der geplatzten Ladung viel Geld verloren. Da passte es irgendwie nicht schlecht, mal eine Weile von der Bildfläche zu verschwinden. Ich wollte jetzt nach dem Abi in Hamburg schauen, ob ich es schaffte mit dem Profi-Fußball.

Zwischendurch wurde ich auch noch für die Bundeswehr gemustert. Darauf hatte ich aber gar keinen Bock. Ich drückte beim Hörtest immer extra daneben und sagte denen auch ganz unverblümt, dass ich alle Arten von Drogen nehme, die sie sich vorstellen können. Trotzdem haben sie mich als T1 eingestuft. Aber für mich war klar, dass ich ganz bestimmt nicht zum Bund gehe. Zum einen hatte ich nie ein Faible für militärisches Zeug, und ich wollte auch nicht irgendwo hinkommen, wo ich keinen kenne. Irgendwie musste ich ja auch zusehen, dass ich meine Geschäfte weitermachen konnte. Aber vor allem hatte ich ein Riesen-Problem mit Autoritäten. Niemals hätte ich mir von irgend so einem Hans und Franz Ansagen machen lassen. Um mich rauszuwinden, habe ich behauptet, ich hätte ein Problem mit Waffen und könnte keine in der Hand halten. Das war natürlich der größte Witz, aber was tut man nicht alles.

Stattdessen bewarb ich mich für den Zivildienst in Hamburg und bekam eine Stelle bei der Diakoniestation Sankt Pauli. Das war echt entspannt. Ich musste von montags bis donnerstags in einer Schule in Lokstedt auf einen kleinen Jungen aufpassen, Tobias, der Autist und Spastiker war. Das volle Programm also, er konnte fast nichts allein machen. Meine Aufgabe war, ihn zu füttern, mit ihm auf Toilette zu gehen und einfach für ihn da zu sein. Ich habe das wirklich gern gemacht, ich mochte Tobias und auch die anderen Kinder in der Klasse, die verschiedene Behinderungen hatten. Sie waren wirklich süß und lustig, es gab immer was zu lachen – aber es war nicht so, dass ich über sie gelacht habe, sondern einfach, weil es eben wirklich funny war.

Zu der Zeit habe ich Pause gemacht mit dem Pushen. Bei Victoria Hamburg hatte ich viermal die Woche Training und am Wochenende ein Spiel. Ich war richtig gut drauf und habe im Training immer abgeliefert, aber trotzdem wurde ich bei den Spielen nur ganz selten eingesetzt und habe viel auf der Bank gesessen. Der Trainer setzte nur auf die älteren Spieler, die viel Geld gekostet haben. Ein junger Bursche wie ich bekam einfach wenig Einsätze. Das nervte mich richtig. Insgesamt war die Hierarchie in der Mannschaft noch vom alten Schlag, die Jungen hatten nichts zu melden, mussten immer alles hinter den anderen herräumen und durften sich nicht beschweren. Für mich, der ich ja bekanntlich so meine Probleme mit Autorität hatte, eine echt schwierige Situation.

Weil die Betreuung des kleinen Tobias nur bis 12 Uhr ging, hatte ich dann nachmittags noch ein paar andere Jobs. Hauptsächlich Einkäufe machen mit oder für Leute, die rund um die Reeperbahn gewohnt haben und ihr Leben nicht mehr allein hinkriegten. Einige davon komplett verwirrte Ex-Junkies und Alkoholiker. Mich hat das nicht sonderlich tangiert, denn das Zeug, mit dem ich gehandelt habe, stufte ich als „harmlos" ein und konsumierte es ja auch selbst ausgiebig. Mit harten Drogen wie Heroin wollte ich dagegen nichts zu tun haben und habe tatsächlich nie auch nur ein Gramm Heroin in der Hand gehabt oder verkauft. Die Leute, die meinen Stoff abnahmen, machten sich damit eine gute Zeit auf Partys, aber da war niemand süchtig in dem Sinne, wie das mit Heroin oder Crack der Fall ist. Ein schlechtes Gewissen hatte ich daher echt nie.

Für mich war Gras mein Ding, es war wie ein Teil von mir, es gehörte zu meiner Kultur, zu meinem Swag, ich liebte es. Die härteren Drogen wie Kokain und Ecstasy nahm ich nur gelegentlich auf Partys, ich war nicht abhängig davon. Ebenso wenig wie die Leute um mich herum. Klar hat man auch mal mitbekommen, dass jemand auf einer Party durch eine „E“ so draufgekommen ist, dass er seine Zunge verschluckt hat und hops gegangen ist. Aber das Wissen, dass es auch mal schiefgehen kann, war für mich kein Grund, es bleiben zu lassen.

Auch später, als ich mit Kokain gedealt habe, hatte ich nicht den Eindruck, dass ich den Menschen jetzt das Elend verkaufte. Die Leute, von denen ich wusste, dass sie Kokain konsumierten, waren Zahnärzte, Anwälte, Geschäftsleute, Unternehmer, die sich einfach am Wochenende ein paar Gramm auf den Tisch legen wollten, wenn sie eine Schickimicki-Party feierten. Es war nicht so, dass ich harte Drogen an Kinder vercheckt hätte und die wären dann in der Gosse gelandet und ich wäre schuld. Hinzu kam, dass ich ja früh recht groß eingestiegen bin und Leute hatte, die für mich verkauft haben. So hatte ich, als ich erstmal die Phase mit dem Gras und den Pillen in den Diskotheken hinter mir gelassen hatte, wenig bis keinen Kontakt mit den Endkunden. Heute weiß ich, dass ich viel Leid damit bewirkt habe und durch die Drogen, die ich angebracht habe, sicher auch viele Familienleben zerstört wurden. Aber zu der Zeit war das für mich nicht so klar.

Heute bin ich generell gegen Drogen aller Art, sogar die, die in den Apotheken verteilt werden und Menschen auch süchtig machen. Ich halte es einfach für nicht gut, wenn Menschen sich irgendwie wegschallern im Kopf. Ob das nun irgendwelche Antidepressiva sind oder Drogen, die als Betäubungsmittel aufgeführt werden. Selbst Gras zu legalisieren ist für mich letztlich ein Herabsetzen der Hemmschwelle. Wenn Gras legal ist, dann wird die Einstiegsdroge eben Kokain und leider sieht der Trend halt genau danach aus, dass schon 14-Jährige sich die Nasen reinballern oder

Codein und Tilidin und ich weiß nicht, was sie sich noch alles heute einschmeißen. Und auch Gras ist nicht harmlos. Ich habe das am eigenen Leib erfahren, ich habe selbst ein halbes Jahr lang durch das exzessive Kiffen eine Psychose gehabt. Man wird halt einfach ein bisschen Matsche im Kopf. Ich habe viele Freunde von damals, die wirklich auch auf Gras übelst hängengeblieben sind, die teils deswegen in der Klapse waren und immer noch einen an der Murmel haben. Ja, ich weiß auch, dass das medizinische THC und CBD gute Auswirkungen haben, aber das ist ja nicht dasselbe wie sich einen dicken Blunt in den Kopf zu hämmern und dann vollkommen weggeballert auf der Couch rumzuliegen. Und vor allen Dingen ist das Gras, das heutzutage unterwegs ist, mega hochgezüchtet und hat so viel THC, dass es viel mehr reinhaut als alles, was wir früher hatten.

Aber damals fand ich das einfach nicht so wild. Je älter ich wurde und je länger und tiefer ich in diesem Geschäft war, umso professioneller wurde ich. Es war wirklich wie ein Beruf. Natürlich war mir schon klar, dass ich nicht auf der Seite der Guten stehe. Aber aus meiner Sicht war ich auch nicht der Böse. In den Filmen und den Rap-Texten wird es ja auch eher so dargestellt, dass du der Gute bist und die Polizisten sind die Bösen. Für einige Verbrechen bekommt man in der Hip-Hop-Szene oder auf der Straße eher noch Anerkennung, als dass man das als schlimm ansieht.

Anfangs war das alles irgendwie ein Abenteuer. Ich hatte auch noch nicht mit ganz so krassen Leuten zu tun. Bislang bewegte ich mich im Drogenmilieu. Dann ging es aber noch eine Stufe tiefer, in die Unterwelt, die organisierte Kriminalität, wie die Polizei das nennt. Zwischen dem Drogenmilieu und der Unterwelt muss man scharf trennen, das sind zwei ganz verschiedene Dinge. Vor allem unterscheidet sie der Grad der Organisation und der Gewalt. Du machst viel schneller viel mehr Geld in der Unterwelt, aber dafür hast du auch viel mehr Schweißperlen auf der Stirn, weil dir immer bewusster wird, dass jeden Moment alles passieren kann. Und dort geschehen Dinge, wo du weißt: Ey, das ist kein Spiel mehr. Wo du am Ende eigentlich nur noch rauswillst. Nur noch das eine große Ding durchziehen und dich dann zur Ruhe setzen. Das ist das Ziel jedes Drogenhändlers oder Drogenschmugglers. Erreichen tut es aber kaum jemand.

Es gab auch unter Verbrechern einen moralischen Kodex, der vorgab, was ging und was nicht. Heroinverkäufer galten zum Beispiel als Abschaum, weil du da wirklich den Menschen den Tod verkaufst. Auch mit Crack habe ich nie was zu tun gehabt. Allerdings war das auch zu der Zeit noch nicht so ein Thema. Ebenfalls zum Kodex gehörte, dass man niemals jemanden verpfeift oder Namen nennt. Das habe ich auch tatsächlich in meiner ganzen kriminellen Laufbahn nie getan. Auch andere Leute einfach zu überfallen, einer Oma was wegzunehmen oder Vergewaltigung und solche Sachen, das geht gegen die Gangster-Ehre. Leute, die so etwas tun, würde man höchstpersönlich umklatschen. Auch wenn wir wussten, dass jemand in Richtung Neonazi ging, haben wir den sofort gejagt, um ihm ordentlich zu geben. Die Outlaws haben in manchem sogar härtere Gesetze als der Staat – und die Bestrafung, wenn man sie bricht, ist natürlich auch entsprechend. Irgendwie heuchlerisch und weird, aber ist so.

Was das „Niemals jemanden verpfeifen" angeht, werden dann am Ende aber doch viele zu „Einunddreißigern". Das bezieht sich auf Paragraph 31 des Betäubungsmittelgesetzes, wo es um Strafmilderung bei Kooperation geht. Also ein Zinker, Sänger, Snitch oder auf Spanisch „Sapo".

✝

In Hamburg war das alles aber sowieso gar kein Thema, da war ich wirklich sehr ruhig und hab mich voll auf den Fußball fokussiert und nebenbei den Zivi gemacht. Ich hatte eine Ein-Zimmer-Wohnung in der Kieler Straße. Und natürlich haben wir da immer mal Partys gemacht und ich habe auch noch gekifft, aber hatte gar nichts mehr mit „echten" Sachen zu tun.

Beim Training kam es immer wieder zu Auseinandersetzungen. Einmal kam ein älterer Spieler sehr aggressiv auf mich zu, und so was kannst du mit einem Straßenjungen eben nicht machen. Er hat von mir einen Schubser bekommen und ist auf seinem Allerwertesten gelandet. Das gab natürlich mächtig Stress und es hat mich alles nur noch angekotzt.

Zum ersten Mal in meinem Leben hatte ich einen richtigen Hänger, eine Depriphase. Ich war allein in Hamburg, beim Fußball lief es nicht so und vermutlich hatte ich auch zu viel gekifft – jedenfalls hatte ich das Gefühl, dass ich nicht mehr normal bin, dass ich irgendwie gerade dabei bin, durchzudrehen. Ich bin nicht ganz sicher, ob das eine Kiffer-Psychose war, eine Depression oder beides. Jedenfalls wurde es so schlimm, dass mein Vater sogar ein paar Tage nach Hamburg kam und bei mir gepennt hat, weil er wahrscheinlich ein bisschen Angst hatte, ich könnte etwas Dummes tun, so nach dem Motto: Hey, der Junge wohnt da im siebten Stock ... Aber ich hatte keine Selbstmordgedanken. Mein Lebenswille war immer sehr stark. Dass ich mit meinem Leben oftmals sehr leichtfertig umgegangen bin, ist eine andere Sache, aber einen Todeswunsch hatte ich nie, und auch in dieser Phase nicht. Trotzdem war das eine eklige Zeit, ich hatte das Gefühl, dass ich hinter einer Mattscheibe bin, als würde ich mich von außen betrachten.

Vielleicht war das auch eine erste innere Regung, bei der ein Gefühl zu mir durchdringen wollte – der Eindruck, dass ich schlecht mit diesem kostbaren Leben umging, das ich geschenkt bekommen hatte. Dass ich in eine verkehrte Richtung unterwegs war und vielleicht mal ein paar Dinge überdenken sollte. Aber das tat ich nicht. Stattdessen betäubte ich wie gewohnt jede Gefühlsregung.

Als Winterpause beim Fußball war, bin ich dann für die Zeit zu meinen Eltern nach Flensburg gefahren. Dort bin ich wie immer mit meinem besten Freund Dogan um die Häuser gezogen, wir haben Party gemacht und gesoffen und Mädels aufgerissen.

Eines Abends hatten wir eine Wohnung von einem Kollegen zur Verfügung gestellt bekommen, und Dogan hat drei türkische Mädchen angeschleppt. Eine von ihnen war Aliyah. Sie gefiel mir sehr und wir haben noch am selben Abend miteinander rumgemacht. Am Wochenende drauf kam sie dann zu mir, und wenig später waren wir ein Paar. Ich war inzwischen 19 Jahre alt, sie 17. Ein sehr hübsches und kluges Mädchen, halb Türkin, halb Deutsche. Ein halbes Jahr lang bin ich jedes Wochenende von Hamburg nach Flensburg gependelt und schließlich im Sommer, als mein Zivildienst beendet war, wieder nach Hause zu meinen Eltern gezogen und zurück zum DGF Flensborg gewechselt, dem Verein, wo ich vorher auch gespielt hatte.

Ich musste mich der Frage stellen: „Was mache ich jetzt?" Das mit dem Fußball hatte nicht so richtig funktioniert, ich war jetzt wieder in der Bezirksoberliga und mit der Profikarriere würde es wohl nichts mehr werden. Auf malochen hatte ich gar keinen Bock. Studieren?, fragte ich mich. Ja, dann studiere ich halt. Was kann man in Flensburg studieren? Lehramt. Gut, warum nicht. Sport auf Lehramt, das könnte ich mir vorstellen.

Ich bestand die Praxisprüfung und im Oktober 2004 fing ich mit dem Sportstudium an. Es machte mir tatsächlich Spaß, das war plötzlich ein ganz anderer Film. Meine Kommilitonen waren ganz lustige Vögel. Natürlich war ich auch noch immer mit ein paar Jungs von der Straße im Kontakt, aber die waren mittlerweile alle ruhiger geworden. Einer hatte sogar schon geheiratet. Ich nahm mir eine günstige kleine Wohnung in Flensburg direkt in der City, und Aliyah, die noch zur Schule ging, verbrachte immer ein paar Tage bei mir und dann wieder zu Hause bei ihren Eltern. Wir waren insgesamt anderthalb Jahre zusammen. Sie war meine erste ernsthafte Liebe.

Neben dem Studium verdiente ich mir in einem Call Center

etwas Geld, wo ich per Telefon Zeitschriftenabos vertickte. Noch in Hamburg hatte ich außerdem meine Fitnesstrainer-B-Lizenz gemacht und arbeitete jetzt drei- bis viermal die Woche in einem Studio in Flensburg. Zur nächsten Saison wechselte ich zum damals größten Fußballclub der Stadt, zu Flensburg 08. Die waren auf mich aufmerksam geworden und spielten in der Oberliga. Vom Verein bekam ich also jetzt auch noch etwas Kohle. Es war nicht üppig, aber es ging klar.

✝

In Hamburg hatte ich Brian Al Amin kennengelernt, eine bekannte Größe auf dem Kiez. Er ist Kickbox-Europameister gewesen und war auch voll auf dem Rap- und Hip-Hop-Film. Brian organisierte die Ganja-Club- und Smooth-Club-Partys mit berühmten DJs wie DJ Ben Kenobi oder sogar DJ Desue und als Hosts dann Rapper wie Illo77 oder D-Flame. Das fand ich natürlich noch wesentlich attraktiver als Techno-Partys, auf denen mir die Musik nicht so zusagte. Die DJs dort legten zu zweit mit vier Plattenspielern auf, scratchten und machten Backspins, es war einfach mega.

So langsam kamen auch wirklich ernstzunehmende Deutschrapper auf, die Mongo Clikke aus Hamburg um Jan Delay, Samy Deluxe, Ferris MC und Das Bo. Dann die Kolchose aus Stuttgart mit Freundeskreis und mit Afrob und mit Massive Töne. Und es wurden immer mehr.

Diese Hip-Hop-Partys haben wir dann nach Flensburg ins „Big Lemon" gebracht. Ich habe das alles organisiert, Brian kam dann nur noch am Tag der Party mit den DJs und Rappern hochgefahren. Das war mega für mich, weil ich zu der Zeit auch selbst wieder ganz viel Rap gemacht habe. Anfangs, so mit 15, haben wir nur kleine Sessions gehabt, wo man dann bekifft irgendwo bei Freunden auf irgendwelche Beats gefreestylt hat. Dann kam der Film „8 Mile" von Eminem raus und mit ihm die ersten richtigen

Rap-Battles. Ich hatte einen guten langjährigen Freund, mit dem ich ganz viel Rap gemacht habe. Er hat sich „Ditsche Dansen" genannt und mein Künstlername war „Dirty Niles". Wir beide haben dann gemeinsam unsere erste Rap-Crew gegründet, „Plusquamperfekt". Er hat teilweise sogar Beats selber gemacht und wir haben angefangen, eigene Texte zu schreiben. In dem Jahr in Hamburg war ich da richtig produktiv.

Als ich dann 2004 wieder zurück nach Flensburg kam, hat „Ditsche" mit mir dort studiert. Er hatte sich in seiner Wohnung ein eigenes kleines Studio eingerichtet. Und da fingen wir nun an, unsere Sachen zu recorden und erste Sachen rauszubringen als „Plusquamperfekt": „Das sind Kopfnüsse von der Ostküste", so eine Liedzeile von damals. Wir hatten auch ein paar Auftritte, haben noch mehr Rapper kennengelernt. Irgendwann hat sich unser Rapstyle aber zu sehr auseinanderentwickelt. Mich hat der richtige Gangster-Rap abgeholt. In die Richtung habe ich dann auch weitergemacht, also ein bisschen härteres Zeug, und ich bastelte mir in meiner Bude mein eigenes kleines Studio mit einer kleinen schaumstoffgedämmten Kabine aus Spanplatten, die an zwei dicken Metallketten an Haken von der Decke hing. Da musste ich dann immer reinkrabbeln. Und in dem Ding habe ich mein erstes eigenes Mixtape selbst recorded. Ich nannte es „Banger Slangin'" und verkaufte es im Bootlegger-Style auf der Straße aus dem Kofferraum.

Im April 2005 waren Aliyah und ich seit anderthalb Jahren zusammen. Ich war sicher kein Musterknabe, aber im Gegensatz zu vorher doch schon recht ruhig und stabil. Eines Abends, Aliyah war bei ihren Eltern, kreuzte Dogan mit zwei hübschen Ladys auf, der Abend nahm seinen Lauf, es floss viel Alkohol und Dinge geschahen.

Am nächsten Tag kam Aliyah zu mir. Ich hatte voll den Kater und lag noch im Bett, und ich weiß nicht, wie so etwas passieren konnte, aber ich habe wohl nicht richtig hingeschaut und eine

Nachricht für Dogan versehentlich an Aliyah geschickt. Darin stand irgendwas wie: „Sag mal der Süßen von gestern Abend, dass ich sie gerne wiedersehen würde." Aliyah war gerade in der Küche. Eine Sekunde später kam sie leichenblass rein und sagte: „Ich hab' gerade eine Nachricht von dir bekommen, die sollte wohl nicht für mich sein."

Ich bekam einen halben Herzinfarkt. Was sollte ich da sagen? Ich hatte sonst immer eine Ausrede parat, aber diesmal fiel mir einfach nichts ein. Aliyah ist durchgedreht, hat mich beschimpft und sogar bespuckt. Sie hat sofort ihre Sachen gepackt und ist zu ihren Eltern gefahren. Noch eine lange Zeit danach habe ich versucht, sie zurückzubekommen, aber sie wollte nicht. Das hat mich echt zerfetzt, weil ich sie geliebt habe – zumindest in der Form, die ich damals für Liebe hielt.

✝

In der Folgezeit kamen ein paar ungünstige Sachen zusammen. Ich habe wieder mehr Gangster-Rap gemacht und angefangen, mich mit anderen Rappern in Flensburg zu dissen. Und das wiederum hat mich dazu motiviert, denen zu zeigen, dass ich nun mal wirklich Street Credibility hatte. Die ganzen Connections von früher waren ja noch vorhanden, ich war immer noch cool mit den Leuten und bin auch hier und da noch mal mit ihnen Party machen gegangen. In meinen Battle-Raps ging es dann ungefähr so zur Sache: „Ihr kleinen Kasper habt doch keine Ahnung, was wirklich auf der Straße abgeht, was wollt ihr von mir?"

Einige Leute aus Weiche, einem Viertel in Flensburg, haben besonders viel Stunk gemacht. Allen voran ein deutscher Lauch, nennen wir ihn mal „Wischer", der einen Disstrack gegen mich gemacht hat, der hart unter die Gürtellinie ging. Darin hat er meine Mutter beleidigt und andere entwürdigende Dinge gerappt. Ich habe nicht mal einen Antwort-Song gemacht, weil der Typ musikalisch und textlich nicht auf meinem Level war. Aber ich ließ ihn wissen: „Wenn ich dich sehe, gibt es Klatsche."

Zu der Zeit habe ich bei Flensburg 08 Fußball gespielt, dem besten Verein der Stadt. Als wir ein Spiel gegen Weiche auf deren Platz hatten, standen auch die Rapper aus Weiche inklusive dieser „Wischer" am Spielfeldrand. Sie dachten wohl, weil sie viele waren, würde ich mich nicht trauen, mein Versprechen wahr zu machen. Ich habe dann schon auf dem Spielfeld Weiche abgeschossen, indem ich vier oder fünf Tore gemacht habe. Und meine Homies Dogan und Amadou haben bei Weiche gespielt, ich hatte also genug Jungs auf dem Platz, um loszulegen. Schon während des Spiels habe ich dem Wischertypen klar gemacht: „Junge, nach dem Spiel haben wir was zu klären." Und das habe ich dann auch wahrgemacht. Als seine Kumpels aus Weiche dazwischengehen wollten, sind Dogan, Amadou und noch ein paar andere aufgelaufen und dann war das ganz schnell erledigt.

Und so wurde das Street-Ding in meinem Leben wieder aktiv. Auch was Frauen anging, war ich nach Aliyah wieder voll auf dem Player-Trip. Ich hatte ihr Herz gebrochen, sie hatte mein Herz gebrochen, und ich hatte gerade überhaupt keinen Bock auf Beziehung, sondern wollte einfach nur mit Frauen Spaß haben. Inzwischen hatte ich vier Semester meines Studiums Sport und WiPo, also Wirtschaft/Politik auf Lehramt für Realschulen, richtig gut durchgezogen. Ich hatte auch meine Praktika in der Schule absolviert und es machte mir wirklich Spaß. Doch nun rückte das wieder etwas in den Hintergrund.

Mittlerweile hatte ich auch eine neue Rap-Crew, mit der ich am Start war, „Asta La Vista". Wir waren die angesagtesten Rapper aus unserer Region. Mit Timo, Rappername ESSU, hatte ich besonders viel Kontakt. Wir machten ein gemeinsames Album und waren immer zusammen pumpen. Heute ist Timo einer der erfolgreichsten Bodybuilder Berlins. Gemeinsam fuhren wir zum „Splash", einem großen Rap-Festival in Chemnitz, wo ich Lucky aus Hamburg kennenlernte. Lucky kannte man in den Straßen Hamburgs. Er ist Pole und hat „Jentown Crhyme“ gegründet, ein Label, das in Jenfeld entstanden ist, einem absoluten sozialen Brennpunkt im Osten Hamburgs. Lucky hatte und hat ein paar richtig gute Jungs auf dem Label, das heute „Hamburg Chryme“ heißt.

Zu der Zeit gab es einen Gangsterrapper aus Berlin. Er war einer der Ersten in Deutschland, die Gangsterrap richtig durchgezogen haben. Wir hatten einen guten Draht zueinander und haben letztlich sogar ein Feature zusammen gemacht bei Plattenpapzt, einem damals angesagten Hip-Hop-Produzenten und DJ. Irgendwann sprachen wir auch über Jentown und Lucky, und ich meinte: „Ach, den kenn ich doch!“ Und so kam eins zum anderen und ich besuchte Lucky in Hamburg in seinem Studio.

Er hörte sich meine Sachen an und meinte dann: „Wenn du Bock hast, komm doch auf unser Label.“ Und das war genau mein Film: Hamburg, Straße und lauter Ghettojungs auf dem Label. Und Lucky war jemand, von dem ich wusste, er bewegt sich auf einem anderen Level als der Durchschnitt. Mittlerweile nannte ich mich nur noch „Dirrrty“, mit drei r – also so richtig dreckig. Zeitgleich wurde noch ein anderer deutscher Rapper gesignt, der noch ganz jung war, erst 18 Jahre, aber sich gerade in Hamburg West einen richtig krassen Namen machte – Bonez MC. Später wurde der einer der berühmtesten und erfolgreichsten Rapper Deutschlands. Mit ihm und den anderen habe ich mich gleich gut verstanden und so kam es, dass ich wieder viel in Hamburg war und natürlich auch viele Kontakte geknüpft habe, wenn ich mit den ganzen Ghettojungs unterwegs war.

Es war fast schon eine logische Folge der ganzen Entwicklung, dass ich auch wieder ins Geschäft eingestiegen bin. Und diesmal noch größer. Erstmal ging es nur um Gras. Ich habe ganz schnell wieder einen Drogenring aufgebaut, mit dem wir eine Zeitlang regelmäßig größere Lieferungen nach Flensburg reingebracht haben, und ich habe wieder richtig viel Geld verdient. Und der nächste Step war dann Kokain. Dank Kontakten irgendwo in Europa – ich will das jetzt nicht näher ausführen – hatte ich die Möglichkeit, hochwertiges Kokain zu guten Preisen zu bekommen.

Mein Ziel war immer: „Ich will eine Million knacken. Dann hab ich's geschafft. Dann kann ich auscashen und mich zur Ruhe setzen." Diesen Plan haben die allermeisten Dealer oder Drogenhändler. Aber das Happy End, dass jemand Summe XY verdient hat, aussteigt und sich ein entspanntes Leben macht, das passiert fast nie. Zuerst will man die 100000 Euro schaffen, und dann die Million, und letztlich ist es niemals genug. Die Gier auf das schnelle Geld wird immer größer. Es ist wie eine Sucht. Und irgendwann holt dich der Mist ein, irgendwann wirst du erwischt.

Zu der Zeit habe ich auch selbst recht viel gekokst. Ich hatte immer ein paar Gramm zu Hause und wenn man dann angefangen und sich eine Line gelegt hat, endete dieser Abend erst am nächsten Tag. Wenn ich dann total fertig wieder zu mir gekommen bin, hatte ich erstmal zwei Wochen wieder buchstäblich die Nase voll davon. Und dann ging es wieder von vorn los.

✝

Im Sommer 2006 bekam ich einen Tipp von einem der Leute, die für mich arbeiteten – ein Mann, der meist größere Mengen abgenommen hat. Er erzählte mir: „Ey, ich kenn da paar Jungs, die steigen in Häuser ein. Und die waren irgendwo in einer Villa und haben da zwei Rolex rausgeholt, eine für Frauen und eine für Männer. Zusammen sind die sicher 30000 wert." Ich meinte: „Bring mir diese Gauner und ich zieh die ab."

Also hat er das Treffen klargemacht mit einem der beiden Einbrecher. Er ist zu mir ins Auto gestiegen und hat mir die Uhren gezeigt. Ich sagte: „Zeig mal, lass die mal angucken." Und als ich die Uhren in der Hand hatte, habe ich zu ihm gesagt: „Verpiss dich aus meinem Auto!" Er meinte: „Was, wie jetzt?" Und ich schrie noch mal: „Raus aus meinem Auto!" Und weg war er. Ich habe dann versucht, die Uhren an den Mann zu bringen, aber das Problem war, dass die beiden Gauner wenige Tage später wegen eines anderen Einbruchs hopsgenommen worden waren und dann wohl im Hinblick auf die Uhren gesungen haben. Ich musste die Uhren also am Ende verscherbeln.

Ich war insgesamt sehr heiß zu diesem Zeitpunkt, sprich, man hatte mich auf dem Radar. Ein gewisser Hamed, ein Iraker, wurde auf dem Weg von Duisburg nach Flensburg mit zwei Kilo Gras im Auto hochgenommen. Wahrscheinlich um ein bisschen besser dazustehen, hat er ausgesagt, der große Fisch in diesem Geschäft in Flensburg sei ich. Gegen mich wurde Anklage erhoben, weil Hamed behauptet hatte, er sei dabei gewesen, als ich jemandem 800 Gramm Gras gegeben hätte. Diese Anklage musste dann aber wegen Mangel an Beweisen fallengelassen werden. Ab da gingen die Ermittlungen los, ich wurde observiert und die Polizei hatte die IMEI-Nummer meines Handys. Das eine oder andere Mal war auch ein Zugriff geplant. Das weiß ich alles so genau, weil mein späterer Anwalt Einsicht in die Akten hatte und die Fotos gesehen hat, die bei den Observierungen gemacht wurden.

Das war für mich der Anlass, besser mal für eine Weile zu verschwinden. Also bin ich ins Reisebüro gegangen und habe gefragt: „Was geht denn heute noch für ein Flug nach Südamerika?" Der Kontinent hatte mich immer schon gereizt. Für mich bestand Südamerika aus Brasilien und aus Argentinien – klar, die großen Fußballländer. Alles andere hatte ich noch gar nicht auf dem Schirm. Daher sagte ich: „Rio oder Buenos Aires, ist mir eigentlich egal." Und dann hieß es: „Ja, heute um sechzehn Uhr geht von Hamburg ein Flug über Paris nach Buenos Aires." Es war Vormittag. Ich buchte den Flug, fuhr nach Hause und packte schnell ein paar Sachen. Sommerklamotten natürlich – weil ich nicht gecheckt habe, dass in Argentinien zu der Zeit Winter war.

# SÜDAMERIKA – EINE LIEBE FÜRS LEBEN

Und so kam ich im Juni 2006 in Buenos Aires an – und guckte erstmal dumm. Es waren nämlich nur 8 Grad und ich musste mich direkt mal mit warmen Klamotten eindecken. Zum Glück war ich ja flüssig, so war das alles kein Problem. Ich mietete eine Wohnung in Recoleta, einem der besten und teuersten Viertel der Stadt.

Natürlich ging ich dort auch ins Fitnessstudio und lernte einen Typen kennen, DJ Bruno. Und der wiederum machte mich, als er mitbekommen hatte, dass ich Rapper war, mit seinen Rapperfreunden bekannt. Es gab da ein Label namens „Raptores Records", bei dem die angesagtesten örtlichen Künstler am Start waren. Dort habe ich den Produzenten Mighty kennengelernt, mit richtigem Namen Mauro. Zum Glück sprach er perfekt Englisch, denn ich konnte zu der Zeit noch kaum Spanisch. Mighty hatte ein Studio zu Hause im Stadtviertel Constitución im Osten von Buenos Aires. Sein Bruder war auch in der Hip-Hop-Szene, Mighty hat eigentlich mehr produziert und wirklich richtig gute Musik gemacht. Ich habe über ihn noch andere Rapper kennengelernt, zum Beispiel El Topo, einen Typen aus einem der gefährlichsten Barrios der Metropole, aus Fuerte Apache, und Extasy, ein Peruaner. Wir haben ein paar Songs zusammen aufgenommen und ein Video gemacht, und ich habe sogar einmal auf Deutsch im Radio gefreestylt.

Insgesamt war ich fast acht Wochen dort. Eine richtig coole Zeit. Viel Party, viele Mädels, viele Drogen – aber was mich fast am Meisten geflasht hat, war das Fleisch, das es dort noch und nöcher gab. Ich genoss das beste Steak, das ich je gegessen hatte.

Ich habe mich richtig verliebt in dieses südamerikanische Flair, obwohl Buenos Aires ja sogar noch eher europäisch geprägt ist. Dennoch war es Südamerika. Und es war um mich geschehen.

✝

Wieder zurück in Deutschland lief erstmal alles so weiter. Ich war so oft in Hamburg, dass ich eigentlich eher dort gelebt habe als in Flensburg. Entweder habe ich bei Lucky auf der Couch geschlafen oder im Studio. Luckys Frau kommt aus Brasilien, die beiden haben zwei Söhne. Der Jüngste war da so etwa drei Jahre alt und hat mir immer morgens die Decke weggezogen. Ich habe quasi zur Familie gehört, auch wenn seine Frau mich gehasst hat, weil sie mich beschuldigte, dass ich Lucky immer wieder auf die Straße ziehen würde und ihn dazu verleitete, sich mit anderen Frauen zu treffen. Was auf jeden Fall nicht ganz so war.

Irgendwann fragte Lucky mich: „Hey, wir fliegen nach Brasilien zur Familie meiner Frau, willst du mitkommen? Du musst nur den Flug bezahlen, für alles andere sorge ich." Da war ich natürlich sofort am Start und im Oktober 2007 sind wir für drei Wochen nach Fortaleza gereist. Eine Woche waren wir in der Favela Colonia, also dem Armenviertel, wo die Familie von Luckys Frau herkam. Ich habe im Kinderzimmer von ihrem Neffen geschlafen. Lucky hat dann eine Finca, oder wie es in Brasilien heißt, eine Pousada, in Cumbuco gemietet, einem kleinen Surfer-Ort 25 Kilometer von Fortaleza direkt an den schönen Dünenstränden, und wir fuhren alle gemeinsam dorthin. Wie man sich vorstellen kann, ging es dort auch gleich ziemlich zur Sache mit Frauen, Partys und Koks. Wir haben heftige Partys gefeiert und auch ein Video gedreht zu dem Song, den ich davor aufgenommen hatte, „Worldwide Hustlin'". Sämtliche Leute aus der Favela, die ganzen Freunde der Brüder von Luckys Frau und jede Menge Mädels kamen. Irgendwann waren wir bestimmt 50 Leute in der Finca und davon 30 hübsche Mädels.

Am Abend bekamen wir Hunger und gingen auf den Marktplatz von Cumbuco, wo viele Essensstände waren. Ich stand mit Lorenzo, einem der beiden Brüder von Luckys Frau, und dessen Frau Fabiana an einer Bude, als ein Typ anfing, Fabiana anzubaggern. Lorenzo sagte ihm auf eine wirklich entspannte Art und Weise, er solle das lassen. Der andere meinte: „Okay, okay", aber als Lorenzo sich wegdrehte, sah ich, dass der Typ so einen Metallspieß, an dem sie dort Fleisch grillten, in der Hand hatte und offensichtlich Lorenzo damit abstechen wollte. Ich habe ihm dann gleich 'ne Faust gezogen, der Typ ist auf den Boden gefallen und ich trat ihm einmal mit dem Fuß in Flipflops auf den Kopf. Ihm lief Blut aus dem Ohr, und als die anderen aus unserer Gruppe mitbekamen, dass ich jemanden umgehauen habe, drehten sie vollkommen unnötig durch, zerschlugen Flaschen und stachen dem Typen damit in den Hals. Daraufhin gingen die Leute aus dem Dorf mit Macheten auf uns los und wollten uns schlachten.

Die Situation eskalierte völlig. Erst als die Militärpolizei kam und mit Maschinengewehren in die Luft schoss, ging die Meute auseinander und wir konnten fliehen. Wir alle stürmten rein in die Finca, packten innerhalb von fünf Minuten unsere Sachen und hauten mit Taxis nach Fortaleza ab. Am nächsten Tag sind die Brüder von Luckys Frau noch mal bewaffnet los, um in Cumbuco Ärger zu machen. Sie wollten es nicht auf sich sitzen lassen, dass man uns plus Frauen und Kindern mit Macheten gejagt hatte. Aber auf halber Strecke mussten sie zum Glück wieder umkehren, weil dort eine Absperrung und ein größeres Militäraufgebot war. Der Vorfall war für so einen Surfer-Ort schon eine heftige Sache, denn dort waren sehr viele Touristen.

Insgesamt gefiel mir Brasilien trotz alledem noch mal besser als Argentinien: Palmen, Strand, Sonne, hübsche Frauen, viel Musik.

Diese Brasilienreise hat bei mir noch mal mehr das Südamerika-Fieber getriggert. Schade war nur, dass die Files zu dem Video, das wir auf der Finca gedreht hatten, in der Nacht, als wir abhauen mussten, irgendwie verlorengegangen sind.

✝

Zurück in Hamburg stürzte ich mich tiefer in den Hip-Hop. Auf Luckys Label Jentown Crhyme hat Jam Beatz viele der Künstler produziert. Er war einfach extrem gut in dem, was er machte. Und vor allen Dingen wussten wir, dass wir das, was wir da rappen, auch im Real Life wirklich durchzogen. 2008 hat Bonez MC sein erstes Mixtape über Jentown Crhyme rausgebracht, „Mehr geht nicht". Darauf bin ich auch mit einem Song vertreten, „Hustler". Kurz davor habe ich mir das Wort „Hustler" dick auf den Bauch tätowieren lassen, denn das war es, was ich war: Einer, der auf der Straße sein Geld verdiente.

Die Bullen hatten mich weiterhin unter Beobachtung und hörten meine Gespräche ab. Ich kann mich zum Beispiel an folgenden Vorfall erinnern: Ich war mit meinem besten Freund bei mir in der Wohnung, im Parterre, mitten im Zentrum von Flensburg. Wir beide spielten damals bei SC Weiche Fußball, wohin ich inzwischen gewechselt hatte, und wollten gemeinsam zum Training fahren. Man war ja nicht blöd, deshalb habe ich so gut wie nie irgendwas zu Hause gehabt, weder Geld noch Ware. Dafür hatten wir „Bunker", wie man das nennt, und zwar unterschiedliche für die Ware und das Geld. An diesem Tag telefonierte ich mit einem Kollegen, der für mich arbeitete und mit dem ich auch immer im Fitnessstudio trainierte. Nach dem Fußball wollten wir uns im Studio treffen und ich sagte zu ihm: „Nimm das Eiweißpulver mit." Wahrscheinlich dachten die Beamten, das wäre ein Codewort, mit dem ich ihn aufforderte, Stoff zu bringen.

Wenig später guckte mein Kumpel aus dem Fenster und meinte:

„Bruder, was geht ab? Guck mal, da ist voll was in Action!“ Das Hauptrevier der Polizei war nur 150 Meter von meiner Wohnung entfernt, dort saß auch das Drogendezernat und im Hof standen immer die zivilen Kripowagen. Auf die hatten wir natürlich immer ein Auge und kannten sämtliche Fahrzeuge und deren Nummernschilder. Und vor meinem Haus standen jetzt drei davon.

Als wir zum Training fuhren, kam hinter uns die ganze Kolonne von Zivilfahrzeugen her. Zuerst guckten die Zivilfahnder beim Training zu und hinterher durchsuchten sie einige Autos. Mich hielten sie später auf dem Parkplatz des Fitnessstudios an und checkten mein Auto. Dabei fragten sie mich auch ein bisschen aus: „Du bist ja in Brasilien gewesen“, meinten sie. „Was hast du denn da gemacht?“

„Na, Urlaub“, sagte ich nur. Und da das besagte Eiweißpulver eben wirklich nur Eiweißpulver war, konnten sie mir nichts. Aber mir war noch mal neu deutlich geworden, wie genau sie mich auf dem Kieker hatten.

Mein Lebensgefühl damals war richtig übel. Die ganze Zeit habe ich nur darauf gewartet, dass es irgendwann passiert. Dass irgendwie irgendwann irgendwo mal was durchsickert und die Polizei mich erwischt. Solange sie dich nicht im Visier haben, kannst du noch ziemlich frei agieren, aber sobald du auf deren Radar bist, musst du immer auf der Hut sein. Du musst wissen, wie man sich bewegt, wie die Dinge funktionieren, wie du kommunizierst. Es ist ein stetiges Katz-und-Maus-Spiel und du musst dir als Maus immer wieder neue Dinge und Wege und Mittel ausdenken, damit die Katze dich nicht packt. Es ist halt immer schon so gewesen, dass die Verbrecher der Polizei einen Schritt voraus sind, sein müssen. Wir haben das „Game“ genannt, aber in Wahrheit ist es kein Spiel, das ist todernst. Und es nagt an dir.

Keiner aus diesen Kreisen kann mir erzählen, dass ihm das egal ist. Es wird zu einer Lebenshaltung, zu so einem Grund-Lebensgefühl, dass du immer in den Rückspiegel guckst, immer auf der

Hut bist, immer Leute misstrauisch beobachtest. Das habe ich auch heute noch drin, ich kann es nur schwer ablegen. Wenn ich in einen Raum komme, in dem viele Menschen sind, ein Restaurant beispielsweise, dann habe ich, bevor ich mich hinsetze, schon alles gescannt, habe nach einer ersten Einschätzung schon ein Gefühl dafür, mit was für Menschen ich im Raum sitze, ob es irgendwo eine Gefahr für mich geben könnte und wo die Fluchtwege sind.

Damals gab es nur vielleicht eine Handvoll Leute, denen ich vertraut habe. Der Rest ... na ja, jeder in diesem Spiel will dich rippen, also abziehen, oder an deiner Position sein oder das Geld verdienen, was du hast. Ich wusste auch, wie viele Einunddreißiger es gibt, also V-Männer, die mit der Polizei kooperieren. Und natürlich wirkt sich das alles auf einen aus und vergiftet und limitiert all deine Beziehungen. Qualitativ und quantitativ. Ich hatte keinen Frieden und das machte was mit meiner Psyche. Ständig ging ich davon aus, dass jemand mich bespitzelte. Und das war dann auch für andere schon wieder auffällig-verdächtig, dass ich übervorsichtig in allem war.

Viele in dem Geschäft konnten auch nicht den Mund halten und haben dann Dinge ausgeplaudert, um vor einer Frau anzugeben oder cool zu wirken. Da war ich anders. Ich war für viele sicher ein sehr mysteriöser Mensch, der nicht viel von sich preisgegeben hat. Von den Frauen, mit denen ich was hatte, wusste letztendlich keine irgendwas. Jedenfalls nicht von mir. Und wenn sie irgendwie anfingen, Fragen zu stellen, haben sie direkt eine Ansage bekommen, dass das nicht läuft.

Dazu kamen dann noch die Drogen, die ich konsumierte. Kokain bewirkt gern mal Paranoia. Aber dieses Gefühl, dass die hinter mir her wären, war bei mir ja auch noch wohlbegründet, das hat es nicht gerade besser gemacht. Oft lag ich im Bett und war total angespannt, weil ich dachte: Jeden Moment wird die Tür aufspringen und das SEK reinrammeln.

Ich war schlichtweg ein Berufsverbrecher. Und das bedeutete, dass ich mich niemandem zeigen konnte, wie ich war, sondern mich immer hinter einer Maske verbergen musste. Und je länger ich das tat, desto mehr wurde es zu einer Gewohnheit, die ich bald gar nicht mehr bemerkte. Innerlich war ich wie tot. Ich habe funktioniert wie eine Maschine, war komplett kalt. Ich habe keine Liebe mehr für gar nichts gehabt, nicht mal mehr richtig für meine Eltern. Nichts und niemand war mir mehr wirklich wichtig. Manchmal habe ich mich richtig vor mir selbst erschreckt. Das waren aber nur ganz kurze lichte Momente, wo ich so etwas empfunden habe, und dann habe ich das schnell wieder weggedrückt, weil es einfach nicht ging, den ganzen Stress und Hustle auszuhalten, wenn ich etwas fühlte.

Sicher, in mir drin war ich immer noch ich selbst, aber ich war eine sehr missgestaltete Version von dem, wie Gott sich das mal vorgestellt hat mit mir. Und der Teufelskreis drehte sich immer weiter: Je tiefer ich in dem Milieu drin war, umso weniger Vertrauen hatte ich zu den Menschen, umso vorsichtiger wurde ich, umso paranoider wurde ich. Mein Gewissen ist komplett stumpf gewesen, ich habe irgendwann gar keine Hemmschwelle mehr gehabt. Es ging nur noch darum, nicht gebustet, also nicht hopsgenommen zu werden. Und ich war bereit, alles dafür zu tun, dass ich in diesem Spiel weitermachen konnte.

✝

Irgendwann in dieser Zeit sollte mein eigenes Album bei Jentown Crhyme erscheinen. Es sollte „Prototyp" heißen und wir hatten auch schon so 15, 16 Songs fertig, hauptsächlich von Jam Beatz produziert. Doch letztlich kam es nie dazu. Denn dann lernte ich meine erste kolumbianische Freundin kennen.

Damals war die Social-Media-Plattform MySpace eine ganz große Sache. Facebook war noch nicht am Start oder jedenfalls noch nicht bekannt. Auf MySpace haben wir Rapper uns alle präsentiert und ich war dort natürlich auch ganz viel auf Frauenjagd. Ich stand schon immer auf Latinas und irgendwann stieß ich dort auf Rosanna.

Sie war vom Äußeren her genau der Typ Frau, der mir gefallen hat. Zudem war sie auch ein sehr kluges Mädchen, das in Bucaramanga Jura studierte. Eigentlich kam sie aus Valledupar, einer Stadt im Norden Kolumbiens. Wir haben uns viel über MySpace und Messenger geschrieben und auch öfter per Webcam gesehen. Und irgendwann sagte sie dann: „Komm doch mal nach Bucaramanga und besuch mich!"

Da Geld für mich zu der Zeit wirklich gar kein Thema war, habe ich das auch recht kurzentschlossen angepackt und bin im April 2008 das erste Mal nach Kolumbien geflogen. Die Hauptmotivation, dorthin zu reisen, war wirklich Rosanna. Und natürlich meine generelle Begeisterung für Südamerika. Aber klar: Schon als ich 19 und mittendrin in den Anfängen des Kokaingeschäfts war, lief bei irgendeiner Afterhour von einer Party der Film „Blow" mit Johnny Depp. Das ist die Lebensgeschichte von George Jung, der in den 1970er- und 1980er-Jahren als der größte Kokaindealer der USA galt. Das hat mich heftig getriggert, weil es eben eine wahre Geschichte war. Durch den Film habe ich das erste Mal so richtig Wind bekommen von Pablo Escobar und dem ganzen riesigen Drogengeschäft in Kolumbien. Und irgendwie war seitdem in meinem Hinterkopf der Gedanke: Irgendwann will ich mal nach Kolumbien und da groß ins Geschäft einsteigen. Dass die Story von George Jung genauso wie die von Pablo Escobar und allen anderen dicken Fischen letztlich richtig übel ausgegangen war, prägte sich mir weit weniger ein als die krassen Szenen ihrer goldenen Zeiten. Und inzwischen waren fünf oder sechs Jahre vergangen und ich hatte nun tatsächlich Kontakte in Deutschland und anliegenden Ländern mit Leuten, die vom entsprechenden Kaliber waren.

Ich bin natürlich nicht mit dem Gedanken rübergeflogen, dass ich da rausspaziere und den Nächstbesten auf der Straße frage, wer hier denn so die Narcos, also Drogenhändler, sind. So naiv war ich nicht. Aber die Überlegung, wenn ich schon mal da wäre, könnte ich ja die Augen offenhalten, war durchaus da.

✝

Ich kam gegen 21 Uhr in Bucaramanga an. Am Flughafen holten mich Rosanna und ihre beste Freundin Carolina ab. Rosanna war in Wirklichkeit genauso hübsch wie sie auf Fotos und vor der Kamera gewirkt hatte. Es war schon dunkel und schüttete wie aus Kübeln, als wir mit dem Taxi vom Flughafen in die Stadt fuhren. In der Wohnung, die ich angemietet hatte, habe ich rasch geduscht und mich fertig gemacht, und dann sind wir los in die Disco zum Feiern. Und danach hatte ich die erste Nacht mit Rosanna.

In den nächsten Wochen waren wir unzertrennlich. Rosanna zeigte mir Bucaramanga, eine wunderschöne Stadt. Des Öfteren unternahmen wir auch was mit Carolina und ihrem Freund. Es gab heftiges Essen, zum Beispiel Arepas (Fladen aus Mais- und oder Weizenmehl mit Fleisch, Gemüse und Käse), oder Empanadas (frittierte Teigtaschen mit Hackfleisch oder Hühnchen kombiniert mit Reis oder Kartoffeln), Caldo de huevo (Eiersuppe), Sancocho de Gallina (Hühnersuppe) und auch viel Steak und Fisch wie Robalo (Wolfsbarsch). Und alles einfach nur lecker. Als Snack musste ich dann auch die lokale Spezialität probieren, Hormiga culona (eine dicke Ameise, geröstet und gesalzen). Und natürlich die abgefahrensten Früchte. Dort habe ich meine Liebe zu Maracuja entdeckt, als ich das erste Mal in meinem Leben so richtig frischen Maracujasaft getrunken habe. Das war eine solche Geschmacksexplosion, es hatte wirklich gar nichts mit dem zu tun, was man in Deutschland kennt. Oder Maracuja en leche, also als Milchshake, boah, so lecker. Das habe ich mir jeden Tag gegönnt.

Wir waren beim Paragliding, Rosanna hat mir die ganze Gegend gezeigt und wir haben uns so richtig ineinander verliebt. Wie John Smith und Pocahontas. So sah sie nämlich aus.

Recht schnell war für mich klar: Okay, ich wandere aus. Ich gehe nach Kolumbien. Mein Studium hatte ich soweit fertig, alle Kurse in der Tasche. Mein Jahrgang war der Letzte, der auf Diplom studierte, danach gab es dann nur noch Bachelor und Master. Die Examensarbeit würde ich vor Ort in Kolumbien schreiben können, musste aber noch die schriftliche und mündliche Abschlussprüfung in Deutschland ablegen. Dafür muss man viel lernen und gut vorbereitet sein. Aber ich hatte weder Bock zu lernen, noch darauf, wieder längere Zeit in Deutschland zu sein.

Das mit Rosanna war noch mal eine viel tiefere Lovestory als mit Aliyah, auch wenn wir zu dem Zeitpunkt noch gar nicht so lange zusammen waren, knapp ein halbes Jahr. Aber wir waren einfach überkrass in love. Ich war ja um einiges älter und so war das ein ganz anderer Film. Es passte einfach alles: Rosanna war klug, hübsch und elegant und kam aus einem sehr guten Elternhaus. Beide Eltern waren Lehrer, und ihre vier älteren Brüder waren alle Mediziner, beziehungsweise der Jüngste studierte damals noch. Ein ganz lieber Kerl, der sich mit Rosanna eine Wohnung in Bucaramanga teilte. Niemand in dieser Familie wusste etwas von irgendwelchen Drogensachen oder wollte etwas damit zu tun haben. Tja, und dann ging die Tochter hin und lachte sich so einen Bagaluten wie mich an.

Ich hatte ihr meine Machenschaften nie verschwiegen. Sie wollte nichts damit zu tun haben, war aber wahrscheinlich zu naiv und zu verliebt, um wirklich zu begreifen, was abging.

Rosanna nahm mich einmal zu ihrer Uni mit, einer Riesenanlage mit mehr als 50000 Studenten. Während sie etwas zu erledigen hatte, chillte ich mit einem Kommilitonen von ihr draußen und rauchte ein Ding. Da er offensichtlich eine Quelle kannte, fragte ich ihn, ob er mir nicht ein bisschen Koks klarmachen könnte, nur für mich, einfach mal zum Probieren. Bis dahin hatte ich noch kein kolumbianisches Koks gehabt, und jeder, der mal in Kolumbien war, schwärmte davon, was das für ein heftiges Zeug sei.

Er besorgte mir zwei Gramm, und ich meinte: „Hey, nur mal so eine dumme Frage, aber kannst du auch mehr klarmachen? Ich habe da echt gute Möglichkeiten, was nach Europa zu schaffen."

Ich kannte zu der Zeit Leute, die Leute kannten, die die Möglichkeit hatten, „eine Tür zu stellen", also die Sachen aus einem Hafen rauszuholen. So etwas ist natürlich Gold wert in dem Geschäft. Der Typ sagte: „Da müsstest du mit meinem Boss sprechen. Ich ruf ihn mal an."

Besagter Boss zeigte Interesse daran, mich zu treffen, und wir verabredeten uns für ein paar Tage später in einem Centro Comercial, also einem Einkaufszentrum. Rosanna musste zum Übersetzen mit, weil ich noch nicht so gut Spanisch konnte. Der Typ erschien und ich war etwas enttäuscht; er sah irgendwie nicht so aus, als wäre er jetzt der große Drogenboss. Außerdem starrte er die ganze Zeit auf meine Breitling-Bentley-Uhr, als hätte er so was Krasses noch nicht gesehen. Als ich ihm erklärte, was ich so für Möglichkeiten hatte, sagte er: „Da bin ich der Falsche, du musst mit meinem Boss sprechen. Aber das geht nicht so einfach, den kannst du nicht anrufen und der lässt sich auch nirgends blicken. Gib mir mal deine Nummer, und wenn das interessant für ihn ist, melden wir uns."

Ich musste natürlich die Nummer von Rosanna rausgeben, denn ich hatte noch keine kolumbianische Nummer. Und nur zwei Tage später hat der Typ sich gemeldet und gesagt, sein Boss würde sich das mal anhören. Wir sollen am nächsten Tag um eins im Parque San Pio sein, dann würden wir abgeholt.

Ich ging also mit Rosanna hin und wartete. Um kurz nach eins fuhren zwei SUVs mit verdunkelten Scheiben vor. Die Beifahrertür von dem vorderen ging auf und der Typ vom Einkaufszentrum sagte: „Steigt ein."

Da wurde mir doch mal kurz mulmig und ich fragte mich: Uff, ist das alles so richtig, was ich hier mache? Und Rosanna mit hineinziehe? Aber solche lichten Momente hatte ich leider nur selten, ich war viel zu sehr drin in meinem Film. Und so stiegen wir ein.

# AUF ABWEGEN IN KOLUMBIEN

Der Wagen fuhr los und kurvte mit uns in Bucaramanga herum. Ich kannte mich ja sowieso nicht aus, aber ich glaube, nach diesen ganzen Kurven und dem Abbiegen hier und da hätte selbst jemand, der aus Bucaramanga kommt, die Orientierung verloren.

Irgendwann hielten wir vor einem Laden mit Musikinstrumenten, in dem es vor allem Geigen gab. Gleich neben dem Eingang führte eine Treppe hinunter in den Keller. Wir gingen alle runter und fanden uns in einem ziemlich leeren Raum wieder, in dem nur zwei Stühle standen. Der Boss des Typen aus dem Centro Comercial setzte sich auf den einen Stuhl, deutete mir an, dass ich mich auf den anderen setzen sollte, und fragte dann: „De que quieres hablar conmigo?“, also „Über was willst du mit mir reden?“

Das war das erste Mal, dass ich „El Mono“ begegnete. Er war nicht groß, vielleicht 1,65 oder 1,70 Meter, hatte eine kleine Plauze und für kolumbianische Verhältnisse etwas hellere Haare und auch hellere Haut – daher auch der Name („Der Blonde“). Ich versuchte, ihm mit Händen und Füßen zu erklären, was für Kontakte ich hatte und dass wir die Möglichkeit auf eine Tür in einem Hafen in Europa hatten. Rosanna musste immer wieder übersetzen. Ich habe dieses arme Mädchen, das aus einem guten Elternhaus kam, einfach mit reingezogen in diesen ganzen Sumpf. Zwar war es nicht so, dass sie an irgendwas beteiligt war, aber es ist schon gefährlich, einfach bei solchen Treffen dabei zu sein, mit solchen Menschen überhaupt Kontakt zu haben. Eigentlich wollte sie von dem Ganzen nichts wissen, aber weil sie komplett verliebt in mich war, hat sie es trotzdem gemacht und mich noch nicht mal verurteilt deswegen. Für sie war nur wichtig, dass ihr Bruder und der Rest ihrer Familie nichts mitbekamen.

In diesem Gespräch sagte El Mono nicht viel, er hat die eine oder andere Frage gestellt, aber eigentlich mehr zugehört. Und dann wurden wir wieder zurück zum San-Pio-Park gebracht. Zwei oder drei Tage später meldete sich der Typ aus dem Einkaufszentrum wieder bei mir und sagte, dass El Mono uns gern noch mal sehen würde. Er nannte einen Ort und eine Zeit und sagte dann noch, dass wir Klamotten mitnehmen sollten, weil wir wahrscheinlich über Nacht bleiben würden. Unser Ziel hieß San Gil. Das ist ein Ort in den Bergen, anderthalb Stunden von Bucaramanga entfernt, wo viele Outdoorsportarten gemacht werden: Kanufahren, Paragliding, Rafting, alle möglichen Sachen. Ein sehr schöner Ort mitten in der Natur. El Mono holte uns ab, Rosanna und sogar auch Carolina waren dabei, und dann sind wir Richtung San Gil gefahren. Wir machten eine Pause in einem wunderschönen Nationalpark, Chicamocha, und schließlich erreichten wir eine Finca, wo El Mono uns seine Ehefrau und seine drei Kinder vorstellte.

Ich dachte: Okay, so was macht man nicht einfach mal eben so. Er buchte uns in einem Hotel in der Nähe ein und holte uns dann jeden Tag ab. Wir unternahmen viel zusammen, feierten und soffen. Ich glaube, er wollte mich einfach abchecken und gucken, was für ein Typ ich bin und ob ich ihm Quatsch erzählt habe. Er selbst hat nicht viel von sich preisgegeben, also war es für ihn auch keine größere Gefahr. Dass ich ein versteckter Ermittler oder so sein könnte, war kein Thema. Wäre auch sehr unwahrscheinlich gewesen, dass da ein Deutscher oder Amerikaner einfach daherkommt und nach einer Koksquelle fragt. So was gab es vielleicht in den 80er-, 90er-Jahren, aber nicht mehr heute. Heute sind es Landsleute, die als Maulwürfe in den kriminellen Organisationen verdeckt ermitteln.

An einem Abend gab es in einer Diskothek in San Gil einen Vorfall. Wir waren ziemlich besoffen am Tanzen und ein Typ packte Carolina an den Hintern. El Mono wies ihn zurecht und der andere plusterte sich so ein bisschen auf. Und ich verpasste ihm einfach direkt eine. El Mono guckte ziemlich erschrocken und sagte: „Komm, wir verschwinden besser!"

Als wir im Auto saßen, lachte er sich scheckig: „Mann, du kannst doch nicht irgendjemandem einfach eine Faust ziehen! Wir sind hier nicht in Deutschland. Das ist Kolumbien, du weißt nie, wer wie drauf ist. Hier kann jeden Moment wegen sowas jemand eine Waffe ziehen und dir in den Kopf schießen!"

Nach diesem kleinen Ausflug sagte El Mono dann zu mir: „Wenn du willst, können wir anfangen zu arbeiten." Ich erklärte ihm, dass ich erstmal wieder zurück nach Deutschland musste, um dort einiges zu regeln, und er meinte: „Okay, wenn du wieder hier bist, fahren wir gemeinsam nach Ecuador und fangen an!"

Warum Ecuador? Ecuador war damals einfach noch nicht so verbrannt wie Kolumbien und es war nicht ganz so gefährlich wie in den kolumbianischen Häfen, in denen Krieg zwischen den Kartellen herrschte. Und wer den Hafen regierte, konnte so was wie Zoll auf jedes Kilo nehmen, das den Hafen verließ. Heute ist das ecuadorianische Guayaquil mit dem größten Hafen der Pazifikseite Südamerikas die gefährlichste Stadt des Kontinents und zentraler Schauplatz des weltweiten Drogengeschäfts geworden. Dort trifft alles aufeinander: kolumbianische und mexikanische Kartelle sowie die einheimischen Mega-Bandas wie „Los Choneros", die das Sagen haben im Land.

El Mono war, wie ich nach und nach erfuhr, Teil der paramilitärischen Rastrojos. Das ist eine berüchtigte „Bacrim", kurz für „Banda criminal", also eine kriminelle Organisation. Während sie früher als die größte Bacrim in Kolumbien galten, sind sie heute nicht mehr so einflussreich und mächtig. Die Organisation war aus dem mächtigen Cartel Norte del Valle hervorgegangen, dessen bewaffneter Flügel sie war. Den Namen hatte sie von einem ihrer Anführer, Diego Rastrojo. Nach dem die Capos des Kartells einer nach dem anderen entweder ermordet oder festgenommen und in die USA ausgeliefert worden waren, bekamen die Rastrojos immer mehr Macht, so sehr, dass sie sich zu einem der mächtigsten Akteure im Drogenhandel, in der Erpressung und im Entführungsgeschäft entwickelten. Und bis 2010 waren die Rastrojos dann wohl zur mächtigsten kriminellen Organisation Kolumbiens aufgestiegen. Sie waren mehrere Jahre lang die Hauptspieler im kolumbianischen Drogenhandel. Anfangs schützten sie Laboratorien und Routen für Drogentransporte, aber als sie sich in den Schlüsselgebieten für kriminelle Machenschaften nach und nach festsetzen konnten, bekamen sie immer mehr Bedeutung im Drogenhandel und konnten wichtige Beziehungen auf nationaler und internationaler Ebene aufbauen. Die Verbindungen der Organisation zu Daniel „El Loco" Barrera, zu der Zeit der größte Capo Kolumbiens, brachten sie dann noch weiter nach vorn. Die Drogen brachten sie hauptsächlich die Pazifikküste hinauf nach Mittelamerika und Mexiko und von da dann in die Vereinigten Staaten. Sie kontrollierten auch eine der wichtigsten Schmuggelrouten über Venezuela. Zu ihrem „Portfolio" gehörten aber auch Mord, Entführungen, Erpressung, illegaler Waffenhandel und Geldwäsche. Zu der Zeit waren sie eine der größten und gefährlichsten Organisationen Kolumbiens, die eigentlich in Cali ansässig war, aber im ganzen Land ihre „Oficinas" hatte, also ihre Büros, wie man das in der Unterwelt nannte. Dadurch, dass Barranquilla die größte Hafenstadt im Norden Kolumbiens ist, von der aus natürlich jede Menge Drogen rausgehen, war das eine hart umkämpfte Stadt. Und El Mono und sein Partner, nennen wir ihn mal El Propietario waren mittendrin, verwickelt in Kämpfe mit anderen Gruppierungen und teilweise innerhalb ihrer eigenen Organisation.

El Mono hatte gerade einen 15-jährigen Krieg um die Hafenstadt Santa Marta hinter sich und weil so ein Krieg teuer ist, war er mit fast leeren Händen zurück nach Bucaramanga gekommen.

So war es auch für ihn eine Chance, mit mir wieder an gutes Geld zu kommen.

†

Ich flog nach Hause, löste meine Wohnung auf, verkaufte ein paar Dinge und klärte die letzten Sachen an der Uni. Dann ging es wieder zurück nach Kolumbien. Beziehungsweise ich landete in Caracas und von dort ging es dann mit einem kleinen Flugzeug nach San Antonio in Venezuela. Es gab unterwegs ein Unwetter und die kleine Maschine klapperte und rüttelte dermaßen, dass ich schon dachte, das war's. In San Antonio del Táchira holte mich dann El Mono ab – mit dem Auto, damit man keinen weiteren Einreisestempel nach Kolumbien im Reisepass hatte. Er meinte, dass das besser sei. Wir verbrachten die Nacht in einer Absteige und fuhren am nächsten Tag die sechs Stunden Strecke nach Bucaramanga, mitten durch die Berge mit einer Kurve alle 30 Meter. Es war im wahrsten Sinne des Wortes zum Kotzen.

Natürlich war Rosanna immer noch der Hauptgrund zurückzukommen, aber jetzt war ich auch heiß darauf, das Geschäft mit El Mono aufzubauen. Ich glaube, El Mono wollte einfach nochmal sehen, ob ich überhaupt wiederkomme und verlässlich bin. Wir haben ein paar Dinge besprochen und sind dann nach Ecuador aufgebrochen, nach Guayaquil.

Dort klappte dann alles nicht so, wie wir uns das vorgestellt hatten – wir warteten, dass endlich unsere Ware verschifft werden konnte, aber irgendwie kam immer etwas dazwischen, ob es große Razzien waren und der Hafen heiß war oder andere Dinge. Wir lebten wochenlang in einem Hotel, brachten nichts zustande und haben eigentlich nur jeden Tag gesoffen, Party gemacht und Poker gespielt. Das Pokerspiel war auch noch so eine Sache, die ich zu der Zeit schon exzessiv betrieben habe, und ich war ein guter Spieler.

In Guayaquil traf El Mono zwei ihm bekannte Narcos aus Pereira, einer Stadt im Kaffeedreieck Kolumbiens. Sie gehörten zur größten Organisation dort, „La Cordillera", die eng mit den Rastrojos kooperierte. Eine kriminelle Organisation, die ihren Ursprung im Paramilitär hat. Nachdem Carlos Mario Jiménez Naranjo alias „Macaco", der Anführer des Bloque Central Bolivar der AUC (Autodefensas unidas de Colombia, kurz gesagt das größte Paramilitär), im Mai 2008 an die USA ausgeliefert worden war, übernahmen seine zwei Männer des Vertrauens die Verantwortung und gründeten diese kriminelle Bande, die sich dem Sicariato, also Auftragsmord, Erpressung und dem Drogenhandel widmete. Im Mai 2022 bekam diese Gruppierung viel Aufmerksamkeit in der kolumbianischen Presse, weil sie ein Attentat auf den aktuellen Präsidenten Gustavo Petro plante. Jedenfalls, El Mono besprach sich endlos mit ihnen, und schließlich boten sie uns an, ihre Route zu benutzen, und sie bekamen von El Mono wohl auch die Ware, die sie dann verschiffen sollten.

Einige Tage später fuhren sie mit uns in einem Kleinbus in den Norden Ecuadors, fast an der Grenze zu Kolumbien. Als wir in einer kleinen Stadt anhielten, sollte ich im Bus warten, und El Mono und einer der Männer aus Pereira wurden von einem Typen auf einem Pferd abgeholt, der zwei weitere Pferde für El Mono und den anderen Mann dabeihatte. Sie wollten El Mono ein Outdoor-Kokainlabor zeigen, das mitten im Wald versteckt war und das man nur zu Fuß oder eben zu Pferd erreichen konnte. Es war alles sehr vielversprechend. Aber auch der Deal mit denen platzte letztlich. Weitere Details spare ich mir hier besser ...

Nach alledem reisten wir zurück nach Kolumbien. Ich nahm einen Flug von Guayaquil nach Cali, wo El Mono mich wieder mit dem Auto einsammelte. Er selbst war mit dem Bus von Guayaquil nach Cali gefahren. Von dort ging es nach Pereira, um nochmal mit den beiden Männern zu sprechen, die uns helfen wollten mit unserer Ware, die sie ja nun hatten. Wir blieben über Nacht.

Ich sollte allein in einer Zweitwohnung von einem der Typen aus Pereira schlafen. Was mir etwas komisch vorkam, weil El Mono ins Hotel ging. Aber ich befolgte den Befehl.

In der Nacht hatte ich das Gefühl, dass jemand in die Wohnung kam und dann wieder ging. Es war zu real, als dass es nur ein Traum gewesen sein konnte. Warum, wusste ich nicht. Wenn ich daran zurückdenke, läuft mir ein Schauer über den Rücken, denn es hätte gut passieren können, dass sie mich dort einfach beseitigen. Sie hatten viel Geld von uns, das in Ware steckte, und ich war ganz allein. Auch wenn El Mono und ich uns wirklich mochten, wusste ich, dass ich auch ihm am Ende nicht vertrauen konnte.

Am nächsten Tag wurde ich abgeholt und wir frühstückten mit einigen der Leute in einem Restaurant. Ich fragte in die Runde, ob in der Nacht jemand in der Wohnung gewesen sei oder ob ich das nur geträumt hätte. Als sie meinten, es sei Letzteres, ließ ich das mal so stehen.

Von Pereira fuhren wir mit dem Bus weiter nach Bucaramanga. Unterwegs kamen wir über die Hügel an Medellín vorbei und ich sah diese Stadt voller Lichter im Tal liegen. Es sah wunderschön aus. Da wollte ich unbedingt mal hin.

Zurück in Bucaramanga hatte ich noch meine Examensarbeit zu schreiben. Die sollte über Fußball gehen und zwar über Talente in Deutschland im Vergleich zu Talenten in Kolumbien. Ich habe dazu mit dem Internat vom Hamburger SV zusammengearbeitet und mit der Sportschule Lechesan von Atlético Bucaramanga. Und so habe ich dann irgendwie meine 50 Seiten zusammengelötet. Zu der Zeit trainierte ich auch selbst bei der B-Mannschaft von Atlético Bucaramanga mit und konnte da gut mithalten. Das A-Team spielte in der ersten Division, also in der ersten Liga Kolumbiens.

El Mono nahm mich oft mit in sein Barrio, wo wir auf einem riesigen Sandplatz mit seinen Leuten zusammen kickten. Er war ein Fan meines Spiels und erzählte jedem, was für ein Bomber ich auf dem Feld sei. Neben all der Ernsthaftigkeit, die dieses dreckige

Geschäft mit sich bringt, hatten wir echt viel Spaß. Ansonsten verbrachte ich viel Zeit mit Rosanna und traf mich dann und wann mit El Mono, um zu hören, was es für Neuigkeiten gab. Die gab es nicht. Er war frustriert, denn wir hatten viel Geld investiert und das lag jetzt irgendwie brach und es ging nicht weiter.

Wir drei waren oft gemeinsam in Bucaramanga in einem guten Steakhouse namens „Mercagan", wo es 700-Gramm-Steaks gab – ein Traum. Morgens haben wir meistens im „Tony Desayunos" gefrühstückt. Zu Trinken nahm ich immer das Gleiche: Maracujasaft oder Maracuya en leche. Ich war komplett verliebt in diese Frucht. „Apasionado por la fruta de la Pasion", oder auf Englisch: „Passionate about Passion fruit!" (Auf Deutsch passt das nicht.) Spaßeshalber nannte mich El Mono deswegen immer „Maracuyero". So werden in Kolumbien die Bauern genannt, die Maracuja anbauen. Fast prophetisch damals von ihm, denn heute bin ich ja wirklich einer.

Mittlerweile war es Ende 2008. Wir hatten schon einiges an Formularen ausgefüllt, damit Rosanna zu Besuch mit mir nach Deutschland reisen konnte. Eines Tages, ich kann mich noch genau daran erinnern, kam Rosanna zu mir und sagte, dass sie schwanger von mir sei. Dass sie es jetzt gerade gemerkt habe und so etwa im zweiten Monat sein müsste. Und dass sie es abtreiben lassen wolle.

Wie so vieles zu dieser Zeit berührte mich das nur sehr oberflächlich. Die Geschäfte standen ganz klar im Vordergrund und ich hatte klare Ziele, um die nächste Zeit viel Geld zu scheffeln. Als Drogenschmuggler ist man viel unterwegs und muss sehr flexibel sein. Familie zu haben, ja sogar Kinder, bindet an einen Ort und macht einen auch noch wesentlich angreifbarer. Man ist allein oder höchstens mit dem Lebenspartner viel besser dran. Aber irgendwo war ich schon aufgeregt und hab auch überlegt, wie krass es sein würde, Papa zu werden. Ich hätte dieses Kind mit Rosanna, trotz aller Umstände, doch irgendwie gerne gehabt.

Endlich mal Verantwortung übernehmen zu *müssen*, das wäre auf jeden Fall ein Change in meinem chaotischen Leben gewesen.

Aber Rosanna war schon sehr überzeugt davon, es abzutreiben. Es war eine sehr schwierige Situation für sie. Sie wusste ja, dass ich ein Verbrecher war, dass ich jeden Moment draufgehen oder erwischt und ins Gefängnis gesteckt werden könnte. Sie wusste auch von den vielen anderen Frauen, die ich hatte, auch wenn sie die Nummer 1 war. Insgesamt bekam sie wohl einfach kalte Füße, was ich ihr nicht verübeln kann. Sie studierte ja Jura und war im 4. Semester und hatte Angst, allein mit Kind sitzengelassen zu werden, weil sie die jüngste Tochter war und von ihren Eltern unterstützt wurde.

Zu sehen, wie sehr Rosanna sich dagegen sträubte, das Kind zu bekommen, machte mich traurig, aber irgendwo traf es mich auch in meinem Stolz, sodass ich ihr die Entscheidung allein überlassen hab. Ich sagte zu ihr: „Am Ende des Tages ist es dein Körper, du kannst das so machen, wie du meinst. Denn du wärst ja diejenige, die dann mit dem Studium pausieren müsste und so weiter." Und sie ließ es abtreiben.

Heute zerreißt es mich förmlich, wenn ich daran denke, mit was für einer Kälte wir darangegangen sind und wie wenig es mich danach wirklich gejuckt hat.

Dann geschah etwas, was ich nicht gedacht hätte: Es hat unsere Beziehung sofort zerstört. Ich hatte ja gar nicht wirklich darauf gepocht, das Kind zu bekommen, aber dennoch war das so ein Einschlag, so ein Bruch in unserer Beziehung, dass ich sie nicht mal mehr anfassen konnte. Ich wollte sie nicht mehr berühren, nicht mehr küssen, ich wollte nichts mehr mit ihr zu tun haben. Ohne dass ich das vorher in irgendeiner Form geahnt hätte.

Heute denke ich, dass wir damals einen Mord begangen haben, und zwar an unserem eigenen Kind. Und das ist auch ein absoluter Trigger-Point für mich. Es will mir einfach im Rückblick nicht einleuchten, wie wir so leichtfertig über Leben und Tod haben entscheiden können. Meiner Überzeugung nach hat kein Mensch das Recht, einem anderen Menschen das Leben zu nehmen. Und ich glaube, dass das Leben nicht erst beginnt, wenn du Arme und Beine hast und schon wie ein fertiger Mensch aussiehst, sondern in dem Moment, wo Gott dieses Leben geschaffen hat und es eine Seele und einen Geist hat.

Oft denke ich an dieses Kind. Und jedes Mal gibt es mir einen Stich ins Herz. Wie alt wäre es heute? Wie würde es wohl aussehen? Welche Eigenschaften von mir hätte es und welche von Rosanna? Ich verurteile niemanden, aber ich würde nie wieder so lässig mit dieser Situation umgehen. Wenn ich es noch mal durchleben könnte, würde ich zu Rosanna sagen: „Bitte, lass uns das Kind bekommen. Du kannst weiterstudieren, ich kümmere mich um das Kleine." Ich würde meine Verantwortung wahrnehmen. Und wenn ich im Freundeskreis mitbekommen würde, dass jemand ungewollt schwanger ist, würde ich sofort sagen: „Bitte treib es nicht ab, wir unterstützen dich. Oder wir nehmen das Kind, adoptieren es und ziehen es auf."

Damals aber machte ich es mir leicht: Ich beendete die Beziehung und flog zurück nach Deutschland. Ohne Rosanna. Sie war fix und fertig, und es war natürlich auch komplett egoistisch von mir, sie mit dem Ganzen allein zu lassen; sie verfiel in schwere Depressionen und hatte echt zu kämpfen. Aber ich konnte mit dieser Frau nicht mehr zusammen sein. Meine Gefühle für sie waren einfach erloschen.

✝

Ich glaube, ich bin am 22. Dezember wieder in Deutschland angekommen, am 23. Dezember hat mein Vater Geburtstag. Wenn ich bei meinen Eltern war, habe ich in meinem alten Jugendzimmer oben auf dem Dachboden geschlafen. Am Morgen des 23. irgendwann so um 8 oder 8.30 Uhr kam mein Vater die Holztreppe zum

Dachboden hoch und weckte mich. Ich, noch voll im Jetlag, sagte: „Happy Birthday, Papa!"

Er guckte mich nur mit großen Augen an und war ziemlich blass. Und dann sagte er: „Zieh dich mal schnell an, unten steht das LKA, die wollen dich mitnehmen."

Ich putzte mir rasch die Zähne, zog mich an und ging mit den beiden Beamten mit. Wie ich mich erinnern kann, blieb ich ganz cool. Es waren zwei Polizisten, der eine stieg natürlich auf der Fahrerseite ein, und ich wollte mich hinten hinsetzen. Aber der zweite meinte: „Nix da, du steigst vorn ein!", und setzte sich selbst auf den Rücksitz. Das war etwas merkwürdig. Ich habe im Nachhinein den Verdacht, dass sie gehofft haben, ich würde einen Fluchtversuch starten und dann könnten sie mich gleich abgreifen.

Auf der Wache in Flensburg wollten sie mich dann vernehmen. Ich sage absichtlich „wollten", weil letztlich nichts dabei rumgekommen ist. Sie erzählten mir: „Dein bester Freund ist verhaftet worden, der Drogenring wurde gesprengt, und wir wissen, dass du der Drahtzieher bist von dem Ganzen. Das haben einige ausgesagt."

Aber ich war 100 % sicher, dass niemand irgendwas ausgesagt hatte. Deshalb habe ich einfach alles abgestritten und gesagt: „Okay, er ist mein bester Freund und vielleicht habe ich hier und da auch mal mitbekommen, dass er in so was verstrickt war. Aber ich habe mit alledem nichts zu tun. Ich lebe jetzt in Kolumbien. Ihr müsstet doch gemerkt haben, dass ich zu der Zeit, als ihr alle verhaftet habt, gar nicht im Lande war. Also, ich weiß nicht, was ich hier soll."

Tja, da mussten sie mich wieder nach Hause fahren. Und das war eigentlich das einzige Mal, dass ich irgendwie mitgenommen wurde. Ich war oft angehalten und mein Auto durchsucht worden. Das ist alles aktenkundig in haufenweise Akten, die es jetzt aber nicht mehr gibt, weil sie die nach einer Weile vernichten müssen. Es gab auch eine Menge Fotos, die von mir gemacht worden sind, wobei ich absolut nicht mitbekommen hatte, dass jemand mich verfolgte. Aber wirklich auf frischer Tat ertappt haben sie mich nie. Klar, ich war geschickt und wusste, wie man zu arbeiten hat. Jemand, der nicht ganz so helle ist oder die Sache auf die leichte Schulter nimmt, wird in dem Geschäft nicht alt. Aber es lag nicht nur an meiner Geschicklichkeit. Ich habe einfach auch oft viel Schwein gehabt. Und es gibt so einen merkwürdigen Ehrenkodex unter Verbrechern, dass man nie jemanden verrät und niemals irgendwelche Namen nennt. Und das hat in meinen Kreisen auch immer funktioniert. Der Einzige, der mich mal ins Spiel gebracht hat, war dieser besagte Hamed, aber mit dem hatte ich nie selbst Geschäfte gemacht. Vielleicht hat er also mal das eine oder andere mitgekriegt oder gehört, aber er konnte nichts belegen. Deswegen wurde auch diese Anklage fallengelassen.

Einmal saß ich in Hamburg als Beifahrer im Auto von einem Kumpel und wir haben Bonez MC abgeholt. Dann fuhren wir irgendwohin, hielten an, Bonez machte den Kofferraum auf, holte eine Tasche raus und ging in Richtung eines Wohnblocks. Ich hatte nicht so genau aufgepasst und blieb im Auto sitzen, weil ich gerade etwas an meinem Handy machte. In der besagten Akte ist all das minutiös mit Fotos und genauem Bericht festgehalten worden. Da stand, dass sie überlegt haben, ob sie jetzt einen Zugriff starten sollten. Aber weil die Zielperson – nämlich ich – sich passiv verhielt und nicht den Eindruck machte, dass sie etwas mit der Sache zu tun hatte, wollten sie nicht die ganzen Ermittlungen gefährden und hielten die Füße still. Ich weiß nicht, was in der Tasche drin war, die Bonez da aus dem Kofferraum geholt hat. Wahrscheinlich haufenweise Mixtapes von „Mehr geht nicht“. Wenn sie da zugeschlagen hätten, wäre jedenfalls nichts dabei rausgekommen.

✝

2009 ging ich wieder zurück nach Kolumbien, aber nie wieder nach Bucaramanga zu Rosanna. Alle hatten mir erzählt: „Wenn du die schönsten Frauen Kolumbiens sehen willst, dann musst du nach Medellín." Natürlich hatte ich mir vorher über Facebook schon mal die eine oder andere klargemacht, damit ich dann auch was safe hatte, als ich rüberflog. Eine von diesen Frauen mit Namen Julieth schrieb mir, ich könne gern bei ihr schlafen, bis ich eine Wohnung hätte.

Als ich in Medellín gelandet war, stieg ich in ein Taxi mit meinem teuren Koffer, dick fresh angezogen mit Markenklamotten, Sonnenbrille und allem Pipapo. Als der Taxifahrer fragte, wo es hingehen sollte, und ich ihm die Adresse von Julieth gab, guckte er mich leicht schockiert an. „Sicher, dass du da hinwillst?" Es war schon dunkel, die Adresse lag in Andalucia la Francia, einer ziemlich armen und sehr gefährlichen Comuna im Norden der Stadt.

Der Flughafen befindet sich in Rionegro, einer Vorstadt von Medellín, und liegt etwas höher. Die Stadt breitet sich beim Runterfahren in dem Talkessel, Valle de Aburra, wie ein Lichtermeer vor einem aus, es ist einfach wunderschön. Bei dem Anblick habe ich mich sofort in die Stadt verliebt.

Bei Julieth angekommen, stellte ich fest, dass sie noch bei ihrer Mutter wohnte. Natürlich durfte ich nicht in ihr Bett, sondern musste auf der Couch schlafen. Das passte mir überhaupt nicht. Gleich am nächsten Tag zog ich daher los und besorgte mir eine Wohnung in dem besten und sichersten Viertel in Medellín, El Poblado. In den ersten Tagen habe ich viel Zeit mit Julieth verbracht. Sie fand Gefallen an mir, aber für mich war sie nur ein Abenteuer. Eigentlich wollte ich ja austesten, ob das stimmte mit den hübschesten Frauen und so. In Kolumbien gibt es überall schöne Frauen, aber nun musste ich wirklich zugeben, dass hier tatsächlich quasi an jeder Kasse im Supermarkt eine absolute Beauty-Queen saß. Ich zog bald allein los und machte viel Party, lernte viele Frauen kennen und genoss es rundum so richtig.

Medellín ist auch auf den zweiten Blick wunderschön, zwar eine busy Großstadt, aber mit sehr viel Grün. Es gibt viele Bäume und Parks und Bäche, die mitten durch die Stadt fließen. Und das Klima ist einfach traumhaft, 24 bis 28 Grad am Tag und in der Nacht kühlt es angenehm ab. Medellín wird auch „ciudad de la eterna primavera", genannt, also „die Stadt des ewigen Frühlings". Die Anden-Metropole hat eine schöne Umgebung, gutes Essen, nette Leute, hübsche Frauen, gute Party und alles auch noch sehr günstig – was wollte ich mehr?

Zu der Zeit hatte ich ein bisschen mehr Geld gemacht, und ich hatte immer noch die Aussicht, mit El Mono etwas auf die Beine zu stellen. Eines Tages latschte ich durch den Parque Lleras, damals die angesagteste Partymeile für Leute mit Geld (heute ist er eher verkommen). Da fiel mein Blick auf ein großes weißes Gebäude mit einer riesigen Terrasse, an dem ein Schild stand: „Para alquilar", also „zu vermieten", und darunter eine Telefonnummer.

Ich dachte: Na, das wärs doch! Ich mache meine eigene Disco hier auf! Mit Partys kenne ich mich ja nun wirklich aus. Ständig High Life, hübsche Frauen um mich herum und ich kann noch mein Geld waschen – perfekt!

Ich rief die Nummer an und hatte wenige Tage später den Pachtvertrag vorliegen. Zu der Zeit kannte ich in der Stadt noch nicht viele Leute. Denn als ich El Mono Bescheid gegeben hatte, dass ich in Medellín sei, war er völlig ausgerastet und hatte geschrien: „Du kannst überall in ganz Kolumbien sein, ich kann dir überall Rückendeckung geben und habe meine Leute. Nur in Medellín ist ein Kopfgeld auf mich ausgesetzt, da kann ich nicht hin und da kann ich dir nicht helfen! Ich möchte nicht, dass du in dieser Stadt bist!"

Ich hatte ihn beruhigt: „Reg dich ab, ich will hier ja nur leben und keine Geschäfte machen." Dennoch nahm ich das ernst und hielt mich erstmal sehr zurück mit Kontakten. Ich redete auch mit niemandem über meine dunklen Geschäfte.

Im Fitnessstudio lernte ich Daniel kennen, eine absolute Maschine. Und über Daniel kam ich wiederum an Mario, einen renommierten Anwalt in der Stadt, der für mich den Pachtvertrag abcheckte und mir auch mit der Disco helfen wollte, indem er stiller Teilhaber wurde. Den Vertrag schloss ich dann mit einer Paloma, der Ehefrau eines Kolumbianers, der in den USA lebte. Dessen Bruder wiederum, Oscar, hatte das Gebäude beziehungsweise die Diskothek, die sich bisher darin befunden hatte, gemanagt. Und er war jetzt mein Ansprechpartner.

Ich hatte den Film im Kopf, die erste Shisha-Lounge in Medellín aufzumachen. So etwas gab es 2009 noch nicht, damals ging das gerade auch erst in Deutschland los. Vielleicht gab es die eine oder andere Shisha-Bar in Hamburg, aber das wars auch schon. Für mich war klar, ich nenne das Ding „Dubai Disco Bar Lounge" und gestalte alles im Stil wie das Burj Al Arab, das berühmte Luxushotel in Dubai, das von der Architektur her so ein bisschen an ein Segel erinnert. Dubai war gerade voll angesagt und weltweit in den Medien in aller Munde. Ich habe die Decke und die Flure so gestaltet, wie sie sie im Burj Al Arab hatten, mit viel Gold und Glas und Spiegeln, und den Boden mit ähnlichen Ornamenten malen lassen. Am Eingang ließ ich ein riesiges Aquarium aufstellen, mit Kugelfischen und kleinen Haien drin. Und das Herzstück war eine Bar, die genau die „Segel"-Form hatte wie das Burj Al Arab-Gebäude, komplett aus Spiegelglas. Kurzum, ich habe richtig schön viel Geld verbraten. Irgendwas um die 150000-200000 Euro steckten da drin. Schließlich fehlten nur noch kleinere Arbeiten, hier und da musste noch ein bisschen was gestrichen werden, und dann wäre alles startklar.

Um die nächsten Schritte zu besprechen, wollten Mario und ich uns am Montagmorgen in unserem Club treffen. Am Wochenende davor war die Feria de las Flores gewesen, das Blumenfest, das ist das große Stadtfest in Medellín, bei dem die ganze Stadt auf den Beinen ist und überall wild gefeiert wird. Um 8 Uhr stand ich also am Montag mit Daniel an der Disco und wir warteten auf Mario, der sonst immer pünktlich war. Als auch um halb neun noch keine Spur von ihm zu sehen war, rief ich ihn an, aber kam nicht durch. Anscheinend war sein Handy aus. Das war alles wirklich sehr untypisch für ihn. Daniel und ich entschieden uns, mit Daniels Motorrad zu Marios Wohnung zu fahren. Mario wohnte in einem guten Viertel in einem „conjunto cerrado", also einer gesicherten Wohnanlage, wo unten ein Portero sitzt, ein Wachmann, der nur Leute reinlässt, bei denen er das O.k. vom Bewohner hat.

Als wir so gegen 9.00 Uhr bei dem Wohnkomplex ankamen, standen auf dem Parkplatz schon CTI und Fiscalia, die Mordkommission, und haben Spuren gesichert und Zeugen vernommen. Und Mario wurde auf einer Bahre in einem Plastiksack herausgetragen. Ein guter Freund von ihm, Gabriel, und eine Anwältin, die mit ihm zusammengearbeitet hatte, flüsterten uns zu, er sei in seinem Apartment mit 44 Messerstichen getötet worden. Die ersten drei Stiche in den Rücken und den Rest überallhin, wo man es sich nur vorstellen kann.

Ich ging über die Terrasse in seine Wohnung, die im Parterre lag. Niemals werde ich vergessen, was für ein heftiger Gestank in der Luft lag. Es ging mir durch Mark und Bein. Mario hatte wohl von Freitag bis jetzt Montag tot dagelegen. Blut riecht unglaublich schrecklich. Und hier war wirklich überall Blut – an den Wänden, auf dem Boden, an den Möbeln, es sah furchtbar aus. Ein richtiges Massaker. Zudem waren die Reinigungskräfte dabei, das Blut mit Chlorwasser wegzuwischen, was den Geruch noch schlimmer machte. Auf der Theke, die die Küche vom Wohnzimmer trennte, standen eine halbvolle Flasche Tequila und drei Gläser.

Die Leute von der Staatsanwaltschaft, Polizei und Mordkommission wollten von uns wissen, wer wir seien und wieso wir hier waren. In der Wohnung und auch in Marios Auto waren Fingerabdrücke von mir zu finden, weil ich viel mit ihm unterwegs gewesen war; ich hatte kurzfristig auch mal ein paar Tage in seiner

Wohnung übernachtet. Doch ich stand nicht unter Verdacht, sondern sollte einfach meine Beziehung zu ihm erklären. Die Leute von der Staatsanwaltschaft zeigten mir die Videoaufnahmen von den Überwachungskameras am Eingang des Wohnblocks. Darauf sah man, dass am Freitag spätnachmittags zwei jüngere Typen reingelassen worden waren – der Wachmann hatte anscheinend die Freigabe von Mario bekommen, also mussten es Leute gewesen sein, die er kannte. Und eine Stunde später kamen sie mit Caps auf und Gegenständen unter dem Arm wieder raus. Da die Kameras auch noch ein Stück von der Straße zeigten, konnte man sehen, wie sie wegrannten. Es war sehr klar ersichtlich, dass ich keiner von den beiden war.

Die Staatsanwaltschaft erklärte, sie hätten zwei Personen in Verdacht. Anscheinend war Mario am Donnerstag in einem Schwulenclub im Zentrum der Stadt gewesen, wo er wohl öfter feierte. Das hat aber keiner von uns gewusst; er hatte im Gegenteil immer betont auf Macho gemacht, stets viele hübsche Frauen um sich gehabt und so weiter. Weil es während des Blumenfests geschah, war er wahrscheinlich sehr besoffen und hat möglicherweise den falschen Personen ein bisschen zu viel erzählt. Mario hatte zu Hause ziemlich viel Bargeld liegen, allein von mir schon einige Tausend. Die Verdächtigen hat er wohl in dem besagten Club kennengelernt und dann vermutlich für den nächsten Tag zu sich nach Hause eingeladen.

Die Frage war nur, warum die ihn mit 44 Messerstichen geradezu abgeschlachtet hatten, was eigentlich eher zu einem Racheakt oder einem Verbrechen aus Leidenschaft passte. Das war alles sehr krass, auch die sehr heftige Trauerfeier. Ich habe nie erfahren, was wirklich passiert ist. Aber ich habe auch nicht allzu intensiv nachgeforscht. Nach etwas zu suchen, was man nicht verloren hat, das kann in Medellín sehr schnell schiefgehen. Und ich musste zusätzlich zu dem Schock nun auch sehen, wie ich das mit der Disco allein hinbekam.

Irgendwie klappte dann aber alles noch und am 29. September war die große Eröffnungsfeier der „Dubai Disco Bar Lounge". Es gab sogar ein Video, das in der TV-Werbung lief, und gleich mehrere Fernsehkanäle führten zur Eröffnung Interviews mit mir. Mittlerweile konnte ich mich einigermaßen auf Spanisch verständigen. Außerdem war ich natürlich dem Anlass entsprechend angetrunken und da ging es gleich noch viel besser.

Bei der Eröffnung ging es richtig rund. Ich hatte alles aufgefahren, was man sich nur denken kann: eine Bauchtänzerin, Schwertschlucker, Feuerschlucker, einen Laufsteg mit angesagten Models, die für die bekannte Unterwäsche Marke „EA Lingerie" gelaufen sind, einen DJ mit Live-Band und ein großes Feuerwerk. Der Laden war mit über 500 Leuten proppenvoll, der Alkohol floss in Strömen. Und ich war happy.

Medellin

# EIN KURZER TRAUM

Die „Dubai Disco Bar Lounge" lief anfangs richtig gut. Der Laden war immer voll, er war für die Leute interessant, weil es die absolut luxuriöseste Disco der Stadt war. Dann war es mal was anderes mit dieser Shisha-Lounge. Geraucht werden konnte auf der Terrasse oder auch unten im Eingangsbereich. Dass das Ganze von einem Deutschen betrieben wurde, war auch irgendwie exotisch. Es gab immer wieder auch Live-Musik, und natürlich ging die Farandula, wie die High Society in Kolumbien genannt wird, ein und aus: Models, Designer, Fußballer. Und der eine oder andere Capo bestimmt auch. Ich hatte 25 Angestellte und der Laden brummte.

Auch konnte ich mich natürlich vor „Freunden" nicht retten, die mich umschwärmten. Als einer der wenigen Gringos war ich auch einfach ein bunter Hund. Die meisten von diesen „Freunden" erwiesen sich später allerdings als Trittbrettfahrer. Nur wenige blieben an meiner Seite, als die Dinge nicht mehr so gut liefen. Einer der Letzteren war Juanka, der damals das erste erfolgreiche Webcam-Studio in Medellín betrieb.

Doch zunächst mal lief alles allerbestens. Ich war da, wo ich immer sein wollte: dicke Hose, Kugelfische im Aquarium und schöne Frauen. Aber ich wurde morgens wach, ein oder vielleicht sogar zwei Models im Arm – und fühlte mich leer und allein. Nichts von alledem gab mir irgendwie Erfüllung. Damals wusste ich es noch nicht, aber in der Bibel (im Buch Prediger) heißt es, dass Gott uns „die Ewigkeit ins Herz gelegt hat". Und ich glaube heute, dass wir deswegen nie wirkliche Befriedigung erleben, so viele Reize wir uns auch jeden Tag reinhauen, denn nichts Vergängliches kann unser Herz erfüllen. Wo wenig mit echtem Charisma und inneren Werten geglänzt wird, müssen teure Uhren, dicke Ketten und Chromfelgen funkeln, um Anerkennung zu bekommen. Geld ist nur das Mittel zum Zweck. Macht, Fame und Anerkennung sind die Ausrichtung. Rolex, Cartier oder Patek Philippe, Gucci, Versace oder Louis Vuitton sind ebenso Statussymbole im Milieu wie teure Autos. Nur, wenn man all das erreicht hat und all diese schönen materiellen Dinge besitzt, wird einem plötzlich klar, dass nichts davon einen glücklich macht. Nichts davon kann uns wirklich erfüllen.

Aber ganz interessant: Aus einer vermeintlichen Laune heraus hatte ich mir in diesem Jahr 2009 Psalm 27,1-2 auf meinen linken Unterarm innen tätowieren lassen. „Der HERR ist mein Licht und mein Heil, vor wem sollte ich mich fürchten? Der HERR ist meines Lebens Kraft, vor wem sollte mir grauen?" Ich hatte rein gar nichts mit Gott am Hut, aber seinen Schutz hätte ich mir anscheinend schon gern gesichert.

Das High sollte sowieso nicht von langer Dauer sein. Dummerweise war mir bei der Eröffnung eine fatale Sache nicht so klar gewesen: In Kolumbien und gerade auch in Medellín ist die Partyszene extrem schnelllebig. Ich war natürlich nicht der Einzige, der auf die Idee gekommen war, mittels einer Disco Geld zu waschen. So ziemlich jeder Drogenboss der Stadt machte es genauso, und um die Sache zu verschleiern, schlossen sie die Läden alle paar Monate wieder, verpachteten sie an andere und eröffneten anderswo neu. Natürlich noch ein bisschen pompöser und luxuriöser als zuvor. Jedes Mal zogen sie mit riesigem Werbeaufwand die Leute wieder zu dem jeweils frisch eröffneten In-Schuppen, und so waren die Party People in Medellín es gewohnt, immer nur ein paar Wochen einen neuen Club zu besuchen und dann zum nächsten heißen Ding zu wechseln.

Nach vier, fünf Monaten war eine neue Partymeile angesagt. Sie hieß Barrio Colombia und befand sich in einem Industriegebiet, wo viele Clubs aufmachten, zum Beispiel das „Angels" und „Luxury". Und natürlich kamen in meine coole Dubai Lounge, die ich gerade mit so viel Liebe zum Detail eingerichtet hatte, immer weniger Besucher, die Umsätze brachen ein und ich musste Angestellte entlassen.

Und mitten in dieser üblen Zeit erfuhr ich auch noch, dass El Mono umgebracht worden war. Sein Partner El Propietario rief mich an. Er redete nicht lange rum: „El Mono ist tot. Du musst unbedingt nach Barranquilla kommen, wir beide müssen reden."

Mir ging es inzwischen so miserabel, dass ich weder großartige Trauer über den Tod von El Mono empfand noch darüber nachdenken konnte oder wollte, was das für Konsequenzen für mich haben würde. Also flog ich nach Barranquilla, und El Propietario holte mich höchstpersönlich am Flughafen ab. Auf der Fahrt zum Hotel im Zentrum, in dem ich immer abstieg, wenn ich in Barranquilla war – eigentlich recht riskant, wenn ich es mir recht überlege, denn es ist wie gesagt eine sehr gefährliche Stadt –, merkte ich dann, dass El Propietario im Hinblick auf El Monos Tod nicht so cool war, wie es zuerst gewirkt hatte. Während er mir die Details erzählte, hatte dieser harte Hund nämlich Tränen in den Augen und wirkte echt betroffen. Er erzählte mir, El Mono sei wohl von Leuten aus seiner eigenen Organisation gekidnappt und mehrere Wochen festgehalten worden, weil einer seiner Mitarbeiter namens Angel bei einem großen Capo der Rastrojos 150 Kilo Kokain im Namen von El Mono angenommen hatte und damit nach Venezuela abgehauen war. El Mono musste dafür geradestehen und bekam eine gewisse Zeit zugestanden, um dieses Problem zu lösen. Doch nach einigen Wochen verlor der Capo die Geduld und ließ El Mono erschießen. Das war zumindest die Story, die El Propietario mir erzählte.

Er bot mir an, dass er mein neuer Ansprechpartner sein und wir zusammenarbeiten könnten. El Propietario war in Barranquilla krass im Geschäft. Er kontrollierte den Hafen und betrieb einige Routen nach Zentralamerika. Die Rastrojos verdienten darüber hinaus, wie überall im Land, viel Geld mit Auftragsmord, Erpressung, Waffenhandel und so weiter.

Für mich war klar, dass es eine große Chance war, direkt mit diesem Mann zusammenzuarbeiten. So waren wir ständig im Austausch, damals über den Blackberry Messenger, wo wir aber sicherheitshalber nur sehr oberflächliche und vage Nachrichten austauschten, obwohl wir jede Woche das Gerät und fast täglich die SIM-Karten wechselten. Wenn es wirklich um ein Geschäft ging, bin ich nach Barranquilla geflogen, um es unter vier Augen zu besprechen. Oft kommunizierten wir auch über E-Mail mit erfundenen Namen. Allerdings schrieben wir uns nicht einfach Mails, sondern loggten uns in denselben Mail-Account ein, in dem wir die Nachrichten jeweils nur als Entwürfe speicherten, aber nie absendeten. So konnte keine Mail abgefangen werden. Wir benutzten eine Mailadresse immer nur für zwei, maximal drei solcher Mails und erstellten dann eine neue. Dafür hatten wir eine ganze Liste von Mailadressen und Passwörtern, die der Reihe nach abgearbeitet wurde.

Zu der Zeit war ich wirklich zu allem bereit. Ich war sogar bereit zu sterben für dieses dreckige Geschäft. Mein Gewissen stumpfte immer mehr ab, ich befand mich in einer ständigen Abwärtsspirale. Ein Problem zog das nächste nach sich, wie beim Domino. Und so steckte ich mehr und mehr in Trouble und bekam auch viel Heftiges mit. Vielleicht als eine Art Übersprungshandlung konzentrierte ich mich darauf, Party zu machen und Frauen aufzureißen, statt mich um die ganzen Probleme und nicht zuletzt auch das leidige Ding mit der Disco zu kümmern.

Irgendwann war es dann so weit, dass ich die Miete für meine Wohnung nicht mehr zahlen konnte. Erstmal kam ich bei meinem Angestellten Oscar unter, dem Sicherheitschef der Disco, der in einer der gefährlichsten Comunas der Stadt lebte, in Castilla, genau gesagt in Barrio Cordoba. Im Mai 2010 musste ich aber wieder aus der Wohnung von Oscar raus, weil er nach Bogotá umzog. Ab da habe ich in der VIP-Lounge der Disco geschlafen. Ich wusste nicht mal mehr, woher ich etwas zu Essen kriegen sollte, weil ich komplett broke war. Natürlich kannte ich jeden Restaurantbesitzer dort auf der Partymeile, aber ich war zu stolz zuzugeben, dass ich Hunger hatte.

Zu den besten Zeiten der Disco hatte ein Amerikaner namens Ethan das ein oder andere Konzert bei mir im Laden gegeben. Ein großer, blonder, gut gebauter Mann, der auch noch richtig gut singen konnte. Er kam eines Tages vorbei, um zu schauen, wie es mir ging, und als er mitbekam, dass ich in meiner VIP-Lounge lebte, sagte er: „Das musst du doch nicht, ich habe ein Zimmer bei mir in der Wohnung frei. Das kannst du gern beziehen, bis du was Neues hast."

Ich hatte ja keine Wahl. Und so habe ich meine Sachen gepackt und bin mit Ethan zu seiner Wohnung gefahren. Er war unfassbar großzügig. „Fühl dich wie zu Hause, hier ist der Kühlschrank – bitte bedien dich. Und du kannst jederzeit mit uns essen." Dann gab er mir sogar noch Geld, damit ich mit dem Taxi von dort zur Disco fahren und arbeiten konnte. Ethan war gläubiger Christ, und das war das erste Mal, dass ich jemanden erlebt habe, der wirklich ernsthaft die Bibel gelesen und gebetet hat. Obwohl er so ein gutaussehender Kerl war und jede Frau hätte haben können, hielt er sich in dieser Hinsicht extrem zurück und lebte beinahe keusch. Irgendwie bewunderte ich ihn, aber ein Teil von mir fand auch, dass er ein komischer Vogel war. Er war natürlich auch nicht fehlerlos und hat ganz gerne mal eine Bahn Koks gezogen, auch wenn er das eigentlich nicht wollte, aber dann doch nicht Nein sagen konnte.

Bei Ethan habe ich mehrere Wochen gewohnt und er kümmerte sich wirklich rührend um mich. Er hatte noch einen Mitbewohner, einen Paisa, wie die Einwohner aus Medellín genannt werden. Er studierte und kam aus gutem Elternhaus. Irgendwann entschied ich, die Disco dicht zu machen, weil es einfach nichts gebracht hat, es weiter zu versuchen. Ich verkaufte die ganzen neuen Möbel, die Gläser und so weiter. Leider hatte ich auch danach noch unendlich viele Schulden, die sich angehäuft hatten, zum Beispiel bei den Getränkelieferanten. Die machten dann auch Druck nach dem Motto: Wenn du jetzt nicht bezahlst, dann schicke ich dir Leute vorbei. Ich war wirklich in einer ekligen Situation. Das war einer der wenigen Momente in meinem Leben, wo ich nicht mehr weiterwusste.

Nach viel Überwindung rief ich schließlich zu Hause bei meinen Eltern an und sagte: „Ich war gezwungen, die Diskothek zu schließen, und muss jetzt hier dringend was bezahlen, sonst sieht es schlecht für mich aus. Könnt ihr mir fünftausend Euro schicken?" Meine Eltern sendeten mir sofort die Kohle und machten sich natürlich große Sorgen um mich.

Ich hing in der Zeit viel mit zwei Österreichern ab, Stefan und Andreas. Beide waren sehr nette Kerle, genauso verrückt auf Partys und Frauen wie ich, aber natürlich nicht in Drogengeschäfte verwickelt. Die beiden teilten sich ein großes Apartment in Poblado, wo sie nonstop Partys feierten. Irgendwann wurde bei ihnen ein Zimmer frei und da ich Ethan jetzt lange genug auf der Tasche gelegen hatte, zog ich dort ein.

Andreas und Stefan hatten eine Firma mit speziellen Reinigungsmaschinen für Teppiche, die sie erst von einer amerikanischen Firma gekauft und dann später in China selbst herstellen ließen. Die meisten Kunden saßen in den USA, aber sie hatten das Büro nach Medellín verlegt, um Kosten zu sparen.

Die beiden mochten mich gern und gaben mir das Zimmer in ihrer Wohnung nicht zuletzt auch, weil sie wussten, dass ich Kontakt zu vielen hübschen Mädchen hatte. Wir haben viele exzessive Partys gefeiert und uns gut kennengelernt.

Die ganze Zeit in Kolumbien hatte ich ein sogenanntes Investment-Visum. Ein normales Touristenvisum ist für 90 Tage gültig, mit der Option, den Aufenthalt um weitere 90 Tage zu verlängern. Wenn man aber länger als 180 Tage bleiben oder sogar dauerhaft in Kolumbien leben und im Land investieren möchte, kann man eben ein solches Investment-Visum erhalten. Ende 2010 sollte dieses Visum ablaufen. Aber bis dahin war noch viel Zeit, es war erst Frühjahr.

✝

Weil ich nun wirklich Geld brauchte, reiste ich für einige Wochen nach Deutschland, um ein paar Geschäfte zu machen. Eines Tages saß ich im Barbershop, um mir die schicke Frisur verpassen zu lassen, die ich immer habe. Und plötzlich sah ich auf der anderen Straßenseite Hamed entlanggehen, den Iraker, der mich damals verpfiffen hatte. Mit dem Guten hatte ich noch eine Rechnung offen. Er sah mich und grüßte mich frech mit „Hey, Dirty!" (Ich wurde auf der Straße mit meinem Rapper-Namen genannt).

Ich rannte raus und rief: „Warte mal, wir müssen was klären." Dann ging ich eine Weile einfach so neben ihm her. Er hat sich wohl sicher gefühlt, dass ich ihm auf offener Straße nichts tue. Doch dann bogen wir in eine Sackgasse ein und er sagte: „Und jetzt? Was willst du machen?"

Er hatte es noch nicht mal ausgesprochen, da hat er die heftigste Flanke von mir bekommen, sodass er kurz wie frozen in der Luft hing, als wärs in Zeitlupe. Und dann hat er gleich noch zwei hinterherbekommen und lag dann auf dem Boden und war richtig K.o.. Eine Frau bekam das mit, rannte herbei und fragte, ob sie Polizei oder Krankenwagen rufen sollte. Ich meinte: „Polizei nicht, aber Krankenwagen ja." Dann sah ich zu, dass ich Land gewann. Mein weißer Pitbull-Trainingsanzug war voller Blut.

Etwas später bekam ich einen Anruf von einem anderen Iraker, der einer meiner Kunden war: „Alter, was hast du gemacht? Hamed ist im Krankenhaus und seine Brüder suchen dich jetzt!"

Ich sagte nur ganz cool: „Mich braucht keiner zu suchen, jeder hier weiß, wo man mich findet." Ich habe allerdings zugesehen, dass ich mich bewaffne, und war bereit für die Konfrontation. Aber die kam irgendwie nicht.

✝

Ein paar Tage später flog ich wieder zurück nach Medellín. Stefan und Andreas hatten eine große Mansion gemietet oben in La Cola del Zorro, einem edlen Barrio in den Bergen über der Stadt. Und so ging es gleich wieder los mit den exzessiven Partys und den Frauen. Mir war aber auch klar, dass ich jetzt mal anfangen musste, hier irgendwie Geschäfte zu machen.

Natürlich hatte ich auch mal wieder eine neue Businessidee, neben dem ganzen anderen Zeug. Und zwar eine Escortseite in Medellín: Paraiso Scort. Ich war ja ständig mit haufenweise Mädels unterwegs, viele von ihnen waren Prepagos – also so eine Art Edelhuren, die vorher bezahlt wurden, „Prepaid" quasi. Ein Escortservice mit Extras auf Wunsch. Von diesen Damen machte ich, natürlich mit ihrer Einwilligung, Fotos und packte sie mit einem Beschreibungstext auf die Seite und hatte dann eigentlich alles ready. Ich hätte ihnen durch die Seite Jobs vermittelt und 30 Prozent ihrer Einnahmen für die Vermittlung abgezwackt.

Zu der Zeit war ich nicht mehr aktiv am Rappen, weil mir klar war: Wenn ich wirklich ernst machte mit dem Drogenschmuggel aus Kolumbien, konnte ich nicht gleichzeitig auf Bühnen rumspringen und als Rapper in der Öffentlichkeit stehen. Also habe ich das Ding erstmal an den Nagel gehängt und das war auch ein Grund, warum das Album „Prototyp" nie rauskam. Aber über einige der Jungs, mit denen ich mich so rumgetrieben habe, habe ich ein paar berühmte Rapper aus Medellín kennengelernt, zum Beispiel Ultrajala, und durch ihn einen berühmten Produzenten namens Kiño. Zusammen haben wir einen Song produziert: „De la calle al club“, zu Deutsch: „Von der Straße in den Club“. Und dazu haben wir auch ein Video gedreht. Der Song lief im Radio und in den angesagtesten Urban Clubs.

✝

In den Jahren, als ich in Medellín gelebt habe, also von 2008 bis 2012, gab es einen sehr blutigen Machtkampf zwischen zwei Drogenbossen in der Stadt und auch noch über die Stadtgrenzen hinaus. Der eine hieß Sebastian und der andere Valenciano. Das war lange nach der Zeit von Pablo Escobar, dem großen Boss des Drogenkartells, der in Medellín mit unglaublicher Grausamkeit und Skrupellosigkeit die absolute Macht ausgeübt hatte. 1993 wurde dieser Herr erschossen und dann hat eine andere Organisation übernommen, die parallel aufgebaut worden war, genannt „La Oficina de Envigado“. Deren Boss, der das alles in der Hand hatte, wurde Don Berna genannt, ein sehr mächtiger Paramilitär oder auch „Paraco“, wie die in Kolumbien heißen.

Vielleicht muss ich hier mal ein bisschen was zum Bürgerkrieg und der Situation in Kolumbien erklären: In den 1960er-Jahren entstanden linke Guerillagruppen wie die Revolutionären Streitkräfte Kolumbiens (FARC) oder die Nationale Befreiungsarmee (ELN) und schrieben sich auf die Fahnen, gegen die ungerechte Verteilung des Reichtums im Land angehen zu wollen. Die Großgrundbesitzer, die das natürlich verhindern wollten, setzten paramilitärische Milizen gegen die Guerilla ein. Und diese hatten auch Verbindungen zu Militär, Wirtschaft und Politik, die sie jeweils duldeten und zum Teil sogar unterstützten, um sie für ihre Interessen zu nutzen. Sowohl die Guerilla als auch die Paramilitärs und das Militär selbst haben sich einer lange Liste von Menschenrechtsverletzungen schuldig gemacht: Morde, Bedrohungen, gewaltsame Vertreibung, Rekrutierung von Kindersoldaten und Geiselnahmen. Und sie steckten und stecken samt und sonders mit der Drogenmafia unter einer Decke, denn irgendwie müssen sie sich ja alle finanzieren. Die Drogenmafia ist in diesem grausamen Spiel aber nicht der vierte Player. Nach der Zerschlagung der großen Drogenkartelle gibt es jetzt viele kleine dezentrale Netzwerke, die alle beteiligten Gruppen durchdringen wie ein fieses unterirdisches Wurzelwerk.

Wie so oft sind die Opfer dieses ganzen Konflikts vor allem unbeteiligte Zivilisten. In Kolumbien starben seit den 1960er-Jahren mindestens 200000 Menschen gewaltsam, 50000 verschwanden spurlos und sechs Millionen befanden oder befinden sich auf der Flucht im eigenen Land. Besonders schlimm trifft es Angehörige indigener Volksgruppen, Afro-Kolumbianer und Kleinbauern, die in Gebieten leben, die von strategischem oder ökonomischem Interesse sind. Sowohl die Guerillagruppen als auch die Paramilitärs vertreiben diese Menschen einfach von ihren Höfen und aus ihren Häusern, wenn es ihnen passt. Wer sich wehrt, wird umgebracht. Und diese Vertriebenen landen dann in den Elendsvierteln der Städte wie Medellín. Kolumbien ist das Land mit der größten Zahl an Binnenflüchtlingen (allein 2021 waren es 60000 und das sind nur die offiziellen Angaben). Weil sie dort keinerlei Verdienstmöglichkeiten haben, bleibt ihnen kaum etwas anderes übrig, als kriminell zu werden. Vor allem Jugendliche verpflichten sich oft als Sicarios, als Auftragskiller im Drogenkrieg. Medellín führte lange Zeit die traurige „Hitliste" als gewalttätigste Stadt Lateinamerikas an: 7000 Morde pro Jahr bei 2,2 Millionen Einwohnern.

Besagter Don Berna also war ein hohes Tier bei den Paramilitärs, den „Autodefensas Unidas de Colombia" (AUC). Ursprünglich war er ein Teil des berüchtigten Medellín-Kartells rund um Pablo Escobar gewesen. Nachdem der seinen Boss Moncada in seinem selbstgebauten Gefängnis „La Catedral", in den Bergen Envigados, in dem er einsaß, auf brutalste Weise töten und zerstückeln ließ, gründete Don Berna zusammen mit den Castaño-Brüdern Carlos und Fidel die „Los Pepes", die später in der AUC aufging.

In den 1990er-Jahren kontrollierte er die gefürchtete La-Terraza-Bande in Medellín, die er, als sie sich gegen ihn wandte, komplett auslöschen ließ. Im Mai 2008 wurde er schließlich festgenommen und dann an die USA ausgeliefert. Die US-Drogenbehörde DEA macht das gern so, dass sie den Narcos dann Millionen an Dollars, die Routen und die Namen entlocken, und sie dafür nicht lebenslänglich, sondern vielleicht nur 10 oder 12 Jahre verknacken. Don Berna erwischte es mit 31 Jahren Haft und einer Geldbuße von vier Millionen US-Dollar ziemlich heftig, aber er war halt auch nicht irgendwer, sondern die Nummer 3 der AUC.

Als Don Berna nun also weg vom Fenster war, kriegten seine linke und rechte Hand, nämlich Sebastian und Valenciano, sich erwartungsgemäß in die Haare. Der eine hat gesagt: „Ich übernehme dann jetzt Medellín", darauf meinte der andere: „Nur über meine Leiche." Und so ging dort ein blutiger Krieg innerhalb der Organisation und auch in den Straßen von Medellín los.

Man muss sich vorstellen, dass „La Oficina" die Kontrolle über die gesamte Unterwelt in Medellín hatte. In der Metropolregion gab es ungefähr 300 bis 350 kleine, mittlere und große Gangs oder „Combos", wie sie dort heißen. In einigen waren nur 20 Mitglieder, in anderen aber 100 oder vielleicht sogar 1000. Und keiner wusste mehr, wer mit wem, wer gegen wen. Die Leute liefen komplett paranoid herum, teilweise gab es auch unter Kumpels nur noch Misstrauen: „Mit wem bist du jetzt, mit B oder mit C?", wobei C für Sebastian stand und B für Valenciano. Es gab nonstop Schießereien und viele Opfer.

Eines der heftigsten Viertel, wo es am meisten abging, war das Barrio Castilla, wo ich zwischenzeitlich bei Oscar untergekommen war. Zum Glück wohnte Oscar am unteren Rand, in Barrio Cordoba. Je höher man kam, so ab der 65. Straße, wurde es ganz unangenehm. Es gab jede Nacht Schießereien, die man auch bei uns noch hörte. Zwei Straßen unterhalb von Oscars Haus befand sich ein großer Friedhof. Dort waren fast jeden Tag Beerdigungen von jungen Männern, und viele Jugendliche standen vollkommen stoned am Grab. Ich habe in dem Viertel abgehangen und natürlich eine Menge Leute kennengelernt, auch einige Jungs, die genauso rapverrückt und feierfreudig waren wie ich.

Zu spät

# BRUCHLANDUNG IN DEN BERGEN

Es war kurz vor Weihnachten, genauer gesagt der 18. Dezember. Im Dezember ist sowieso Ausnahmezustand in Kolumbien, da wird nur gefeiert. Wir dachten uns: Jetzt gehen wir mal richtig steil. Also mieteten einige Freunde und ich uns in El Hatillo, einem Vorort von Medellín, eine Finca. Wir packten noch ein paar Mädels ein und fuhren mit Mopeds dort hinaus. Unsere Waffen haben wir extra zu Hause gelassen, weil wir jede Menge Drogen dabei hatten, also Kokain, Ecstasy, Ketamin, was weiß ich nicht alles. Wir wollten entspannt feiern, ohne dass einer Paras schieben und vielleicht rumballern würde. Drogen und Waffen sind keine gute Kombi.

In dieser Finca haben wir dann eine echt exzessive Party gefeiert, bei der wir ellenlange Bahnen Koks gezogen haben. Und da es in Kolumbien bekanntlich das richtig pure Zeugs gibt, kann man sich vorstellen, in welchem Zustand wir waren. Ich war krass weggeschallert und hab nicht mehr viel mitbekommen.

Im Garten der Finca war ein kleiner Pool mit Terrasse und Poolhaus. Drinnen in der Finca und auch draußen waren inzwischen jede Menge Leute, es kamen immer mehr Unbekannte dazu. Irgendwann fand ich mich draußen am Pool wieder. Ein paar Meter entfernt standen zwei Typen, die ich nicht kannte. Vielleicht Leute dort aus dem Barrio, die mitbekommen hatten, dass hier eine Party ging. Sie schauten mich mit so durchbohrenden Blicken an, als hätte ich noch eine Rechnung mit ihnen offen.

In meinem umnebelten Hirn dachte ich: Okay, vielleicht verwechseln die mich mit irgendwem? Aber zu der Zeit war eben in der Gegend so krasser Alarm, es konnte einfach alles passieren. Und wer wusste, mit wem sie mich gesehen hatten. Ich war viel mit Leuten unterwegs, die für Sebastian arbeiteten. Einer meiner besten Freunde zu der Zeit, er wurde „Coca" genannt, war aus einem anderen Barrio, El Salvador, und dort war eine ziemlich heftige Gang, die zu Sebastians Seite gehörte. Der Boss von diesem Viertel wurde „Pate Tigre", also Tigerpfote, genannt. Er hatte seinen Geburtstag mal groß in einer Diskothek in Medellín gefeiert und jede Menge Leute eingeladen, auch Coca, und der hat mich mitgenommen. Wir gingen mit 40 Mann durch den Hintereingang rein, dieser Pate Tigre mit einer Horde von Bodyguards und Auftragskillern und jede Menge leichter Mädchen, den genannten Prepagos, die ich auch auf meiner Website präsentieren wollte. Bei dieser Gelegenheit hatten mich sicher viele Leute gesehen.

Diese beiden Typen schauten mich also extrem finster an und ich habe ein paar Schritte auf sie zu gemacht und wollte gerade sagen: „Hey, wer seid ihr? Ich kenne euch nicht!", da hörte ich, wie der eine zum anderen sagte: „Saca la pistola y dale bala!", also „Zieh die Pistole und knall den ab!"

Ich drehte mich um, packte meine Stürmerqualitäten aus und sprintete wie ein Verrückter los, den Weg zur Finca hinunter in Richtung Brücke.

Hinter mir hörte ich, wie die zwei Typen auf einem Motorrad hinter mir herkamen – zumindest bin ich davon ausgegangen, dass sie das waren. Es war stockdunkel. Ich kletterte über die Brüstung und hängte mich unten an die Brücke. Irgendwie dachte ich: Vielleicht sehen die dich ja im Dunkeln nicht und fahren vorbei. Aber als sie immer näher kamen, war ich mir da nicht mehr so sicher und habe zu mir selbst gesagt: Ey, ich hab keine Lust, heute mit einer Kugel im Kopf zu sterben.

Ich guckte noch mal runter, aber in der Dunkelheit konnte ich nicht abschätzen, wie tief es war. In einem Sekundenbruchteil traf ich, sicher auch durch die Drogen ziemlich enthemmt, die Entscheidung, mich fallenzulassen.

Ich ließ los und fiel und fiel gefühlt endlos durch das schwarze Nichts.

✝

Wenn ich auf dem Rücken gelandet wäre, wäre ich jetzt wahrscheinlich gelähmt. Aber ich kam auf beiden Füßen auf, dann ging ich durch den Aufprall in die Knie. Schnell kam ich wieder hoch und wollte mit meinem rechten Fuß den ersten Schritt machen, aber das Bein ist mir einfach weggeknickt. Ich war voller Adrenalin und immer noch ziemlich high, deshalb spürte ich nichts, aber als ich meine Jeans hochzog, stand mir der rechte Fuß wirklich komplett verdreht mit der Fußsohle nach oben entgegen.

Ich krabbelte auf allen Vieren bis zum Zaun einer anderen Finca, kletterte drüber und ließ mich auf der anderen Seite fallen. Sofort kamen zwei Hunde angestürmt und stimmten ein lautes Gebell an. Zum Glück bissen sie mich nicht und bald kam die Besitzerin dieser Finca raus. Es muss etwa 3 Uhr nachts gewesen sein. Ich lag immer noch auf dem Boden, weil ich einfach nicht mehr hochkam. Und dann fingen auch die Schmerzen langsam an. Ich sagte zu der Frau: „Ich bin gestürzt und habe mir wohl den Fuß gebrochen. Rufen Sie doch bitte einen Krankenwagen."

Nur kurze Zeit später kamen einige Polizisten und ein Krankenwagen und ich wurde erstmal in ein Dorfkrankenhaus gebracht. Als die Drogen aufgehört haben zu wirken und ich wieder etwas klarer denken konnte, wurde mir klar, dass ich ein Problem hatte: Mein Visum war gerade abgelaufen, also war ich jetzt illegal im Land. Meine beiden Kumpels, die mich inzwischen gefunden hatten, sagten zu mir: „Wenn die Polizei heute noch mal kommt, werden die dich bestimmt deportieren und dann darfst du wahrscheinlich nie wieder ins Land!"

Ich habe auch den Film geschoben, dass die ganze Aktion vielleicht eine Verschwörung war und diese beiden Typen wieder aufkreuzen und mich endgültig erledigen würden. Also schien es mir klüger, lieber zu verschwinden. Wir bestellten ein Taxi, ich riss mir die Zugänge für den Tropf ab und ließ mich zu Stefan und Andreas fahren.

Andreas brachte mich dann in eine richtig gute Klinik, die Clinica Las Vegas. Inzwischen hatte ich brutale Schmerzen, nicht nur im rechten, sondern auch im linken Fuß. Im Krankenhaus fragten sie erstmal nach meiner Versicherung. Zu meinem großen Glück hatte ich mich bei einem meiner Aufenthalte in Deutschland im Einkaufszentrum in Flensburg von so einem Typ bequatschen lassen und eine ADAC-Auslandskrankenversicherung abgeschlossen. Das sollte nun meine Rettung werden. Allerdings kannten die Leute in der Klinik den ADAC nicht. Deshalb wurde ich auf einer Bahre in den Keller verfrachtet und wir sollten erstmal 6000 Euro hinblättern. Bis Andreas organisiert hatte, dass mir die Kohle aus Deutschland geschickt wurde, lag ich also hinter einem Vorhang im Keller herum. Zwar bekam ich Schmerzmittel und wurde versorgt, aber wurde nicht operiert und kam nicht aufs Zimmer, bevor nicht das Geld bezahlt war. Ständig wurden durch diesen Hintereingang irgendwelche Leute reingebracht, die angeschossen worden waren, und ihre Familien, die dann heulten und schrien. Es war echt crazy.

Als das Geld bezahlt war, kam ich dann auf das reinste Luxus-Einbettzimmer mit Plasma-Fernseher, Couch und allem. Allerdings hat mich das alles in dem Moment gar nicht so wirklich interessiert, weil ich so brutale Schmerzen hatte.

Wenig später wurde ich dann operiert, ich glaube, es war inzwischen der 21. Dezember. Letztendlich war der rechte Fußknöchel natürlich gebrochen, das war mir klar gewesen, nachdem ich einen Blick darauf geworfen hatte. Das rechte Wadenbein war doppelt gebrochen. Aber am übelsten hatte es die linke Hacke erwischt. Die war in tausend Teile zertrümmert. Die Ärzte dort flickten alles wieder zusammen. Danach hatte ich so heftige Schmerzen, dass ich dauernd nur nach mehr Schmerzmittel geklingelt habe. Sie haben mir abwechselnd drei verschiedene Schmerzmittel gegeben, damit ich nicht süchtig nach einem davon würde.

Letztendlich lag ich über Weihnachten in der Klinik und war komplett zerstört. Aber die Gelben Engel haben nicht lange auf sich warten lassen. Als ich transportfähig war, wurde ich in den nächsten Flieger nach Hause gesetzt. Das war so ziemlich der gemütlichste Flug meines Lebens, weil über mehrere Sitzreihen ein Bett gebaut worden war, und da lag ich dann schön hinter einem Vorhang. Nur bei dem kurzen Flug von Medellín nach Bogotá ging das nicht, da saß ich mit meinen gebrochenen Füßen einfach so in einem Sitz, genauso wie von Frankfurt nach Hamburg. Die ganze Verfrachtung und wie ich da eingetütet wurde in die Flugzeuge mit meinen Gipsbeinen, das war filmreif. Als ich in Frankfurt ankam, wurde ich in einen extra Raum geschoben, am Zoll vorbei, rein gar nichts wurde kontrolliert. Und mein erster Gedanke war natürlich: Alter, krass – so könnte man ja schmuggeln, was das Zeug hält!

Am 27. oder 28. Dezember 2010 kam ich in Flensburg in der DIAKO-Klinik an. Meine Eltern sind auch dorthin gekommen. Ein junger Arzt machte meinen Gips ein bisschen auf und meinte: „Kannst du deinen Fuß bewegen?" Ich dachte: Hä, irgendwas nicht mitbekommen? Mein Fuß ist gebrochen und ich kann ihn nicht bewegen. Er hatte die Befürchtung, dass der Nerv etwas abbekommen hatte. Und wenn der futsch sei, würde ich meinen Fuß nie wieder bewegen können, sagte er. Kein Fußball mehr, kein Sport, nicht mal halbwegs normales Gehen wäre dann möglich.

Das hat mich hart erwischt. Ich sagte zu meinen Eltern: „Geht ruhig nach Hause." Dann wurde ich in ein Zimmer gebracht, und als ich allein war, habe ich echt bitterlich geheult. Ich war immer Fußballer gewesen und immer ordentlich am Pumpen, ich war echt eine Maschine. Mein Aussehen war das Allerwichtigste für mich. Hauptsache, das Sixpack saß und der Bizeps sprengte fast den T-Shirt-Ärmel. Die Aussicht, nie wieder richtig gehen zu können, vielleicht Krücken zu brauchen oder sogar einen Rollstuhl, war ein krasser Schlag ins Gesicht.

In der Nacht habe ich dann auch zu Gott gebetet. Wenn auch unter komplett verkorksten Vorstellungen davon, wie Gott ist und wie er zu mir steht. Mein früheres Idol 2Pac hatte 1996 einen Song rausgebracht, der hieß: „Only God can judge me" (Nur Gott kann mich richten). Dieser Spruch machte die Runde in der Hip-Hop- und Straßenwelt. Weil 2Pac mein Idol war und Gott hier und da mal in den Texten der amerikanischen Rapper eine Rolle spielte und die auch oft religiöse Tattoos haben, hatte ich mir irgendwann Jesus am Kreuz auf den linken Oberarm tätowieren lassen. Darunter steht auf Spanisch „Solamente Dios puede juzgarme", also „Nur Gott kann mich richten". Das war halt so mein Gangster-Glaube. Klingt doch cool: Nur Gott kann mich richten, ihr könnt mir gar nix! Nur habe ich zu der Zeit noch nicht gecheckt, dass ich irgendwann mal wirklich vor diesem Gott stehen und er mich dann tatsächlich für all das zur Rechenschaft ziehen würde, was ich verzapft habe. Die Frage „Is there a heaven 4 a G?", wie es in einem bekannten Lied von 2Pac heißt, war eher rhetorisch und jeder ist davon ausgegangen, dass später im Himmel dann alles schon in Ordnung sein würde. Und so sah mein „Glaube" damals eben auch aus. Mein Gebet in dieser Nacht war schon wirklich ein Hilfeschrei. Ein sehr egoistischer natürlich: „Bitte, Gott, lass mich wieder normal gehen können!"

Von da an kam jeden Tag der Nervenarzt – also nicht einer, der geguckt hat, ob meine Psyche oder mein Verstand noch klar ist, sondern ein Neurologe, der mit einem Gerät meinen Fuß überprüft hat. Und jeden Tag ging es ein bisschen mehr. Nach zwei

Wochen meinte er dann: „Der Nerv hat ordentlich einen mitbekommen, aber er ist nicht tot. Mit Training und Krankengymnastik sollte es klappen, dass du wieder gehen kannst."

Und so ist es Gott sei Dank auch gekommen. Wenn es kalt ist oder ein Wetterumschwung kommt, schmerzt der Knöchel, und nach ein paar Minuten Stehen oder einer halben Stunde Gehen fühlen sich meine Füße an wie vermutlich bei einem anderen nach zwei Tagen Fußmarsch. Aber das ist eben die Konsequenz dessen, was ich getan habe. Alles, was man macht in diesem Leben, hat seine Konsequenzen. Für das Hier und Jetzt und auch für die Ewigkeit.

Der Chirurg in Kolumbien, der meine Füße zusammengeflickt hat, hat echt Weltklasse-Arbeit geleistet. Normalerweise kannst du nach einem solchen Trümmerbruch wie dem in meiner linken Ferse nie mehr normal gehen, das sagte man mir auch in der DIAKO. Aber der Chirurg hat das unglaublich gut rekonstruiert. Ich hatte sieben Schrauben in der Hacke mit zwei Platten links und rechts, und so ist das Ganze tatsächlich wieder zusammengewachsen. Meine Hacke links sieht zwar ziemlich komisch aus, hinten fehlt ein Stück, aber hey, ich kann gehen, das ist alles, was zählt.

Der Lerneffekt aus dieser Aktion war gleich null. Ich saß ungefähr dreieinhalb Monate bei meinen Eltern zu Hause im Rollstuhl, habe aber sofort wieder neue Geschäfte angeleiert. Dann habe ich so einen Teflon-Schuh verpasst bekommen, mit dem ich nach einigen Wochen Training wieder meine ersten Schritte machen konnte. Und die führten mich Ende April 2011 direkt ins Reisebüro, um einen Flug zurück nach Medellín zu buchen. Ein Gutes hatte das Ganze nämlich gehabt: Durch meine Ausreise als Verletzter hat niemand sich um das abgelaufene Visum gekümmert, geschweige denn nachgefragt, und dadurch, dass ich nun lange genug nicht im Land gewesen war, konnte ich ein neues beantragen und war erstmal safe.

N*RCOS

# VOLLES RISIKO

Der Kontakt mit El Propietario war die ganze Zeit weitergelaufen und jetzt, wo ich wieder zurück in Südamerika war, wurde er wieder intensiver. Aber die Beziehung zwischen ihm und mir war nicht so wie mit El Mono. Letzterer hatte sich wirklich um mich gekümmert und mir gezeigt, wie das alles so läuft in Kolumbien, was man machen und nicht machen kann. El Propietario war ich im Grunde egal. Ich war in diesem Zirkus nur ein ganz kleiner Affe und wartete schon viel zu lange vergeblich darauf, dass endlich irgendwas losging.

Ich weiß noch, wie El Propietario mich einmal am Hotel abholte in seinem weißen Mercedes Cabriolet und wir zum Frühstücken fuhren. Ich saß auf dem Beifahrersitz, er war am Telefon und gab einem von seinen Sicarios einfach ganz unverhohlen und eiskalt den Auftrag, jemanden zu erschießen: „Wenn der heute Abend aus der Disco kommt, gib ihm drei Kugeln in den Kopf!" Und dann legte er auf und wir fuhren zum Frühstück, als wäre das ein ganz normales berufliches Gespräch gewesen. Naja, in gewisser Weise war es das ja auch. Auf jeden Fall hatte ich mit dem Endlevel von Berufsverbrechern zu tun. Und ich mittendrin. Heute erschrecke ich darüber, wenn ich daran denke, wie abgestumpft ich war.

Ich erzählte El Propietario, dass die Leute aus Pereira, zu denen El Mono damals den Kontakt hatte, immer noch mein Geld hatten und nicht mehr erreichbar waren. El Propietario konnte dann den Kontakt über seine Leute in Cali wieder aufbauen und ein Meeting regeln, an dem er aber nicht selbst teilnehmen konnte, weil er anderweitig beschäftigt war. Ich beschloss also, selbst nach Pereira zu fahren, mit dem Bus, allein, bewaffnet mit meiner Scorpion 38. Einfach nur verrückt. Die hätten mich auch bei der Aktion wieder einfach beseitigen können!

Vorab hatte ich einen Treffpunkt in einem Centro Comercial in Pereira ausgemacht. Da saß ich dann und wartete. Da das Meeting vormittags stattfand, war ich so ziemlich der Einzige in dem Essensbereich des Einkaufszentrums in Pereira. Ein paar Tische weiter saß eine sehr hübsche Frau, sonst war alles leer. Zu der Zeit war ich, auch was Frauen anging, absolut abgestumpft. Die dort gefiel mir und ich wollte sie klarmachen, trotz all dem Adrenalin, das ich in mir spürte, weil gleich ein brenzliges Meeting stattfinden würde und ich nicht wusste, was alles passieren könnte. Sie war am Handy und sprach mit einer anderen Frau, das konnte ich raushören. Aber sie blickte immer zu mir rüber und lächelte. Also stand ich auf und setzte mich an ihren Tisch. Sie war ganz verdutzt und sagte ins Handy: „Äh, ich rufe dich zurück." Ich bat sie um ihre Nummer und meinte: „Ich hab gleich ein wichtiges Meeting. Wenn ich das überlebe, rufe ich dich an und wir treffen uns, was hältst du davon?" Sie lächelte mir zu und gab mir ihre Nummer und dann verabschiedete sie sich.

Schließlich kreuzte nur einer der beiden Typen auf, die wir in Ecuador getroffen hatten, und erklärte mir wortreich die Lage, warum, weshalb, wieso. Ich roch sofort, dass das alles Dünnpfiff war. Der Kerl bot mir an, dass sie mir eine Wohnung in Medellín geben würden, in einem hübschen Viertel in Belen Rosales, die ich verkaufen könnte und dann wären wir quitt. Auch wenn das nicht die Schulden gecovert hätte, wäre ich damit zufrieden gewesen. Ich war broke und so hätte ich zumindest einen Teil von dem Geld zurückbekommen. Aber auch daraus sollte letztlich nichts werden. Es kamen immer neue Ausreden, bis der Kontakt wieder verloren ging. Diese Narcos wechselten, genau wie ich ja auch, wöchentlich die Pin des Blackberry Messengers und fast täglich die SIM-Karten. Daher war es gar nicht so einfach, in Kontakt zu bleiben.

Nach dem Meeting rief ich meine neueste Eroberung an und fragte sie, wo sie sei. Sie nannte mir den Straßennamen, gar nicht weit weg vom Centro Comercial. Ich holte sie mit einem Taxi ab und ließ uns dann direkt in das nächstgelegene Motel fahren. Motels gibt es in Kolumbien haufenweise. Nur sind sie da wirklich nur dazu gedacht, zwei, drei Stunden in einem Zimmer Sex zu haben. Ich war andauernd in solchen Dingern mit irgendwelchen Frauen.

Ich lief auch immer noch der Illusion hinterher, ein paar richtig dicke Dinger zu drehen und mich dann mit mehreren Millionen irgendwo in der Karibik zur Ruhe zu setzen. Der „Drug Dealer's Dream“, der aber immer in einem Alptraum endete. Es ist ja auch absurd: Man gibt seine Ruhe und seinen Frieden auf, um dreckiges Geld zu verdienen, mit dem man dann meint, sich zur Ruhe setzen zu können und Frieden zu haben. Die Realität ist, dass keiner von diesen Capos, die durch Drogen vielleicht sogar Milliarden gescheffelt haben, ihren Reichtum je genießen können. Sie müssen sich verstecken und untertauchen, immer auf der Hut sein, dass sie nicht gepackt oder von Feinden ermordet werden.

Der letzte große Capo de los Capos in Kolumbien war Dario Antonio Úsuga alias Otoniel, der Gründer und Boss der damaligen „Urabeños“, auch bekannt als „Clan Usuga“ oder heute als „Clan del Golfo“. Es wird gesagt, dass er mehr Geld und Macht hatte als Pablo Escobar selbst. Aber die letzten Jahre konnte er nicht zwei Nächte am selben Ort schlafen, immer auf der Flucht vor dem Gesetz. Er versteckte sich im Dschungel und hauste in kleinen Cabañas ohne Luxus, nur eine besondere Matratze im Gepäck, die gegen seine Rückenprobleme helfen sollte. Am Ende wurde er dann dennoch verhaftet und im Mai 2022 an die USA ausgeliefert.

✝

Ich lernte ein paar neue Leute kennen, die aus Turbo kamen. Das ist eine kleine Hafenstadt auch an der Atlantikküste, aber ein ganzes Stück mehr Richtung Panama. Turbo ist ein absolutes Schmuggler-Örtchen in einer Region, die Uraba heißt. Also genau da, wo der Clan del Golfo saß, der aus rechtsgerichteten Paramilitärs hervorgegangen und für die Hälfte des kolumbianischen Kokain-Exports verantwortlich war.

Zweimal reiste ich nach Turbo und begann alles dafür vorzubereiten, eine neue Route auszuarbeiten. So etwas macht man natürlich nicht gleich mit großen Investitionen, sondern man versucht erstmal, einen Probedurchlauf zu machen. Zunächst wollten wir das Ganze mit ein paar Kilo antesten. Ich hatte zu der Zeit aber nicht das Geld, um die Ware zu bezahlen, weil ich gerade mit der Disco pleite gegangen war und alles andere auch nicht funktioniert hatte.

Und El Propietario war sowieso der Mann mit dem Geld. Er war es, der letztendlich die ganzen Drogengeschäfte durchgeführt hatte, und El Mono hatte eigentlich den Militärflügel der Oficina in Barranquilla dargestellt. Deshalb flog ich dann mit El Propietario nach Turbo und stellte ihm die Männer dort vor Ort vor. Und danach war er bereit, in Form von diesem Probedurchlauf in das Geschäft zu investieren. Nachdem er die Zahlung zugesagt hatte, gab ich den Männern in Turbo mein Wort und besprach mit ihnen, dass wir es durchziehen.

Ein paar Tage später kam El Propietario nach Medellín und wir wollten am nächsten Tag gemeinsam nach Turbo weiterreisen. Es muss Samstagnachmittag gegen 16 oder 17 Uhr gewesen sein, da bekam ich eine Nachricht von El Propietario über den Blackberry Messenger, dass er in Medellín angekommen und jetzt im Hotel sei. Er schrieb dann noch, dass etwas Komisches passiert sei. Er hatte, wie wir alle, eine Waffe, nur dass er sogar einen echten Waffenschein besaß, den er sich natürlich irgendwie gekauft hatte. Damit konnte er ganz legal mit einer Waffe herumlaufen.

Die anderen, inklusive mir, hatten natürlich auch immer Waffen dabei, ohne irgendeinen Schein zu haben, was sofort zu einer Verhaftung führen konnte, wenn die Polizei einen anhielt.

Wenn El Propietario irgendwo hinflog, musste er die Pistole natürlich abgeben und durfte sie nicht mit an Bord nehmen. Normalerweise wurde sie ihm dann am Ankunftsort wieder ausgehändigt, aber diesmal schien irgendwas schiefgegangen zu sein und er hatte die Waffe nicht zurückbekommen. Das fand er ein bisschen komisch, wiegelte aber gleich ab und meinte, ich solle mir keine Gedanken machen und wir würden uns um 19 Uhr im „Hooters" im Parque Lleras treffen, nur einen halben Block von meiner Disco entfernt. Da würden wir dann alles besprechen, sodass wir am nächsten Tag direkt loslegen könnten. Ein paar Männer aus Medellín sollten auch noch dabei sein, mit denen man über das eine oder andere interessante Geschäft sprechen könnte.

Ich sagte zu – und rauchte dann erstmal einen dicken Blunt. Ich bin dann weggepennt und wachte erst irgendwann gegen 20 Uhr wieder auf, auf jeden Fall viel zu spät. Ich dachte nur: *Sh***, das Meeting mit El Propietario und den anderen!* Es klingt komisch, aber in Verbrecherkreisen und ganz besonders, wenn du mit Leuten zu tun hast, die in solchen krassen kartellähnlichen Strukturen sind, ist Unpünktlichkeit ein absolutes No-Go. Ist ja auch kein Wunder, die Leute sind natürlich total paranoid, wie man selbst auch. Keiner möchte sich länger als nötig in der Öffentlichkeit aufhalten. Sobald jemand irgendwie ein bisschen später kommt oder sogar gar nicht auftaucht, kann das gleich alle möglichen unguten Sachen bedeuten. Das heißt, zu so einem Treffen auch nur ein paar Minuten zu spät zu kommen, erzeugt mindestens eine komische Stimmung und wirft Fragen auf. Und das musste alles nicht sein. Mir war klar, dass es maximal schlecht war, dass ich verschlafen hatte.

Ich versuchte, El Propietario über den Messenger zu erreichen, doch die Nachrichten wurden nicht gelesen. Dann rief ich ihn sogar auf dem Handy an, was eigentlich aus Sicherheitsgründen total verpönt war. Wenn, dann sagte man höchstens mal so ganz allgemeine schwammige Sachen wie „Okay, ich bin gleich da." oder sowas. Also nur das Nötigste, damit da nichts nachverfolgt werden konnte. Aber auch El Propietarios Handy war aus.

Selbst da dachte ich mir noch nichts Schlimmes. Ich nahm einfach an, dass er schon mit den anderen im „Hooters" saß. Zu der Zeit hatten die Handys alle noch Akkus, die man rausnehmen konnte, und es war gang und gäbe, dass man, anstatt sein Handy an einem anderen Ort zu lassen, um nicht abgehört zu werden, einfach die Batterie rausnahm. Ich überlegte kurz, was ich jetzt machen sollte. Schließlich rief ich ein Taxi, und als ich gegen 21 Uhr am Treffpunkt ankam, war keiner mehr da. Und noch immer habe ich mir nichts dabei gedacht außer: Na, dann sind die jetzt wohl weitergezogen. Ziemlich ungünstig für mich, weil das ein sehr schlechtes Licht auf mich warf, aber da war wohl nichts zu machen. Etwas besorgt und nachdenklich fuhr ich wieder nach Hause.

✝

Am nächsten Morgen ziemlich früh um 7 oder 8 Uhr klingelte mein Handy. Eine Nummer, die ich nicht kannte. Ich ging dran und es war die Ehefrau von El Propietario, die mit verheulter Stimme sagte, dass er gestern gekidnappt worden sei. Er hatte seine Frau nachts noch angerufen und ihr gesagt, sie solle dieses und jenes Haus oder Auto an die Kidnapper überschreiben. Sie fragte mich, ob ich irgendetwas wüsste. Ob ich eine Ahnung hätte, mit wem er sich getroffen hätte. Und ob ich helfen könne.

Ich war einfach nur total perplex, denn gerade dämmerte mir, dass ich einem Kidnapping entgangen war – weil ich verschlafen hatte! Im Drogenmilieu und auch überhaupt in Verbrecherkreisen kann es leicht passieren, dass du dir gar nichts hast zuschulden kommen lassen, dass du keine Rechnung mit anderen Leuten offen hast – aber wenn du mit jemandem gesehen wirst, weißt du nie, was der für einen Rattenschwanz hinter sich herzieht. Wenn du zur falschen Zeit am falschen Ort mit der falschen Person zusammen bist, dann kann das ganz bitter ausgehen. Mitgefangen, mitgehangen … manchmal im wörtlichen Sinn. Wenn ich bei diesem Treffen vor Ort gewesen wäre, hätten die Entführer sicher nicht zu mir gesagt: „So, wir nehmen deinen Partner jetzt mal mit und du hältst einfach schön die Klappe, okay?", sondern hätten mich natürlich gleich auch mitgenommen.

El Propietario besaß diverse Fincas, betrieb einen SUV-Autohandel und noch alles Mögliche andere. Wer weiß, bei wem er Schulden hatte oder was er sonst buchstäblich für Leichen im Keller hatte. Ich war einfach nur froh, dass ich nicht dabei gewesen war. Und tatsächlich hatte ich keine Ahnung, mit welchen Leuten er verabredet gewesen war. Ich wusste nur eins: Wenn ich mich jetzt irgendwie einmischte oder anfing, in der Unterwelt rumzustochern und zu fragen, ob jemand was weiß, dann konnte ich ganz leicht draufgehen. Und so eng war die Beziehung zu El Propietario nicht, dass ich das riskiert hätte. Er war kein alter Freund, den es zu retten galt, sondern einfach ein Geschäftspartner, von dem ich nicht wusste, mit wem er Probleme hatte. Deshalb sagte ich ganz ehrlich zu seiner Frau: „Ich kann dir nicht helfen. Tut mir leid, aber ich weiß echt nicht, mit wem er sich dort treffen wollte. Und ehrlich gesagt möchte ich jetzt hier nicht rumlaufen und fragen, was passiert ist. Das verstehst du doch sicher?" Damit legte ich auf und hielt die Sache erstmal für erledigt.

Doch einige Zeit später, als ich das Ganze ein wenig verdaut hatte, wurde mir klar: Ich habe hier noch ein Geschäft offen. Ich hatte mein Wort und meine Hand darauf gegeben, dass wir in einem Probelauf die neue Route ausprobieren. Und diese Typen aus Turbo, die keine kleinen Schmuggler, sondern wirklich amtliche Narcos waren, hatten da den Stoff liegen und warteten auf das Geld, das El Propietario ihnen dafür bezahlen wollte. Das Ganze sollte in den nächsten Tagen losgehen. Und jetzt war El Propietario weg. Es gab wohl keine andere Möglichkeit: Ich musste mich bei den Männern melden und ihnen schlicht sagen, was passiert war – dass mein Investor gekidnappt worden war, den sie auch schon kennengelernt hatten, und dass ich zusehen werde, wie ich das Geld ranbekomme, damit wir das Ding durchziehen können.

Ich war in einer sehr brenzligen Situation. Auf der einen Seite wusste ich nicht, was mit El Propietario passiert war. Inzwischen hatte ich in meinem Gedächtnis gestöbert und mir war eingefallen, dass El Propietario und ich ein paar Wochen zuvor auch schon mal im „Hooters" gesessen hatten. Bei dieser Gelegenheit hatte er an einem anderen Tisch mit einem Typen irgendwas besprochen. Die hatten mich also mit ihm gesehen, und vielleicht hatte der etwas mit seiner Entführung zu tun. Und nun wusste ich nicht, was aus der Richtung vielleicht noch kommen würde, ob ich ebenfalls in Gefahr war und wie zum Geier ich ohne El Propietario an das Geld kommen sollte.

Jahre später hat El Propietario mich über Facebook kontaktiert und mir erzählt, dass er sechs Wochen in einem Keller in Castilla festgehalten worden war und all seine Fincas und SUVs hatte abgeben müssen. Dann haben sie ihn freigelassen. Was sehr ungewöhnlich ist, denn normalerweise ermorden die Kidnapper ihre Opfer, um sicherzugehen, dass es keine „Nachwehen" gibt. Und dann erfuhr ich noch etwas später, dass El Propietario und sein Anwalt vormittags vor einem Bäckerladen erschossen worden waren. Doch das erfuhr ich ja alles erst später.

Jetzt wollte ich mir auf der anderen Seite gar nicht ausmalen, was passieren würde, wenn ich mich *nicht* bei den Männern aus Turbo meldete. Im Prinzip konnte mir dasselbe blühen wie El Mono und El Propietario. Und natürlich hatte ich auch selbst großes Interesse daran, diese Route auszuprobieren. Allein, wenn der Probedurchlauf klappen würde, wäre schon mega viel Cash am Start. Und dann würde man natürlich anfangen, größer zu investieren. Denn wenn es klappte, wäre das genau das, wovon jeder Drogenschmuggler träumte: eine gut funktionierende Route, auf der man ein Vermögen machen konnte.

In Kolumbien konnte man zu der Zeit, es war 2011, ein Kilo pures Kokain für 1000 bis 1500 US-Dollar kaufen. Damit war es aber noch nicht on board – sprich, um das Zeug an Bord eines Schiffes zu bringen, auf dem es dann letztlich über den großen Teich geschmuggelt wurde, musste man Polizei, Hafenarbeiter und so weiter bestechen, was ungefähr 1.500 Dollar pro Kilo ausmachte. Das Zeug wurde in Kühlaggregaten, in Möbeln oder Maschinen versteckt. Zum Teil wurden Container vor der Verschiffung im Hafen aufgebrochen, das Kokain in ihnen versteckt und die Container anschließend mit einem gefälschten Siegel wieder verschlossen. Ein beigelegter GPS-Sender informierte die Täter immer über den Standort des Containers. Im Zielhafen angekommen, wurden die Container geöffnet und nach Entnahme des Kokains wieder versiegelt. Die beliebte Rip-On- bzw. Rip-Off-Methode, die aber auch leicht auffliegen konnte.

Damit ein Kilo überhaupt einen Hafen verlassen durfte, musste man noch die Organisation bezahlen, die den Hafen in ihrer Hand hatte. In Turbo war das der besagte Clan del Golfo, der auch nochmal einen Tausender einstrich. Das heißt, am Ende warst du ungefähr so bei ca. 4000 Dollar für ein Kilo on board.

In Holland oder in Deutschland bekamst du für dieses Kilo dann zwischen 28000 und 35000 Euro. Gut, natürlich verdienten diejenigen, die den Stoff aus dem Hafen rausholten, auch noch was daran. Aber da regelte man das meist so, dass diese Personen ihre 20 oder 30 Prozent gleich von der Ware bekamen. Und wenn man sich das mal kurz durchrechnet, sieht man, was das für eine Spanne Geld ist. Nicht umsonst sagt man zu Kokain „weißes Gold", weil der Wert eines Kilos Kokain tatsächlich höher ist als der eines Kilos Gold. Und weil du an Kokain viel mehr verdienst als an Gold oder sogar an Benzin. Ganz hart gesagt gibt es einfach nicht viel, was lukrativer ist. Ein Milliardengeschäft mit einer Gewinnspanne von 1000 Prozent für die Dealer. Und deswegen tummeln sich da auch die gefährlichsten Mafias, und nicht nur die, sondern auch Organisationen wie die DEA, die Drogenpolizei in den USA, die alle großes Interesse an diesem Geschäft haben. Es durchtränkt ganze Regierungen mit Korruption bis ins höchste Glied, wie in Venezuela, wo der Staatspräsident Nicolàs Maduro mutmaßlich ein „Narco-Politico" ist, also selbst ein verstaatlichtes Drogenkartell leitet.

Ich selbst war ja auch recht heiß darauf, dass dieser Probedurchlauf so schnell wie möglich in Angriff genommen wurde. Bloß, dass ich das nötige Geld nicht auf Tasche hatte. Und das hieß, ich musste jetzt irgendwie schnell Kohle machen. Dazu gab es mehrere Möglichkeiten. Die Männer aus Turbo hatten mir Kollegen vorgestellt, die sagten: „Hey, wir haben irgendwas zwischen zwei und drei Millionen Euro in Amsterdam liegen und die müssen hier rübergebracht werden. Wenn du die Kohle dort abholst und hier abgibst, bekommst du zehn Prozent." Das wäre natürlich eine krasse Geschichte gewesen. Aber wenn du lange genug in diesem Geschäft unterwegs bist, dann weißt du auch: Wenn du auf frischer Tat ertappt wirst, ist es beinahe egal, ob du Drogen am Mann hast oder viel Geld. Wenn die dich mit zwei Mille erwischen, ist das praktisch das Gleiche, als wenn du 70 Kilo Koks dabei hättest. So oder so kommst du nicht raus aus der Nummer. Ich wusste, wie zwei oder drei Millionen Euro aussehen. Was das selbst bei großen Scheinen noch für ein Stapel ist. Es ist gar nicht so einfach, so eine Masse Geld zu schmuggeln. Bei einer meiner Reisen nach Ecuador hatte ich eine größere Menge an Geld von Amsterdam nach Guayaquil geschmuggelt, wo ich mit El Mono eine Zeitlang zugange war. Alles in 500-Euro-Scheinen in meiner Unterhose (natürlich von Hugo Boss, etwas Preiswerteres hätte ich nie getragen), die ich unter der Shorts trug. Damals hatte ich mir geschworen, dass ich so etwas nie wieder machen würde. Und jetzt ging es um eine noch viel größere Menge Scheine.

Also überlegte ich weiter. Für mich war ganz klar, dass ich niemals selbst schmuggeln wollte, geschweige denn etwas schlucken. Viele Mulas, also Drogenkuriere, schlucken Kapseln, in denen 10 oder 12 Gramm sind. Und damit sich das auch lohnt, würgen sie sich 50 oder 100 Stück davon runter – was bedeutet, sie haben dann insgesamt ein Kilo oder anderthalb von dem Zeug im Bauch. Das ist brutal gefährlich, denn es braucht nur ein solches Ding aufzugehen, und dann ist es vorbei. Ich habe in meiner eigenen Drogenkarriere schon mal ein bis zwei Gramm innerhalb von fünf Minuten weggezogen und weiß, wie es mir da ging. Wenn 12 Gramm auf einmal in deinem Körper anfangen zu ballern – dann wars das.

Ein anderer Kontakt erzählte mir dann aber, er kenne einen Chemiker, der in seiner Wohnung Stoff herstelle. Er arbeite mit Base, also quasi der „Vorstufe" von Kokain. Ein Blatt des Kokastrauchs enthält nur ein Prozent des Alkaloids Kokain. Die Blätter werden getrocknet und dann zu einer Paste verarbeitet, und aus der Kokapaste wird dann wiederum durch verschiedene Prozesse Base gemacht. Und darauf packte dieser Typ dann auch noch irgendwie einen chemischen Schlüssel, sodass es für die Drogenpolizei und die Drogenhunde extrem schwierig war, das Zeug zu finden. Und wenn es doch gefunden werden sollte, müssten sie erstmal nachweisen, dass es sich überhaupt um Kokain handelte. Der Typ hätte auch schon ein paar Dinger selbst durchgezogen, erzählte man mir. Und wenn einer so was selbst macht, dann hat er Vertrauen in seine Arbeit.

Wir wurden einander vorgestellt und der Chemiker bestätigte mir, dass er selbst schon dreimal so einen Flug absolviert hatte und auch regelmäßig andere Leute losschickte und es „bisher meistens gutgegangen" sei. Na ja, ich wusste: Egal, wie man was in Kolumbien versucht, durch den Airport zu schmuggeln, es ist immer

50/50, dass man hochgeht. Die Polizei und die Drogenfahndung dort sind einfach mit allen Wassern gewaschen. Aber inzwischen war ich schon so weit, dass ich mir sagte: Das Risiko bin ich bereit einzugehen. Ich wusste einfach keinen anderen Weg, um aus dem Karussell auszusteigen, in dem ich gefangen war.

Der Chemiker bot mir an, dass er mir dabei helfen würde, die Sache durchzuziehen. Ich müsste nur die Base an sich bezahlen, er bringe mir bei, wie das alles funktioniert und wie man die Paste zu „richtigem" Kokain kocht, und wenn es klappte, würde er dann natürlich noch ein bisschen was bekommen. Und dann ging es auch schon los. Der Typ hatte in seiner Wohnung nebenbei so ein kleines Drogenlabor, und da hat er mir zwei Wochen lang wirklich fulltimejobmäßig von 8 Uhr morgens bis 18 Uhr abends beigebracht, wie man aus Base konsumierbares Kokain macht. Das ist eigentlich eine Purifikation, bei der die Base durch alle möglichen chemischen Prozesse umgewandelt wird. Ich möchte hier aus sicher ersichtlichen Gründen nicht ins Detail gehen, wie das genau funktioniert.

Irgendwann war ich so weit, dass ich genau wusste, wie ich die 600 Gramm Base, die ich im ersten Versuch schmuggeln wollte, in Deutschland zu Kokain umkochen konnte. Und dann konnte man es noch ein bisschen strecken und es wäre trotzdem noch mega heftiger Stoff. Am Ende würde wahrscheinlich ein Kilo daraus werden, das ich dann für 30000 bis 35000 Euro verkaufen könnte, zumindest in Flensburg.

Wir präparierten einen doppelten Boden in einem Backpacker-Rucksack, beziehungsweise es war ein doppelter Rücken. Bei den besseren Backpacker-Rucksäcken ist das Rückenteil etwas dicker gepolstert, und in diese Polsterung zogen wir sehr sorgfältig eine doppelte Innenwand ein. Dann schmierten wir die 600 Gramm Base auf ein Tuch und überstrichen das Ganze dann mit einer speziellen schwarzen Farbe, die man „Anti-Scanner" nennt, weil der Scanner am Flughafen nur Sachen erkennt, die hell sind. Und zum

Schluss wurde das Ganze noch mit Aromen eingesprüht, damit die Drogenhunde am Flughafen es nicht erschnuppern konnten. Was dafür verwendet wurde, war unterschiedlich. Eine Weile hieß es, Kaffeearoma sei super, dann Ketchup. Aber zu der Zeit schwor man auf Zitronen- und Zimtaromen, also dieses Zeug, was man normalerweise in Raumbedufter packt. Wir haben beides großzügig darüber geträufelt und dann den doppelten Boden in das Rückenteil eingebaut. Es war wirklich sehr gut gemacht und von außen null erkennbar.

Das Einzige, was mich irritiert hat, war, dass es stark gerochen hat, und leider nicht nach Zimt, sondern ich konnte diesen leicht chemischen Base-Geruch wahrnehmen. Und ich dachte: Wenn ich das schon rieche, ist das gar nicht gut. Andererseits hatte ich jetzt zwei Wochen nonstop mit dem Geruch verbracht und bildete mir vielleicht auch nur ein, dass er immer noch wahrzunehmen war.

Eigentlich hätte ich einen Flug von Medellín nach Bogotá gehabt und von Bogotá dann über Paris nach Hamburg. Aber zwecks Risikominimierung entschied ich mich dazu, mit dem Bus von Medellín nach Bogotá zu fahren; dort wurde angeblich nicht so scharf kontrolliert. In Bogotá holte mich mein alter Freund Oscar ab, bei dem ich in der Comuna in Castilla gelebt hatte und der in meiner Diskothek der Sicherheitschef gewesen war. Zu der Zeit lebte er mit seiner Frau in einem Vorort von Bogotá. Erst als wir in seiner Wohnung waren, sagte ich ihm, was ich vorhatte. Das fand er nicht so cool, denn letztendlich war er vom Busbahnhof bis nach Hause eine Stunde mit 600 Gramm Base an Bord herumgefahren.

Ich verbrachte zwei Tage bei ihm, und das war gut, denn so konnte der Rucksack noch ein wenig auslüften, bis auch ich nichts mehr von dem chemischen Geruch wahrnehmen konnte.

✝

„Mach's gut, Alter! Und viel Glück", rief Oscar mir noch zu, als ich am El-Dorado-Flughafen in Bogotá aus seinem Auto stieg.

Ich nahm meinen Koffer und meinen Rucksack und ging zum Air-France-Schalter. Checkte ein, gab den Koffer ab, alles ganz normal. Den Rucksack behielt ich natürlich als Handgepäck bei mir. Der Flug hatte drei Stunden Verspätung. Mist. Drei Stunden mehr Zeit, nervös zu sein. Drei Stunden mehr, in denen irgendwas schiefgehen konnte. Aber wohl nicht zu ändern. Auf der positiven Seite haben die von der Air France mir zur Entschädigung einen Gutschein mitgegeben für eins der Restaurants, die sich in der Abflughalle befanden.

Ich schulterte meinen Rucksack und ging hoch in die Halle, wo die ganzen Restaurants waren. Setzte mich im „Crepes & Waffles" an einen freien Tisch. Plötzlich machte sich in mir irgendwie so ein Bauchgefühl bemerkbar, das mir sagte: Das geht schief. Du wirst auffliegen, die verhaften dich und dann siehst du für Jahre nicht das Sonnenlicht.

Ich wusste ja, dass ich eine 50/50-Chance hatte, durchzukommen oder gepackt zu werden. Die vielleicht beste Drogenpolizei der Welt saß in diesem Flughafen. Das Gefühl war so stark, dass ich tatsächlich blitzschnell im Kopf meine Optionen durchging – in Sekundenbruchteilen heckte ich Pläne aus: Noch war nichts passiert. Niemand hatte irgendwas gemerkt. Ich konnte jetzt einfach aufstehen und den Flughafen verlassen. Und dann sollte Oscar mich halt wieder abholen, ganz egal, dass mein Koffer dann ohne mich nach Paris fliegen würde. Schon überlegte ich mir, wie ich das dann machte, wo ich den Rucksack verstecken und wie ich den schnell wieder loswerden würde. Doch fast genauso schnell kickte mein Hustler-Gen wieder rein und ich dachte: Nein, ich bin jetzt hier und ich zieh das durch, koste es, was es wolle. Es gibt kein Zurück mehr.

Gabs ja auch tatsächlich eigentlich nicht, denn ich brauchte diese Kohle. Ganz einfach. Außerdem war das bei Weitem nicht das größte Ding, das ich gedreht habe. Da sind schon ganz andere Sachen gelaufen, dagegen war das hier echt ein Witz.

Als ich mich auf den Weg zum Security-Check machte, war ich daher auch nicht mal groß nervös, geschweige denn, dass ich irgendwelche verdächtigen Stressanzeichen gezeigt hätte. Ich stellte mich brav in der Schlange an, und am Band vor dem Scanner angekommen legte ich vorschriftsmäßig meine Uhr und meinen Gürtel ab, leerte die Hosentaschen, legte Handy und Laptop in diese Plastikwanne und den Rucksack in eine zweite. Während ich darauf wartete, dass der Beamte am Scanner mich durchwinkte, sah ich hinter der Station Anti-Narcóticos-Leute mit ihren Drogen-Suchhunden stehen.

Mir war klar: Jetzt kam es drauf an. Wenn etwas schiefging, dann hier. Wenn ich hier durchkam, hatte ich es geschafft.

Ich ging durch den Sicherheitscheck und nichts passierte. Niemand sagte etwas, niemand merkte etwas. Ich nahm meinen Rucksack und die anderen Sachen wieder an mich und ging an den Drogenhunden vorbei. Auch die schlugen nicht an und ich ging einfach unbehelligt weiter.

Dann der Zoll und Passkontrolle. Nur ein kurzer, desinteressierter Blick des Beamten, dann bekam ich den Ausreisestempel in meinen Pass. Fertig.

Ich ging wie ferngesteuert zum Gate. Setzte mich hin und dachte: Geschafft. Das Ding ist gelutscht. Jetzt kann nichts mehr schiefgehen. Der Flug an sich wird kein Problem sein, warum auch. Das Handgepäck liegt die ganze Zeit schön in den Gepäckfächern im Flugzeug, da guckt niemand mehr nach irgendwas. Und der Flug von Paris nach Hamburg ist ein Transitflug, da passiert auch nichts mehr. Fett! Die Anspannung löste sich fühlbar von meinen Schultern. Ich bückte mich, zog meine Sneakers aus und fing an, mich zu entspannen. Und schon ging es wieder los mit dem Gedankenfeuerwerk: Ey, das war ja so was von easy going. Krass! Wenn ich wieder zurück bin und das alles abgewickelt habe, schicke ich als Nächstes gleich fünf oder zehn Mulas los. Und nicht nur mit 600 Gramm Base, sondern gleich mit zwei, drei Kilo! Bei einer kurzen Überschlagsrechnung, was das an Umsatz bedeuten würde, bekam ich das Grinsen gar nicht mehr aus meinem Gesicht.

Eine halbe Stunde später schreckte ich aus meinen rosaroten Gedanken hoch, als plötzlich eine ganze Horde Polizisten von den Anti-Narcóticos das Gate enterte. Blitzartig bauten sie drei Tische auf und riefen: „Alle Passagiere des Flugs nach Paris kommen bitte noch mal aus dem Gate raus und dann hierher für eine letzte Sicherheitskontrolle!"

Mit so einer Aktion hatte ich nicht gerechnet. Wie ich im Nachhinein mitbekommen habe, war das wohl bei „Vuelos calientes", also „heißen Flügen", auf denen viel geschmuggelt wurde, inzwischen gang und gäbe.

Ich war wie vor den Kopf gestoßen. Realisierte gar nicht sofort, was das bedeutete. Fühlte gar nichts. Mein Kopf war wie im Leerlauf. Ich wusste nur: Das war richtig, richtig schlecht. Aber ich musst mich jetzt zusammenreißen. Durfte mir nichts anmerken lassen.

Tatsächlich ging ich sogar als einer der Ersten nach vorn, um den Eindruck zu erwecken, dass ich nichts zu verbergen hätte. Aber ich sah, wie sie das Handgepäck der anderen auseinandernahmen und ohne viel Aufhebens mit großen Nadeln in Taschen und Rucksäcke stachen. Und dann ging alles ganz schnell. Sie leerten meinen Rucksack aus, schauten hinein. Und als sie nichts fanden, stachen sie mit ihren Nadeln in den Boden und das Rückenteil. Sie rochen daran, schauten sich gegenseitig vielsagend an und dann mich.

Der eine Polizist sagte zu mir: „Setzen Sie sich bitte hier in die erste Reihe!" und ich dachte: Die Erste im Flugzeug wäre vielleicht ganz gut gewesen ... aber hier im Gate nach dieser Ansage, das heißt nichts Gutes.

In diesem Moment wusste ich: Das wars! Diese große Show „Drogenbusiness in Kolumbien", das war alles vorbei. Nach diesem Hype eben, wo ich dachte, ich habs geschafft, war das ein verdammt tiefer Fall. Noch wusste ich nicht, was auf mich zukommen würde, aber mir war klar, dass das, was jetzt folgen würde, brutal hart werden würde und ich stark sein musste.

# DER ALPTRAUM BEGINNT

Als die anderen Passagiere durch den letzten Sicherheitscheck durch waren und das Boarding begann, blieb eine Gruppe von etwa 15 Leuten zurück, die alle mit den Anti-Narcóticos-Leuten mitgehen mussten. Sie brachten uns in einen Raum, wo wir geröntgt wurden, um zu sehen, ob wir irgendwas geschluckt hatten. Außer mir waren ein paar asiatische Landsmänner dabei und ein paar Venezolaner – ganz genau bekam ich das nicht mit.

Ich wurde in einen anderen Raum gebracht, wo sie meinen Rucksack schon komplett auseinandergenommen, aufgeschnitten und aufgerissen hatten. Ein Polizist sagte beinahe anerkennend zu mir: „Das hast du richtig gut gemacht. Aber wir haben dich trotzdem dranbekommen."

Ich versuchte, auf ahnungslosen Gringo zu machen und so zu tun, als ob ich gerade gar nichts verstünde. Tatsächlich hatte ich einiges an Bargeld bei mir, so um die 3000 Euro. Wenn es einer oder zwei Polizisten gewesen wären, hätte ich gesagt: „Passt auf, lasst uns das anders regeln." Aber es waren mindestens zehn am Gate gewesen und auch hier im Büro waren es einige mehr. Sie schoben mir einen Wisch hin, den ich unterschreiben sollte und auf dem stand, dass ich alles verstand, was sie mir hier gerade sagten. Ich machte noch ein bisschen halbherzig weiter mit der „Ich verstehe kein Wort"-Nummer. Doch am Ende musste ich mir eingestehen: Das macht einfach gar keinen Sinn, ich bin sowieso geliefert.

Ich unterschrieb den Zettel und sagte, weil es eh egal war, direkt noch ein paar freche Takte auf Spanisch in dem Paisa-Akzent, den ich auf der Straße in Medellín gelernt hatte. Dann wurde ich von zwei Polizisten abgeführt. Ich trug ein dünnes Sweater-Hoodie, natürlich auch von Hugo Boss, und streifte mir schnell noch die Kapuze über den Kopf. Dann wurde mir ein Paar Handschellen an meinem rechten Arm und an den Koffer geklickt, den sie mittlerweile wieder aus dem Flieger zurückgeholt hatten, und ein anderes Paar an meinen linken Arm und den rechten eines Polizisten. Und so wurde ich durch den Airport abgeführt zur Hauptstelle der Polizei dort am Flughafen. Der hieß ja so poetisch „El Dorado", also „Der Goldene".

Mein Handy musste ich natürlich abgeben, das wollten sie wahrscheinlich auswerten. Ich durfte noch einen Anruf an so einer Wandtelefonzelle im Flughafengebäude tätigen. Und ich wusste, dass ich meine Eltern anrufen musste. Denn die erwarteten mich am nächsten Tag zum Abendessen. Mein bester Freund Dogan, der absolut nichts von meinem Schmuggelvorhaben wusste, wollte mich vom Flughafen abholen. Niemand außer dem Chemiker und mir, na ja, und jetzt eben Oscar, wusste davon. Wenn ich dort nicht erschien, würden sie alle vor Sorgen halb verrückt werden. Es half also alles nichts. Ich wählte die Nummer meiner Eltern. Es muss so 2 oder 3 Uhr nachts gewesen sein in Deutschland.

Meine Mama ging ran und ich sagte rasch: „Hallo, Mama, gib mir mal bitte Papa." Ich glaube, da wusste sie schon, dass jetzt keine gute Nachricht folgen würde. Das machte mich echt fertig, ich fühlte mich so schlecht wegen dem, was ich meinen Eltern jetzt zumuten musste. Papa kam ans Telefon: „Na, Niels?" Ich sagte: „Papa, ich bin am Flughafen in Bogotá mit Drogen verhaftet worden." Er fragte nur: „Mit wieviel?" Und ich antwortete: „Mit weniger als einem Kilo, so 600 Gramm."

Und dann sagte mein Vater etwas, das ich niemals vergessen werde. Ich hätte mit etwas gerechnet wie: „Warum machst du so was, wie kannst du uns das antun?", oder in die Richtung. Aber mein Papa sagte mit fester, ruhiger Stimme: „Melde dich bitte, sobald du die Möglichkeit hast. Und vergiss nicht: Wir lieben dich. Pass auf dich auf!"

Mir war, als würde mir jemand mit der Hand in die Brust greifen und mein Herz zerdrücken. Es waren so schöne, wohltuende Worte, die mich noch viel trauriger machten, weil ich wusste, was für schreckliche Sorgen meine Eltern sich jetzt machen würden. Aber seine Worte gaben mir auch viel Kraft.

Dann saß ich vor einem weiteren Polizisten, der meinen Fall aufnahm. Er stellte mir ein paar Fragen, aber was mich wunderte, war, dass er mich gar nicht groß über die Hintermänner oder so ausquetschte. Wo ich herkam und wo ich hinwollte, die Flugnummer und so weiter, das wussten sie ja sowieso schon alles. Eigentlich sagte er nur: „Wenn du jetzt ins Gefängnis kommst, müssen wir wissen, ob du mit irgendeiner Organisation zusammenarbeitest oder bestimmte Feinde hast, damit wir einschätzen können, in welchen Hof du besser nicht kommen solltest." Ich stritt jegliche Verbindungen ab.

Plötzlich kam ein Deutscher rein, ein großer blonder Mann, gut angezogen, und stellte sich mir als Herr Soundso von der Deutschen Botschaft vor. Falls ich irgendwas bräuchte, könne er mir helfen, und hier sei eine Liste von Anwälten. Und dann sagte er: „Aber ich arbeite nicht nur für die Deutsche Botschaft, sondern auch parallel fürs BKA hier in Kolumbien."

Ich erwiderte, ohne zu zögern: „Gut, dann haben wir beide nichts miteinander zu besprechen, mein Freund." Auch den Zettel mit den Anwälten ließ ich einfach liegen. Ich bin doch nicht verrückt und nehme mir einen Anwalt, der mit dem BKA zusammenarbeitet. Nee, ich werde mir einen Anwalt von meinen Leuten da draußen besorgen.

Der Typ von der Botschaft fragte dann noch: „An wen sollte das Zeug gehen in Deutschland?"

Wahrheitsgemäß antwortete ich: „Das ist nicht für irgendjemand Bestimmten gedacht gewesen. Ich habe das selbst präpariert, ich habs geschmuggelt und ich hätte es dort aufgekocht und verkauft." An wen ich es denn verkaufen wollte, wollte er wissen. „Das weiß ich doch jetzt noch nicht. Und wenn ich es wüsste, würde ich es dir sicher nicht sagen."

✝

Ich wurde in eine Polizeistation in Puente Aranda gebracht. Links vom Eingang befand sich eine größere Zelle, vielleicht 5 mal 4 Meter, und dann geradeaus rechts noch mal eine in etwa derselben Größe. Ich kam in die linke Zelle, in der bereits drei Typen saßen. Einer davon war ein Mexikaner namens Luis, der auch am Flughafen festgenommen worden war und mit dem ich mich direkt anfreundete. Ihn hatte es allerdings deutlich schwerer getroffen als mich, denn man hatte ihn mit fünf Kilo Heroin erwischt.

Mit jeder Stunde landeten mehr Leute in dieser 20-Quadratmeter-Zelle. Bald waren es 20, dann, nach vier Stunden 30 und irgendwann nachts quetschten sich dann 50, 60 Mann auf dem engen Raum. Außer Drogendelikten wurde auch sonst so ziemlich alles, was man an Straftaten begehen konnte, von Raubüberfall über Vergewaltigung bis Mord, hier eingebuchtet. An den Wänden entlang gab es Betonbänke, und die Insassen, die sich schon auskannten, legten sich auf die Bänke, unter die Bänke und auf den Boden. Ehe ich mich versah, war da kaum noch ein Zentimeter Platz für mich. Aber ich hatte sowieso keinen Bock zu pennen. Dass man uns etwas zu Essen oder zu Trinken gegeben hätte, war natürlich Fehlanzeige. Luis und ich hatten noch ein bisschen Bargeld bei uns, und wir gaben einem der Beamten, die auf uns aufpassten, etwas von dem Geld und baten ihn, 20 Portionen Essen und etwas zu trinken zu besorgen. Damit gaben wir der ganzen Meute einen aus und hatten dann natürlich einen guten Stand bei ihnen. Irgendwann wurde ich doch müde und lehnte mich für zehn Minuten oder so an die Wand und döste.

Am nächsten Morgen konnte ich einen Anruf tätigen, jemand hatte ein Handy reingeschmuggelt. In der Zeit hatte ich gerade ganz frisch eine neue Freundin. Das war ein neuer Lebensabschnitt für mich, denn bis dahin hatte ich in Sachen Frauen nach der Beziehung mit Rosanna einfach nur Gas gegeben und mich auf nichts Verbindliches eingelassen. Doch mit Elisabeth war es mir durchaus ernst, sie war ein ordentliches Mädchen. Aber wir standen noch ganz am Anfang unserer Beziehung. Dennoch rief ich sie nun an und sie sagte sofort: „Ich fahre nach Bogotá und sobald du weißt, in welches Gefängnis du kommst, besuche ich dich dort."

Letztendlich saß ich noch diesen gesamten nächsten Tag in der vollgestopften Zelle. Was man da alles für Storys mitbekam war unfassbar. Teilweise haben meine Mitgefangenen über Morde geredet oder über Deals. In der anderen Zelle auf der rechten Seite befanden sich ein Dutzend Frauen, mit denen wurde natürlich auch munter kommuniziert. Erstmal einfach so, aber dann wussten viele ja schon Bescheid: Einmal im Monat durften Frauen aus dem Frauengefängnis „Buen Pastor" zu Besuch in den Männerknast. Das heißt, wenn man jetzt schnell was klarmachte, hatte man später die Aussicht auf Sex. Entsprechend wurde da massiv rumgebaggert und einige Frauen riefen auch zu mir rüber: „Hey, Aleman (also „Deutscher"), zeig dich mal!"

Am Nachmittag wurde ich zum Gericht gebracht und kam direkt vor den Haftrichter. Und der las mir dann 8 bis 12 Jahre. Ich hatte einen Anwalt zugeteilt bekommen – wenn du keinen Anwalt hast, wird dir einer vom Staat gestellt –, und der drängte mich, das Urteil anzunehmen, denn er meinte: „Wenn du akzeptierst, dann wird er dir das niedrigste Urteil geben, das sind acht Jahre. Und mit guter Führung kommst du nach fünfeinhalb Jahren raus." Aber ich meinte: „Ich bleibe nicht fünfeinhalb Jahre im Knast!" Ich hatte ja meine Leute draußen, die gute Kontakte hatten und gute Anwälte, und da war bestimmt mehr machbar. Ich wies also die Klage ab und ließ es auf einen Prozess ankommen.

Kurz hatte ich mir Hoffnungen gemacht, dass man mich vielleicht nach Deutschland überstellen würde, doch die machte der Anwalt brutal zunichte: „Kolumbien liefert keine Straftäter nach Deutschland aus, wenn die Tat im Land begangen wurde. Bei Capos und größeren Drogenschmugglern, die in Kolumbien gefasst werden, sind es oftmals die Länder, in denen die Drogen ankommen, die dann einen Auslieferungsantrag an Kolumbien stellen, damit die Täter dann ihre Haftstrafe in dem Land absitzen müssen. Die USA machen so was häufig. Da sitzen ja hauptsächlich alle großen Capos. Aber bei dir – keine Chance."

Und schon war ich wieder zurück in der Zelle. Nun hing alles von der Antwort auf die Frage ab, in welchen Knast ich kam. In Bogotá gibt es zwei große Gefängnisse: La Picota und La Modelo. La Picota ist etwas neuer, ein Hochsicherheitsgefängnis, und es gilt als einigermaßen erträglich und halbwegs sicher. La Modelo dagegen gilt als das gefährlichste Gefängnis Südamerikas und eines der gefährlichsten der Welt. Auf jeden Fall das korrupteste Gefängnis der Welt! Es wurde von den meisten nur „El Infierno" genannt, „die Hölle", und war berüchtigt für die blutigen und barbarischen Machtkämpfe, die dort drin ausgetragen worden sind, ausgelöst durch Kartelle, Guerilla und paramilitärische Gruppierungen sowie Regierungsbehörden.

Da drin saßen schon die berüchtigsten Männer der Unterwelt Kolumbiens: der paramilitärische Anführer Miguel Arroyave sowie auch John Jairo Vásquez alias „Popeye", der Boss der Auftragskiller des gefürchteten Medellín-Kartells um Pablo Escobar, Jorge Ornuela vom Cali-Kartell, Ivan Urdinola alias „El Enano" (der Zwerg), einer der Capos des Kartells Norte del Valle, der Drahtzieher der Drogenterrororganisation FARC-EP, Martín Sombra, oder auch Guerrilleros wie Francisco Galay oder Felipe Torres.

Was man da für Geschichten hörte, war wirklich krass. Dass dort Menschen einfach verschwanden, war da nur ein Ausschnitt des Terrors, der in diesem Gefängnis über Jahre passierte. Der

Knast war hoffnungslos überbelegt, die hygienischen Verhältnisse katastrophal, sämtliche Wärter galten als korrupt und so ganz grundsätzlich war da drin niemand seines Lebens sicher.

Ich hörte all das und hoffte einfach nur, dass ich nicht dort landen würde.

Und dann, am frühen Abend, kam der Moment der Wahrheit. Plötzlich stürzten gefühlt 15 Mann von der INPEC herein, der Regierungsagentur „Instituto Nacional Penitenciario y Carcelario" (Nationales Institut für Strafvollzug und Gefängnis). Die INPEC-Leute in ihren Anzügen mit Camouflage-Muster in verschiedenen Lila- und Blautönen und mit gezückten Kalaschnikows brüllten uns an, wir sollten uns auf den Boden werfen. Wer nicht direkt gehorchte, wurde zu Boden gestoßen. Dann legten sie uns Handschellen an und schubsten uns nacheinander ziemlich unsanft in den Gefängnistruck, wo wir alle auf engstem Raum irgendwie versuchen mussten, einen Sitzplatz zu finden.

Mitten in dem ganzen Chaos hatte ich zwei Gedanken: Niemand weiß gerade, wo ich bin. Und wenn die wollen, verschwinde ich hier einfach! Und: Was auch immer passiert, bitte lass mich nicht in La Modelo landen!

Und dann fingen sie im Gefängnistruck an, die Namen vorzulesen und zu sagen, wer in welches Gefängnis gebracht werden würde. „Guerrero, Juan – La Picota; Chavez, Carlos ...", und so weiter. Nach einer gefühlten Ewigkeit waren sie beim P angekommen und ich hörte: „Piiittärson, Niels – La Modelo."

# LA MODELO – DIE HÖLLE AUF ERDEN

Nach der chaotischen Fahrt und gefühlt ewig langem Kopfkino darüber, was mich wohl jetzt erwarten würde, mussten wir uns in La Modelo angekommen in einer Reihe aufstellen und wurden dann in eine Art Vorhof des Gefängnisses gebracht, rechts neben dem Hauptgebäude. Dieser Hof war die „Primaria", das heißt so viel wie „Grundschule". Er ist so eine Art Auffangbecken, wo erstmal alle hinkommen, die gerade verhaftet worden sind, oder wenn ein Gefängnis-Transfer ansteht oder man auf eine längere Tour zu einer Verhandlung in eine andere Stadt soll. Dort wurden auch die bekannten „Mugshots", also diese Verbrecherfotos, von uns gemacht, Fingerabdrücke genommen, Handabdrücke genommen und die Haare kurz rasiert – was in meinem Fall unnötig war. Die Angestellten versuchten rauszufinden, zu welcher Organisation oder zu welcher Gang man gehörte. Das müssen sie wissen, denn wenn sie jetzt zum Beispiel einen von der Guerilla in den Hof 2A steckten, wo nur Paramilitärs saßen, würde der dort den Wölfen zum Fraß vorgeworfen. Oder andersrum, wenn einer von der und der Straßengang in den und den Hof kam, wo die Jungs von einer verfeindeten Gang waren, machte er es nicht lange.

Die Primaria war ein kleiner Hof mit vielleicht 10 Zellen. Nur die erste Zelle hatte Licht und eine Art Liege aus Beton. Alle anderen Zellen waren stockdunkel und stanken wie die Pest. Nach allem, was Menschen so ausscheiden, außerdem nach Crack und „Bazuco", einem Abfallprodukt von Kokain. Überall liefen Ratten und Kakerlaken herum.

Luis, der Mexikaner, mit dem ich mich schon auf der Wache angefreundet hatte, und ich drückten dem Wärter etwas Geld in die Hand – zum Glück hatte ich etwas Bargeld in der Tasche gehabt – und durften in die erste Zelle, in der wenigstens etwas Licht war und etwas zum Drauflegen. Und das war Gold wert, denn letztendlich mussten wir fünf Tage in der Primaria bleiben, weil es ein verlängertes Wochenende war. Mit jedem Tag wurde es da drinnen voller, es gab viel Stress, viele Schlägereien, Leute wurden abgezogen. Ich dachte nur: Wenn das die Grundschule ist, wie sieht dann die richtige Schule aus?!

Die Zelle neben uns ging auch noch einigermaßen klar, da drin saßen zwei Paracos, also Paramilitärs. Der eine wurde El Loco genannt, „der Verrückte", und er saß, weil er jemanden gekidnappt und erpresst hatte. Den Namen des anderen weiß ich nicht mehr; seine Anklage lautete Mord. Da war schon mal klar, mit was für Menschen ich hier zusammen eingesperrt sein würde. Jedenfalls waren die beiden bereits Knast-Profis und konnten uns schon ein bisschen einweisen, wie es drüben im Gefängnis sein würde. Und das klang richtig übel.

Am fünften Tag sollten wir dann die paar Sachen zusammensammeln, die wir eben am Mann gehabt hatten. Oscar, mein alter Sicherheitsmann von der Disco, hatte meinen Koffer, den ich am Flughafen wiederbekommen hatte, auf der Wache abgeholt und mit nach Hause genommen. Ich hatte nur die wichtigsten Sachen rausgeholt, die ich jetzt erstmal brauchen würde. Schon dort waren uns Gürtel und Schnürsenkel abgenommen worden, denn damit könntest du jemanden umbringen oder vielleicht auch dich selbst. Deshalb liefen alle mit irgendwie so komisch runterhängenden Jeans und offenen Schuhen herum. Knast-Uniformen gab es nicht, jeder trug die Sachen, die er bei der Einlieferung angehabt hatte.

Nun sollten wir also in die Patios gebracht werden, in die Höfe, in denen wir dann einsitzen würden. Von der Primaria zum

Innenhof musste man erstmal einen langen, langen Gang hinunter bis zum Zentralkreuz. Auf dem Weg kamen wir an Büros vorbei, die mit Panzerglas ausgestattet waren. Und dieses Panzerglas hatte überall Einschusslöcher, vermutlich von AK47.

Der lange Gang wird „der Tunnel“ genannt. In diesem Tunnel standen ungefähr 100 Wächter und wir mussten da durchgehen mit unseren Sachen und wurden noch mal gefilzt. Die meisten waren junge Aufseher, die Anwärter waren und sich wohl irgendwie beweisen wollten. Ein solcher junger Hampelmann knöpfte sich mich vor: „Mach den Mund auf!“ Dann musste ich meine Klamotten ausziehen, die Unterhose runterziehen und in die Hocke gehen, damit er überprüfen konnte, ob ich irgendwas irgendwo stecken hatte. Er leuchtete mir in die Augen und blaffte mich an: „Du siehst bekifft aus, du nimmst doch Drogen!“ Ich schüttelte den Kopf, aber er sagte: „Das sagen sie alle. Aber wir haben dich im Blick!“ Diese Jungs wollten uns einschüchtern und brechen, und ich muss auch wirklich sagen, ich hatte echt Respekt und auch Angst davor, was jetzt auf mich zukommen würde.

Man hatte mir gesagt, dass ich in Hof 3 kommen würde. Das war eine relativ gute Nachricht, denn dieser Hof galt als der halbwegs Erträglichste in diesem Gefängnis. Dort landeten alle Ausländer, außerdem Ex-Funktionäre, Staatsdiener, Polizisten, Staatsanwälte oder Soldaten und sonstige Kolumbianer, die ein bisschen mehr Geld hatten und sich in diesen Hof reinkaufen konnten. Was schnell klar wurde und was die beiden schweren Jungs aus der Nachbarzelle uns auch schon erklärt hatten: Im Prinzip konnte man sich hier alles kaufen. Wenn man denn Geld hatte. Man musste zum Beispiel 6 Millionen kolumbianische Pesos lockermachen, um in Hof 3 zu kommen. Das sind umgerechnet ungefähr 1.500 Euro. Die hatte ich mir schon mal gespart.

Als wir endlich durch den Tunnel durch waren, wurde ich mit Luis und noch ein paar anderen in den Hof 3 gebracht. An der Tür stand ein Rumäne. Ich weiß seinen Namen nicht mehr, er wurde aber „Baby“ genannt, weil er der Freund – oder sollte ich besser sagen: die Freundin? – des Hofchefs war. Jeder der Höfe hatte einen Häftling, der das Sagen hatte, und unserer war zuerst „Jessica“, ein fast zwei Meter großer ziemlicher Brecher, der sich wie eine Frau kleidete und schminkte. Er war aber nicht der Boss, weil er so mächtig war, sondern weil er einfach schon 12 Jahre da war und die meisten Kontakte hatte. Der besagte Rumäne teilte sich mit ihm die Zelle und auch noch einiges mehr.

Der Rumäne stand also an der Tür und ließ einen Spruch ab, und ich dachte nur: „O mein Gott, wo kommen wir jetzt hin?“ Und dann nahm ich ihn zum ersten Mal wahr, den Geruch von Tod, Urin, Dreck und Angst. Das Höllen-Parfüm von La Modelo. Ich wurde in den Pasillo 6, also Trakt 6, gebracht. Wenn man in den Hof 3 reinkam, gab es rechts eine Treppe, über die man in die verschiedenen Flure gelangte. Jeder Trakt hatte 10 Zellen, und ich kam in die Zelle 38 zu einem Deutschen namens Klaus und einem Kolumbianer. Jede Zelle in unserem Trakt hatte zwei Betten, also zu zweit konnte man da ganz okay schlafen, aber ich musste auf einer Art Isomatte auf dem Boden liegen, was weniger schön war.

Klaus war 67 Jahre alt und erzählte mir, dass er das neunte Mal im Knast saß. Immer in verschiedenen Ländern, immer wegen Drogenschmuggel. Er war wohl einer der Ersten, die Kokain aus Bolivien nach Europa geschmuggelt haben. Klaus war ein krasser Charakter. Er drehte sich Joints aus den Seiten der Bibeln, die kostenlos im Knast verteilt wurden – nur las er sie leider nicht vorher.

In dieser ersten Nacht habe ich kaum geschlafen, weil ich immer noch nicht wusste, was jetzt auf mich zukommen würde. Es war schon Abend, als ich in die Zelle gebracht worden war, und da kriegt man von dem ganzen Wahnsinn, der im Knast abgeht, nicht so viel mit, weil ab 17 Uhr alle in ihrem Trakt sein müssen, der dann abgeschlossen wird. Trotzdem ... die Geräusche von dem, was dort nachts passierte, waren krass genug. Eine höllische

©privat

Auf dem Weg zum Fussballtraining (1994).

©Hamburg Chryme

Jentown Chryme 2006. Das Hamburger Undergroundlabel, bei dem ich gesigned war, zusammen mit Chiliscote, Bonez MC, Caine, SA4 und Karim.

© privat/Camilo Pajhoy

Ein Teil meiner Crew bei der Eröffnung der Dubai Disco Bar Lounge (2009).

© privat

Foto einer typischen Partynacht in Medellin.

© Carcel de Itagui

Mein Haftfoto beim Gefängnistransfer im zweiten Knast in Itagui.

Die Zeitung „El Espacio" hat auf Seite 3 groß von dem Gringo-Drogendealer berichtet. Der Artikel erschien am 17.11.2011, einen Tag nach meiner Verurteilung.

hogar, su silencio y hasta la

Pagará cuatro años de cárcel

# Condenado alemán por narcotráfico

## *Cuando cumpla la condena lo expulsarán del país*

Germán Hernández Vera
Redacción Judicial

***Niels Petterson pagará 50 meses de arresto en la Cárcel Nacional Modelo de Bogotá. Una vez termine de purgar su pena, será expulsado del país, sin la posibilidad que en los próximos 10 años pueda regresar a Colombia.***

Se trata de un ciudadano alemán, quien el pasado 29 de junio fue capturado en el aeropuerto Eldorado de Bogotá, llevando en su equipaje de mano la no despreciable cantidad de 551 gramos de cocaína de alta pureza, la que pretendía llevar, en un vuelo comercial de la aerolínea Air France, a París.

Petterson, de profesión entrenador físico, 1.90 de estatura y muy corpulento, se acercó a la aduana, pasó su maleta de viaje y se aferró a su maletí[n] de mano, lo que despertó [la] sospecha de las autoridad[es]

que de inmediato lo requirieron para una requisa.

La inspeccionar en detalle su pequeño maletín, donde portaba sus documentos, su celular de última tecnología y algunos souvenires, uno de los uniformados observó que la misma tenía un doble fondo.

De inmediato, ayudados por una cuchilla, abrieron la caleta, encontrando la sustancia blanca y olorosa que luego, con la prueba de 'PIPH' se estableció que se trataba de la más costosa de las cocaínas.

El alemán fue detenido y puesto a órdenes de un Juez de Control de Garantías. Inicialmente no aceptó los cargos, pero luego llegó a un acuerdo con la Fiscalía, el que consistió en cambiarle la tipificación del delito, de tráfico de estupefacientes a tentativa de tráfico, con la condición de que se declarara culpable.

Ayer un Juez de paloquemao leyó la sentencia en la que lo conminó al arresto durante 50 meses, al pago de 70 salarios mínimos legales vigentes, negándole cualquier beneficio que [le a]plique su excarcelación.

Javier Bohórquez, El Espacio

Dura condena

[...]lemán pasará 50 meses en la Cárcel [...] 70 salarios mínimos

© El Espacio

Meine kärgliche, aber immerhin eigene Zelle in Itagui.

© privat

©privat

Noch im Knast ließ ich mich taufen in einem Lavadero, in dem sonst Wäsche gewaschen wird. Dort habe ich vor der sichtbaren und unsichtbaren Welt öffentlich gemacht, dass ich in Christus ein neuer Mensch bin.

James Ariza, mein Zellenkollege, und ich nach der unserer Taufe. 2015 wurde er erschossen.

©privat

Kelly und ich bei unserer Hochzeit am 9.9.2016.

© privat/Sven Geissler

Und dann zu viert. Familienfoto mit unseren Kindern Dulce Maria und Elias Theodor.

© privat/Fotodesign Flensburg

Meine erste EP als Gospel Rapper (2021).

©privat/Karos One

Nicht nur ich, sondern auch meine Musik hat sich verändert. Aus Gangster Rap wurde Gospel Rap. Hier beim Auftritt am Ballermann mit Reach Mallorca.

©privat/Reach Mallorca

©privat

Vor den Gefängnistoren Itaguis mit der Confraternidad Carcelaria de Antioquia. Ganz rechts im Bild Fabian.

Gefängnisdienst in Itagui 2019. Hier haben wir gepredigt und 220 Bibeln an Gefängnisinsassen verteilt.

©privat

Erste Maracuja-Plantage meiner neuen Firma Frutos de Gracia in Santa Elena, Valle del Cauca, Kolumbien.

© privat

Viele Bauern sind zur Eröffnungsfeier im September 2023 gekommen. Sie sollen vom Maracuja-Anbau im eigenen Land profitieren und gleichzeitig können Exhäftlinge hier arbeiten und wieder Fuß fassen in der Gesellschaft.

© privat

Mischung aus Katzengejaule – im Gefängnis lebten mega viele Katzen – und dem Geschrei von Männern aus den umliegenden Höfen. Und die haben nicht aus Heimweh geheult, sondern verzweifelt geschrien, weil sie vermutlich gefoltert wurden oder vergewaltigt oder vielleicht umgebracht, ich wusste es nicht.

Neben uns war der Hof 4, der schlimmste Hof zu der Zeit. Insgesamt saßen mehr als 10000 Häftlinge in diesem Gefängnis, das für maximal 3000 gedacht war. Wer noch nicht da drinnen war, kann sich nicht vorstellen, in was für menschenunwürdigen Verhältnissen die Häftlinge „lebten". Jeder Hof war für 500 Insassen ausgelegt, in unserem waren so knapp 900 und auch da mussten schon viele im Flur oder auf dem Boden schlafen. Aber in Hof 4, der genauso groß war wie unserer, waren 4000 Häftlinge. Im Hof 5 genauso. Dort saß alles, was mit Straßenkriminalität und Gangs zu tun hatte. Im Hof 4 waren Wiederholungstäter. Und da ging es richtig ab. Unser Hof grenzte direkt an Hof 4, es gab Fenster mit Gitterstäben, durch die man sehen konnte, wie da drüben Transaktionen liefen und Schlägereien oder Messerstechereien passierten.

Ich bin im Juli 2011 dort eingefahren. Im Jahr 2000 hatte in La Modelo noch ein blutiger Krieg zwischen der Guerilla und dem Paramilitär geherrscht, wo sie sich im Gefängnis mit schweren Waffen gegenseitig abgeknallt haben, also mit AK47 und Granaten, und wo Menschen einfach verschwunden und nie wieder aufgetaucht sind. Ich habe Geschichten gehört, dass sie ihre Toten verschwinden lassen haben, indem sie sie zerstückelt und scheibchenweise die Dusch-Abflüsse runtergespült haben. Gerüchteweise soll es zwischen 1999 und 2001 in La Modelo bis zu 400 Ermordungen gegeben haben. Bei Durchsuchungen wurden in der Kanalisation unter dem Gefängnis massenhaft Leichenteile gefunden. Bei den Opfern, deren zerstückelte Überreste unter dem Gefängnis gefunden wurden, handelte es sich nicht nur um Häftlinge, sondern auch um Besucher und Zivilisten. Die paramilitärischen Anführer sollen die Gefängniswärter bestochen haben, damit sie bei den Morden ein Auge zudrückten.

Das ist zwar lange her, aber an den Verhältnissen in den südamerikanischen Gefängnissen hat sich bis heute nicht wirklich was geändert. Jetzt gerade, während ich das schreibe, sind in verschiedenen Gefängnissen in Ecuador nach Gewaltausbrüchen wohl über 30 Insassen gestorben und hunderte von Gefängniswärtern und Polizisten als Geiseln genommen worden, um die Anliegen von rivalisierenden Banden durchzusetzen. Teils wurden sie nach Verhandlungen wieder freigelassen, teils ist ihr Schicksal unklar.

Wie sie die Waffen da reinbekommen haben? Im Knast gibt es alles, was du haben willst – es hat nur alles seinen Preis. Das Hauptgeschäft besteht aus dem Verkauf von Drogen und Lebensmitteln, an dem die Aufseher beteiligt sind. Auch für alle Dienstleistungen muss bezahlt werden. Die Drogen kommen aus dem umliegenden Viertel in das Gefängnis und werden teils von den Besuchern am Wochenende, teils auch direkt von den Aufsehern mitgebracht.

Um deutlich zu machen, wie weit das Prinzip „Mit Geld ist alles möglich“ geht, hier mal ein paar Stories aus „La Picota“, dem anderen Knast in Bogotá: Dort hatte ein korrupter Bauunternehmer sich seine Zelle gemütlich gemacht, einen neuen Boden verlegt, die Wände gestrichen und eine Warmwasserdusche, einen Kühlschrank voller Spirituosen sowie einen Fernseher installiert. Einer der berüchtigtsten Insassen von La Picota war ein ehemaliger Senator, der wegen Verbindungen zu paramilitärischen Gruppen und Drogenhandel verurteilt worden war. Während seiner Haft in La Picota veranstaltete er eine zweitägige Geburtstagsparty für 34 Gäste und baute seine Zelle zu einer Luxuswohnung aus, indem er die Wand zum angrenzenden Raum durchbrach. Ein ehemalige Bürgermeister und Ex-Senator von Bogota schmuggelte Hausangestellte ein und sperrte den Korridor vor seiner Zelle als Empfangsbereich und Spielfläche für seine Kinder ab, die gemeinsam mit seiner Frau dort mit ihm lebten. Und der berüchtigte Juan Castro alias „Matamba“ spazierte Anfang 2022 in der Uniform eines Wachmanns seelenruhig aus seiner offenen Zellentür und entkam unbehelligt aus dem Gefängnis. Übrigens schon zum dritten Mal. Und das war alles in La Modelo nicht anders (und ist es vermutlich immer noch). In den Zellen, in denen die Capos saßen, sah man die Spuren ihrer Anwesenheit: Bäder mit Marmorböden, maßgefertigte Schränke.

Zu der Zeit, als ich nach La Modelo kam, herrschte dort kein offener Krieg mehr, aber dennoch gab es häufig Messerstechereien und Schlägereien, und man hat immer wieder gehört, dass Menschen verschwanden oder es Tote gab. Racheakte und Mord- oder Selbstmordversuche (mal mehr, mal weniger erfolgreich) waren an der Tagesordnung. Mehr als einmal sah ich die Spuren davon in Form von Blutlachen am nächsten Tag irgendwo im Hof oder Zellengang.

Einmal ging im Hof 4 eine große Rauchwolke hoch, und am nächsten Tag wurde erzählt, dass in einer Zelle die Matratzen angezündet worden waren und jemand mit den brennenden Matratzen in die Zelle eingesperrt wurde und wahrscheinlich verbrannt ist. Das war wohl ein Typ, der wegen eines Sexualdelikts saß. In diesen Gefängnissen gibt es auch einen Moralkodex, und wenn jemand mitbekommt, dass du wegen Vergewaltigung oder Kindesmissbrauch einsitzt, dann hast du nichts zu lachen. Du wirst bei jeder Gelegenheit gedemütigt und vielleicht sogar umgebracht.

✝

Am ersten Morgen nach dieser eher schlaflosen Nacht wurden wir um 6 Uhr von lauten „Contada, Contada!“-Rufen geweckt. Wir mussten alle raus in den Hof und uns in Fünferreihen aufstellen, und dann wurde durchgezählt. Es gab zwei Häftlinge, die dafür zuständig waren, den anderen jeweils Bescheid zu geben, wenn etwas anstand, sie wurden „Audianza“ genannt. Und die brüllten dann eben „Contada“, also Zählung oder „Wimpyyyy“ – das war das „Essen“, was wir bekommen haben. Wimpy wurde es von den Wächtern genannt, keine Ahnung, warum. Das war wirklich grauenhaftes Schweinefutter. Beziehungsweise ich weiß nicht, ob Schweine das gefressen hätten. Na gut, Schweine fressen alles, auch Menschen übrigens, was man sich gerüchteweise hier auch schon zur Beseitigung ermordeter Feinde zunutze gemacht hatte. Das Wimpy war eine Art Suppe oder eher Matsche, bei der man nicht genau sagen konnte, was drin war. Irgendwelche ranzigen Fleischstücke, teilweise mit Maden darin, und dann vielleicht noch eine Kochbanane, die irgendwie komisch eingelegt war. Es war einfach nur ekelhaft. Dazu gab es ein bisschen Reis, und der war das Einzige, was man sich wirklich geben konnte. Der Rest war zum Speien. Aber wenn du drei Tage nichts gegessen hast, isst du auch Wimpy.

Einem Bericht der Vereinten Nationen zufolge sind die schlechte Qualität des Essens und die nicht vorhandenen hygienischen Maßnahmen schuld an einem großen Teil der Krankheiten der Gefängnisinsassen. Es gibt auch keine wirkliche Gesundheitsversorgung, weshalb es heißt, innerhalb des Gefängnisses würden mehr Insassen an Krankheiten sterben als durch gewaltsame Auseinandersetzungen.

Aber das alles wusste ich noch nicht, als ich an diesem ersten Tag in der Fünferreihe zur Zählung im Hof stand. Ich wusste nur eins: Das hier war kein schlechter Traum, sondern die brutale Realität. Wie ein Schlag traf mich die Erkenntnis: Ich war wirklich hier. Im schlimmsten Knast Kolumbiens, vielleicht sogar ganz Lateinamerikas. Eingepfercht mit Tausenden von Verbrechern, von korrupten Aufsehern überwacht, komplett fremdbestimmt, machtlos, rechtlos, hilflos. Das war nun mein Leben. Wenn man das überhaupt Leben nennen konnte. Eher ging es wohl ums nackte Überleben. Und wer wusste, wie lange mir das gelingen würde?

✝

Nach dem ersten Schock berappelte ich mich relativ schnell wieder. Irgendwie würde ich es doch wohl schaffen, zumindest ein bisschen Selbstbestimmung wiederzugewinnen. Immerhin war ich ja kein unbeleckter Unschuldsengel und wusste zumindest, wie Kriminelle ticken. Als Erstes musste ich mich orientieren: Wie komme ich hier zurecht? Wie läuft alles? Wem kann man vertrauen? Worauf muss ich achten?

Es gab Telefone an den Wänden, die mit Telefonkarten funktionierten, die übrigens wie eine Währung im Knast waren. Darüber habe ich die ersten Anrufe gemacht und so konnte ich ein paar Sachen regeln. Dann wurde mir hier und da mal ein billiges Handy, „Coco" genannt, geliehen. Und wenig später organisierte ich mir dann selbst eins.

Von meinen Leuten bekam ich einen Anwalt aus Bogotá empfohlen, der als seriös galt und auch mit größeren Organisationen zusammenarbeitete. Das war wichtig, weil im Gefängnis ohne Ende Leute von Anwälten abgezogen wurden. Sie versprachen den Insassen die wildesten Sachen: „Ich hol dich hier raus, du bist innerhalb von ein paar Wochen wieder frei, überweise mir soundsoviel ..." Und dann passierte gar nichts. Oder, wenn es um einen hohen Betrag ging, stellte sich heraus, dass die Kanzlei am nächsten Tag nicht mehr existierte. Eigentlich heißt Anwalt auf Spanisch „Abogado", aber dort drinnen sagten sie nur „Abogangster."

Mein Anwalt war nicht so drauf, außerdem wusste er von den Leuten, mit denen ich zusammengearbeitet hatte, dass er sich keinen Mist erlauben konnte. Er ging mit mir durch, was wir machen könnten, und meinte: „Es gibt vielleicht eine Möglichkeit, dich innerhalb von drei, vier Monaten hier rauszuholen." Dann erklärte er mir den Plan: Das, was in meinem Rucksack gewesen war, war ja Base, also eine Vorstufe von Kokain mit einem chemischen Schlüssel drauf. Um überhaupt festzustellen, was genau das war, wurde es in ein Labor geschickt, wo es dann untersucht werden sollte. „Und da haben wir eine Chance", sagte der Anwalt. „Wir müssen komplett alle Leute in dem Labor durchbestechen, damit am Ende rauskommt, dass dieser Chemiker dich, den Gringo, verarscht hat und gar keine Base in dem Rucksack war, sondern irgendein anderes billiges Chemiezeug. Was bedeutet, du wurdest nicht mit der Droge festgenommen. Ich kenne die entsprechenden Leute, das wäre eine Option. Dafür brauche ich 30 Millionen Pesos. 15 vorab und 15, wenn du draußen bist." Das waren damals umgerechnet etwa 10.000 Euro, und das fand ich fair. Viele Alternativen hatte ich allerdings auch nicht. Ein bisschen Geld konnte ich noch selbst zusammenkratzen, den Rest schickten mir meine Eltern.

Ich lernte die ersten Leute kennen. Einen kubanischen Amerikaner, der Miami genannt wurde, weil er da herkam. Dann war da Kenny, ein Kolumbianer, der in L.A. aufgewachsen war, und Juan, der aus Palmira kam, ein Narco aus der Region Norte del Valle, wo auch ein mächtiges Drogenkartell saß. Ich hatte draußen viel mit Leuten aus Cali und Pereira zu tun gehabt. Palmira liegt zwischen Cali und Pereira und wir hatten einige gemeinsame Bekannte, die er durchaus als ernstzunehmend einschätzte. Juan hatte einen ganz guten Stand dort im Gefängnis und lud mich gleich zum Mittagessen ein.

Es gab richtig gutes Essen, keinen Schweinefraß, und natürlich wollte ich wissen, wie man an so etwas rankam. Er erklärte: „Am Samstag ist Männer-Besuchstag und am Sonntag Frauen-und-Kinder-Besuchstag und da kannst du dir Sachen mitbringen lassen von deiner Frau, deiner Mutter, deinem Bruder oder sonst wem, eingepackt in Schachteln. Du kannst es auch draußen bestellen und dir von Lieferanten reinbringen lassen – wenn du die nötige Kohle hast. Die Häftlinge bewahren das Essen in Styroporkartons mit Eis auf. Dann holt man sich vom Wimpy nur den Reis, um das ein bisschen zu strecken. Ganz einfach."

Einige Leute hatten so eine Art Kochspiralen, die natürlich nicht erlaubt waren, und wärmten sich damit ihr Essen auf. Eis gab es im Expendio, einem kleinen Laden auf dem Hof, der zweimal am Tag geöffnet wurde, morgens und nachmittags. Das Eis war einfach gefrorenes Wasser in Plastikflaschen, die man jeden Tag für einen kleinen Betrag wechseln konnte. So blieb das Essen gekühlt und genießbar. So was wie Fisch oder Hähnchen musste man trotzdem an den ersten Tagen essen, weil das schneller verdarb. Im Kiosk konnte man sich auch Kleinigkeiten, Getränke und Süßkram kaufen – wenn man eben Geld hatte. Wie man überhaupt für alles, was das Leben hier drinnen halbwegs erträglich machte, Geld brauchte.

Bei Klaus auf dem Boden der Zelle zu schlafen, war extrem ungemütlich, also fragte ich meinen neuen Kumpel auch gleich, wie es funktionierte, dass man eine eigene Zelle bekam. „Das musst du mit dem Pasillero, also dem Häftling, der für deinen Trakt zuständig ist, klären. Dem bezahlst du eine bestimmte Summe, und falls es irgendjemanden gibt, der seinen Schlafplatz verkaufen möchte, regelt er das mit dir."

Zu seinen Aufgaben gehörte es, das Geld von den anderen Häftlingen einzusammeln, um die Aufseher zu bestechen und so Drogen, Mobiltelefone oder besseres Essen zu erhalten. Und der Pasillero wiederum musste dann die Kohle dem Hofchef abdrücken. Unser Pasillero war ein Typ aus Guatemala und sein Zellengenosse glaube ich ein Spanier. Der meinte: „Ich verkaufe dir meinen Platz für 200000 Pesos."

Das musste dann noch von den Wächtern abgesegnet werden, die verdienten natürlich auch was daran. So kam ich bei Guatemala, wie er plump genannt wurde, in die Zelle. Aber am nächsten Tag gab es dann wieder Probleme, denn die Wächter wechselten sich immer ab, das hieß, einen Tag ist das rote Kommando dran und am nächsten Tag das blaue Kommando. Wenn du mit dem roten Kommando abgeklärt hattest, dass du den Schlafplatz übernimmst, kam am nächsten Tag das blaue Kommando und wollte auch wieder Geld. Und dann dachte sich der Pasillero vielleicht nach einiger Zeit irgendein Problem aus, um die Person wieder aus der Zelle zu entfernen, damit er sie wieder neu an einen frisch angekommenen Häftling verkaufen konnte. Ein prima Modell – für den Pasillero.

Für mich war das alles sehr unangenehm, aber nicht unmöglich. Für jemanden, der keine Kohle hatte, war es hingegen die Hölle auf Erden. Wer nicht das Geld hatte, sich einen Zellenplatz zu kaufen, musste auf dem Gang schlafen, allerdings nur nach der letzten Zählung gegen 16 Uhr bis morgens um 5 Uhr. In den komplett überfüllten Höfen 4 und 5 wechselten sie sich ab mit dem Schlafen, weil selbst die Gänge komplett dicht waren. Wenn der Gang voll war, gab es nur noch das Bad, die Treppen oder den Innenhof – und Bogotá ist eine der Städte mit dem meisten Niederschlag weltweit und sehr kalt wegen der Höhenlage.

Der Schlafplatz war ja nur eins von hundert Dingen, für die man im Knast Geld brauchte. Das Ganze war ein krasser Teufelskreis: All die Ausgaben führten dazu, dass sich die Familien der Insassen weiter bei kriminellen Banden innerhalb und außerhalb des Gefängnisses verschulden mussten. Was in Kolumbien viel genutzt wird, wenn man schnell Geld braucht, ist ein kriminelles Darlehenssystem, das „prestamo gota a gota" genannt wird, übersetzt „Leihgabe Tropfen um Tropfen". Hauptsächlich betrieben von Mitgliedern der großen Organisationen oder Kartelle, die ihre Opfer mit harten Drohungen einschüchtern, sollten sie zahlungsunfähig sein. Nachdem man das benötigte Geld erhalten hat, hat man in der Regel 20 oder 30 Tage Zeit, um den Betrag zuzüglich Zinsen zwischen 10 und 40 Prozent zurückzuzahlen. Das Verflixte daran ist, dass die Zinsen pro Tag gerechnet werden. Es werden also auf einen Betrag, zum Beispiel 100 US-Dollar, täglich

40 Prozent als Zinsen gerechnet, die, wenn man sie nicht an dem Tag bezahlen kann, auf den Ausgangsbetrag von 100 USD aufgerechnet werden. Und dann fallen auf den neuen höheren Betrag täglich die Zinsen an. Und so reitet man sich in hohe Schulden bei sehr gefährlichen Leuten. Um diese Schulden zurückzuzahlen, gibt es kaum andere Möglichkeiten, als ebenfalls kriminell zu werden. Viele leben direkt am Gefängnis unter Bedingungen, die fast so übel sind wie drinnen, um Kosten zu sparen. Und es ist eigentlich nur eine Frage der Zeit, bis sie auch im Knast landen. Dabei ist es schon so, dass genug Geld vom Staat locker gemacht wird, um die Gefängnisse ordentlich zu versorgen – aber das kommt halt leider dank des ausgefeilten Korruptionssystems nie dort an.

✝

Letztlich wiesen die Aufseher mir nach einigem Hin und Her eine Zelle zu, Nummer 37, direkt neben Klaus, immer noch in Pasillo 6. Das war eine gute Zelle. Der zweite Insasse war ein Kolumbianer, der vorher Polizist gewesen war. Eigentlich ein ganz ordentlicher Typ, aber irgendwie meinte er, mir Ansagen machen zu müssen. Darauf bin ich gar nicht klargekommen und hab ihm recht schnell deutlich gemacht, dass das mit mir nicht lief. So standen wir uns gleich am dritten Tag Kopf an Kopf gegenüber und ich war echt zu allem bereit. Ich glaube, das hat er gemerkt und ist dann zum Glück aus der Zelle gegangen. Weil ich mega durchtrainiert dorthin kam, wirkte ich wohl einigermaßen respekteinflößend. Zu der Zeit war ich körperlich in meinem besten Zustand, 115 Kilo trocken, eine ziemliche Maschine.

Ich war für ein paar Tage allein in der Zelle, aber wenig später kam eine ganze Horde an Leuten in den Hof, 8 oder 9 Typen, die alle bei derselben Aktion erwischt worden waren, nämlich mit 2000 Kilo Stoff in einem kleinen Sportflugzeug. Eine komplette Bande war hochgenommen worden – der Pilot und der

Drahtzieher der Bande, James, dann ein Typ aus Medellín, der im selben Barrio wie meine Freundin Elisabeth wohnte, wie sich rausstellte, und eine Handvoll weitere. Mit James verstand ich mich auf Anhieb gut und wir konnten klarmachen, dass er bei mir mit in der Zelle einzog. Wir haben viel rumgejoked und es klappte echt gut mit uns. Nur hat er geschnarcht wie ein Weltmeister und ich musste ihm immer irgendwelche Sachen an den Kopf werfen, was ihn wiederum geärgert hat.

Jede Zelle hatte eine eigene Toilette und eine Dusche. Das klingt besser, als es war: Die Toilette hatte keine Spülung, sondern das musste man mit Eimern machen. Es gab kein warmes Wasser, wir mussten kalt duschen und Bogotá ist wie gesagt dadurch, dass es 2600 Meter über dem Meeresspiegel liegt, schon sehr kühl. Manchmal gab es auch gar kein Wasser, deshalb mussten wir immer welches in den Spüleimern aufbewahren, falls es mal wieder ausfiel. Also, die Hygiene war wirklich ein Problem.

Nach der Zählung jeden Morgen bekam man das Frühstück in die Hand: pappiges Brot und wässrigen Kakao, bestenfalls noch eine Banane. Danach ging es raus in den Hof. Da gab es eine Tischtennisplatte, manche haben Fußball gespielt, einige sind in das kleine Fitnessstudio gegangen, einige haben ihre Wäsche gewaschen in großen Bottichen, die dafür zur Verfügung standen. Es gab eine Bibliothek und die Aula 1, wo jeden Morgen ein evangelischer Gottesdienst stattfand sowie in Aula 2 ein katholischer. Zudem wurden ab und zu Seminare angeboten, für die Leute von draußen reinkamen. Ein Mithäftling namens „Patas“ hat mitten im Hof ein „Casino“ eröffnet, das aus einem Tisch bestand, an dem wir jeden Tag Poker um Geld, manchmal viel Geld, gespielt haben.

Insgesamt gab es wenig Stühle für die vielen Männer, die dort auf dem Hof waren, das heißt, du musstest viel stehen, es sei denn, du hast dir einen Stuhl klargemacht. Es gab eine Wäscherei, es gab zwei kleine Cafeterias, und die Insassen, die ein bisschen mehr Geld und Kontakte hatten, rissen sich diese kleinen Geschäfte unter den Nagel und finanzierten sich damit. Jeder hat irgendwie versucht, etwas zu verdienen, weil das nun mal der Schlüssel zu allem war. Wenn du kein Geld hattest, warst du ganz schön am Ende. Also, du konntest schon überleben, aber mehr auch nicht. Es gab im Knast daher für alles Dienstleister, die damit ihr Geld gemacht haben, dass sie Haare schnitten, backten, wuschen, putzten. Und natürlich Drogen vertickten. Auch mit Zigaretten wurde viel gehandelt. Aber die Hauptwährung waren die Telefonpins im Wert von 3000 oder 5000 Pesos. Bargeld gab es auch ein bisschen, aber wenig, denn wenn das die Aufseher fanden, war es weg.

Ansonsten funktionierte das Geldsystem so: Es gab Leute, die draußen vor dem Gefängnis warteten und wenn samstags die Männerbesuche und sonntags die Frauenbesuche anstanden, reservierten sie Plätze in der Schlange und gaben den Leuten Sachen mit, die bei ihnen „vorbestellt" worden waren. Oder sie kamen selbst am Samstag rein und verkauften im Knast Sachen. Sie fungierten auch als eine Art Bank.

„Mein" Mann da draußen war Don Camilo. Und mit ihm lief das so: Ich kontaktierte ihn telefonisch und schickte ihm Geld über ein System namens „Servientrega" – das ist so was wie Western Union oder Klarna, nur eben in Kolumbien. 400000 Pesos habe ich jeden Monat von der deutschen Botschaft bekommen, das sogenannte Auslandssträflingsgeld, was etwa 100 Euro entspricht. Damit habe ich mir dann auch ein Smartphone zugelegt. Ich hatte draußen noch etwas Geld, das ich Andreas zukommen lassen habe und seine Sekretärin Melissa war so nett, sich für mich darum zu kümmern. Sie hat zum Beispiel meine Telefon-Prepaidkarte aufgeladen und eben die Geldsendungen an Don Camilo veranlasst. Ein anderer treuer Freund, der mir in dieser Lage half, war Alejandro. Alejandro hatte ich während der Renovierungsarbeiten in meiner Disco kennengelernt. Er hatte eine Tischlerei und viele der Möbel in meinem Club hergestellt. Wir waren gute Freunde geworden und hatten viel Zeit miteinander verbracht.

Er war immer für mich da, einer der wenigen, die auch an meiner Seite geblieben sind, als ich pleite war und alle anderen verschwunden sind.

Als ich im Knast saß, musste ich nur einen Anruf machen und Alejandro hat mir Hilfe geleistet. Hat meine Prepaid-Karte fürs Handy aufgeladen oder andere Dinge für mich getan, die ich nicht von drinnen regeln konnte. Ein sehr treuer Freund einfach.

Don Camilo hatte also eine Million Pesos von mir da liegen, und dann habe ich ihm geschrieben: „Don Camilo, bitte zahl 40000 Pesos an den Bäcker und 10000 Pesos an den Friseur." Und er hat dann 10 Prozent von jeder Transaktion genommen.

Natürlich hatte ich keinerlei Absicherung für das Geld, das bei Don Camilo lag. Das lief alles auf Vertrauensbasis. Im Gefängnis beruhte alles auf dem Wort. Dein Wort war das Wichtigste überhaupt. Dir wurde alles genommen, aber du hattest noch eines, und das war dein Wort. Ein Knast-Spruch in Kolumbien war: „La palabra es una", also „das Wort ist eins" oder besser auf Deutsch übersetzt mit: „Ein Mann, ein Wort". Steht ja auch schon in der Bibel: „Es sei aber eure Rede: Ja, ja! Nein, nein! Was darüber ist, das ist vom Bösen" (Matthäus 5,37).

Das war sehr wichtig im Gefängnis. Wenn die Leute merkten, dass du dein Wort gehalten hast, dann wurdest du ernstgenommen und hattest ein gutes Standing. Aber wenn sie sahen, du bist so ein Heiopei, ein Schnacker, dann konntest du schwere Probleme bekommen. Letztendlich lief ja alles „auf Krise", wie man in der Szene sagen würde, also auf Kredit. Die Zulieferer draußen mussten sich auch größtenteils darauf verlassen, dass die Häftlinge bezahlten, was sie angefordert hatten. Wenn du zum Beispiel deine Sachen von deinem Lieferanten bekommen hattest und er fragte: „Wann bezahlst du das?" Und du sagtest: „Ende der Woche", dann musste es auch Ende der Woche bezahlt sein.

Ich habe immer mein Wort gehalten. Das ist vielleicht auch der einzige Grund, warum ich noch am Leben bin. Oder nein. Heute weiß ich: Der Grund, warum ich noch am Leben bin, ist, dass Gottes Gnade einfach größer war als all mein Versagen.

✝

Wir verbrachten viel Zeit mit Pokerspielen. Um 17 Uhr mussten wir eigentlich alle in unseren Zellen sein und der Trakt wurde abgeschlossen. Das heißt, keiner kam mehr auf den Hof. Aber es gab zwischen den Pasillos einen Gang, und wenn ein bestimmter Aufseher vom roten Kommando Dienst hatte, der auch gerne Poker spielte, ließ er uns aus den Trakten raus und wir bauten unseren Pokertisch in diesem Zwischengang auf. Jeder gab ihm 10000 Pesos und dann haben wir mit ihm zusammen gezockt, manchmal bis 4 oder 5 Uhr morgens. Spätestens um 5 Uhr mussten wir in unsere Zellen, weil es um 6 Uhr wieder zur Contada ging. Es gab auch die Möglichkeit, nicht zur Zählung zu gehen – natürlich auch eine Geldfrage. Wenn du dem zuständigen Aufseher 5000 Pesos zugesteckt hast, konntest du in der Zelle liegenbleiben und dann hat er dich da gezählt. Es gab Zeiten, in denen wir jede Nacht gepokert haben und ich einfach schon pauschal dem Wärter 100000 gab und sagte: „Lass mich diesen Monat in Ruhe."

Eigentlich musste man am Nachmittag Hofdienst machen, also fegen und putzen, aber natürlich konnte man auch da jemanden dafür bezahlen. Es hat mich 10000 im Monat gekostet, die dann dem armen Menschen, der meinen Hofdienst übernahm, vielleicht eine vernünftige Mahlzeit ermöglicht haben.

Natürlich war es verboten, einen Tauchsieder, Handys, Drogen oder sonstwas zu besitzen. Deshalb musste man das Zeug immer gut verstecken. Alle paar Tage gab es Durchsuchungen, bei denen 50 Aufseher unangemeldet in den Hof oder manchmal gezielt in einen Trakt stürmten und alles auseinandernahmen. Diese Durchsuchungen waren wirklich heftig. Die Wächter stellten die ganze Zelle auf den Kopf, schlitzten Matratzen auf und schlugen manchmal sogar Wände ein, weil sie wussten, dass die Verstecke überall sein konnten. Sie suchten nach Handys, nach Waffen, nach Geld, nach Drogen. Dann ging es natürlich in den Höfen immer richtig ab.

Um sich vor diesen Überraschungsdurchsuchungen zu schützen, hatte jeder Hof seinen Campanero, einen Häftling, der Wache schob. Meistens war das einer von den Jüngeren. Auch die bekamen Geld dafür, dass sie ab 17 Uhr die ganze Nacht mit einem Spiegel am Eingang saßen, den sie so hielten, dass sie den Hauptflur des Zentralkreuzes sehen konnten. Und wenn derjenige mitkriegte, dass eine große Truppe Wachleute anmarschiert kam, brüllte er: „Mario Grande! Mario Grande!", also „großer Mario", warum auch immer diese Durchsuchungen so hießen. Dann rannten alle los wie aufgescheuchte Ameisen und versteckten ihre Sachen oder schmissen sie in den Hof. Ein Riesen-Tohuwabohu.

Keiner wollte mit etwas erwischt werden, denn abgesehen davon, dass die teuer erkauften Sachen dann weg waren, bekam man ein Disziplinarverfahren. Und das wiederum konnte bedeuten, dass man nicht mehr wegen guter Führung auf Bewährung entlassen werden konnte. Das wäre richtig übel gewesen, denn unter Umständen konnte man schon nach zwei Dritteln der Haftstrafe rauskommen. Und es macht wirklich einen sehr großen Unterschied, ob du sechs Jahre sitzt oder vier.

Wenn ein Aufseher trotz aller Vorsichtsmaßnahmen bei dir was gefunden hat, zum Beispiel ein Handy, wollte er natürlich Geld dafür haben, dass du keinen Eintrag bekommst. Und dann verkaufte er das Handy am nächsten Tag an jemand anderen. Insgesamt ein Top-System, das sicher zu viel Besserung bei den Insassen führt. (Achtung, Ironie!)

Im Grunde sind die Aufseher einfach nur weitere Kriminelle im Kreislauf des Systems. Und natürlich saß in La Modelo auch der eine oder andere Wächter, der irgendwo anders wegen Korruption hochgenommen worden war. Viele Aufseher haben aber auch außerhalb des Knasts Probleme bekommen. Denn woran sie nicht immer gedacht haben, war, dass die Inhaftierten oftmals auf der Straße noch ihre Leute hatten. Und so konnte es passieren, dass Aufseher erpresst, verprügelt oder erschossen wurden.

Ich hatte ein Handy, ein kleines Nokia mit einer SIM-Karte, und auch ein Smartphone, das ich mir mit einem anderen Häftling geteilt habe. Für so etwas musste man ein sehr gutes Versteck haben, ansonsten waren die Dinger ganz schnell weg. In der Zelle 37 hatte ich ein geniales Versteck: Hinter einer Kachel, die man abnehmen konnte, war ein vielleicht 20 Zentimeter großes Loch. Das allein wäre noch kein tolles Versteck gewesen, denn eine abnehmbare Kachel hätte jeder Wächter entdeckt. Aber hinter und unter dem Loch war ein großer Hohlraum nach unten. Und wenn man etwas direkt unten an der Wand des Hohlraums versteckte, konnte man nichts davon sehen, selbst wenn man da mit der Taschenlampe reinleuchtete. Ich habe mein kleines Nokia-Handy immer, wenn ich es nicht benutzt habe, in eine Socke eingeknotet und dann an einer Schnur mit einem kleinen Haken dran in das Loch heruntergelassen. Beziehungsweise reingeschmissen, wenn es bei einem „Mario Grande" schnell gehen musste; wenn ich es dann wieder rausholen wollte, habe ich mit meiner Hakenschnur danach geangelt. Das dauerte manchmal eine Weile, aber es hat ganz gut funktioniert.

Die SIM-Karte war eigentlich noch viel wichtiger als das Handy. Telefone konnte man immer wieder neu besorgen, aber die SIM war letztlich mein Kontakt zur Außenwelt und wäre schwer zu ersetzen gewesen. Deshalb hatte ich die Karte nie im Handy, wenn ich es nicht benutzte, und versteckte sie auch nicht zusammen mit dem Handy, sondern immer am Mann. Wenn es Durchsuchungen gab, lief es auch oft so, dass wir alle raus in den Hof geschickt wurden. Dann mussten wir uns ausziehen und wurden durchsucht – und zwar ziemlich gründlich, wenn man versteht, was ich meine.

Die SIM-Karte versteckte ich bei diesen Gelegenheiten an dem einzigen Ort, wo wirklich niemand geguckt hat, nämlich hinter meiner Vorhaut. Und tatsächlich wurde sie nie entdeckt.

Oft wurden wir auch von den Wächtern mit lautem Alarm mitten in der Nacht aus dem Bett gescheucht und auf den Hof gebracht, gezählt und gefilzt. Meistens dann, wenn der Verdacht auf einen Ausbruchsversuch aufgekommen war. Oftmals war es aber auch einfach nur, um uns zu schikanieren und zu „therapieren", deswegen wurden diese Maßnahmen von uns Häftlingen zynisch „terapia" genannt.

✝

Nach und nach lernte ich immer besser zurechtzukommen. Man ist eben mit einem Haufen Verbrecher da drin, mit Mördern, Narcos, Vergewaltigern, Betrügern, Kidnappern und Dieben, die den Knast als Kontaktbörse für ihre weitere „berufliche" Laufbahn nutzten. Eigentlich war das Gefängnis die reinste Universität für Verbrecher. Und ehrlich gesagt waren das auch meine Gedanken: Ich mach hier drinnen noch richtig viele Kontakte, und dann komme ich hoffentlich schnell raus und kann geschäftsmäßig richtig loslegen.

Beim Pokern machte ich ein bisschen Geld, aber ich gab auch viel aus, da ich selbst Koks zog. Im Hof 4 lernte ich jemanden kennen, mit dem ich mit meinem Socken-und-Schnur-System Transaktionen durch die Fenster-Gitterstäbe zum Hof 4 machte. Er besorgte mir 20 Gramm pro Woche, die ich dann in unserem Hof vertickte, hauptsächlich an die Spanier, die waren ordentlich drauf. Irgendwann gab es dann mal eine ganz krasse Durchsuchung und da muss auch jemand den Aufsehern einen Tipp gegeben habe. Sie rissen die Wand mit meinem schönen Versteck ein. Ich hatte in dem Moment zum Glück alles verkauft gehabt. Danach ließ ich das Dealen dann lieber bleiben, um mir kein mieses Disziplinarverfahren einzuheimsen.

Von den rund 900 Leuten im Hof 3 waren rund 120 Spanier, meist irgendwelche armen Schlucker, die als Mula losgeschickt worden waren. Die zweite große Gruppe waren Mexikaner, das waren sicher 50. Einige davon ebenfalls Mulas, aber auch einige wichtige Kontaktmänner der großen Kartelle. Einer war ein zwei Meter großer Kerl namens Luis, der für ein Kartell Geld geschmuggelt und mit drei Millionen US-Dollar in Cash am Flughafen gebustet worden war. Ein anderer hieß Dario und war ein Mitglied des Kartells „Nueva Generación Jalisco" in Guadalajara. Einer wurde „Profe" genannt, also Trainer, er leitete das Gym im Hof und war mal mexikanischer Meister im Bodybuilding gewesen. Dann kamen die Venecos, also die Venezolaner, meistens irgendwelche Straßengangster. Die meisten hatten Kokain geschluckt und mussten das dann im Krankenhaus mit Hilfe von Abführmitteln alles auskacken. Außerdem gab es noch einige aus der Dominikanischen Republik, die viel Stress machten, aber mit denen ich cool war; ein paar Italiener, von denen einer behauptete, er sei von der Camorra. Einige Rumänen und Israelis. Ein paar Peruaner und Brasilianer. Wenige Holländer und Amerikaner und zwei Deutsche - Klaus und ich - sowie einen Österreicher. Einer der Holländer namens Brownie wurde ein guter Freund, ebenso wie der Mann, mit dem ich mir das Smartphone teilte, Lemar, ein Amerikaner aus Atlanta. Er war bei der Navy gewesen und mit 6 Kilo Stoff im Koffer hochgenommen worden. Seine Story war in den Nachrichten aller kolumbianischen Fernsehkanäle gewesen und kam später groß als Doku auf BBC: „Banged up abroad". Wir waren ganz dick miteinander und sind auch heute immer noch eng im Kontakt.

Mit uns saßen aber auch große Capos. Einer war ein „Capo invisible", ein „unsichtbarer Capo", ein hohes Tier von den Rastrojos. Er wurde einfach nur „Don R" genannt und hatte einen Auslieferungsantrag aus Holland, weil er wohl mehrere Tonnen in einem U-Boot an die Küste Hollands und von da nach und nach ins Land gebracht hat. Er war ein Freimaurer, wie er mir erzählte, das erste Mal, dass ich davon gehört habe.

Was im Knast auch viel gemacht wurde, war selbst alkoholische Getränke herzustellen. Teilweise wurde mit 100% Alkohol rumgepanscht, wovon einige fast erblindet sind. Darauf hatte ich natürlich gar keinen Bock. Aber zum Wimpy gab es immer so einen ekligen Pseudo-Fruchtsaft, Guave oder Tomate de Arbol. Den füllten wir in Plastik-Colaflaschen aus dem Kiosk um, gaben Mais und Zucker dazu, dann wurde die Flasche zugedreht und liegengelassen. Wenn man sie dann eine Woche später ein bisschen aufmachte, war schon ordentlich Druck drauf. Und nach einem Monat hatte man dann etwas, das Chicha genannt wurde und schon ganz schön reinhaute.

Inzwischen war John, ein Afro-Kolumbianer, der Häuptling unseres Hofs geworden. Er war ein hochrangiger Polizist gewesen, dem Mord vorgeworfen wurde. Wie ich war er Bodybuilder und auch eine ziemliche Maschine. Er hatte sich das Gym in unserem Hof unter den Nagel gerissen, wo ich jeden Tag trainierte. Im ganzen Hof war ich der Breiteste und stemmte die meisten Kilos. John sah das und wollte ab da immer mit mir trainieren. Wir verstanden uns gut und so hatte ich einen guten Stand im Hof. Er führte auch das „Comité de la buena convivencia“ (Ausschuss für gutes Zusammenleben), zu dem die stärksten, seriösesten und am besten aufgestellten Männer gehörten, um den Hof zu schützen. Bald gehörte ich auch dazu.

Ich verpasste in der Zeit die diamantene Hochzeit meiner Großeltern, ich verpasste die Hochzeit meines alten guten Freundes Jan aus Hamburg. Aber ich verdrängte all das, so gut ich nur konnte. Weil ich Angst hatte, dass ich durchdrehen würde, wenn ich mir vor Augen hielt, dass das Leben gerade komplett an mir vorbeiging. Und weil ich mich darauf konzentrieren musste, hier zu überleben. Denn auch, wenn ich inzwischen ein ganz gutes Standing hatte, wurde mir spätestens bei meinem täglichen Aufenthalt in der Krankenstation, wo ich für meine Füße Krankengymnastik machen musste, wieder deutlich vor Augen geführt, was alles schiefgehen konnte. Denn wirklich jeden einzelnen Tag wurden da Leute an mir vorbeigezerrt, die angestochen worden waren. Wenn sie Glück hatten, konnten sie noch auf ihren eigenen Füßen hereinkommen.

Es gab wie gesagt keine Sträflingskleidung wie diese orangen Overalls in den USA, sondern jeder trug die Klamotten, die er hatte. Man konnte sich auch Sachen von draußen besorgen. Ich habe mir von Oscar einige meiner Sachen sowie Trainingsklamotten fürs Fitnessstudio reinbringen lassen. Am Samstag und am Sonntag bei den Besuchstagen hat man sich dann bestmöglich rausgeputzt.

Auf diese Tage haben sich alle immer tierisch gefreut. Samstags kamen die Freunde, die Väter oder die Brüder der Insassen zu Besuch. Oscar hat mich anfangs ein paarmal besucht. Aber als ihm dann klar wurde, dass ich doch nicht so schnell rauskomme wie geplant, hat er sich nicht mehr gemeldet. Und, wie ich später erfuhr, alle meine Klamotten, die in meinem Koffer waren, verkauft. Schade um eine Freundschaft, die leider so kaputtgegangen ist.

Aber auch wenn man keinen Besuch bekam, war es ein guter Tag, weil man sich von draußen gutes Essen besorgen konnte. Es wurde leckeres Brathähnchen draußen verkauft, was wir uns mitbringen ließen. Und es gab eine ältere Dame, Mercedes hieß sie, die – gebrieft von Don Camilo und Co – für die Häftlinge Essen vorbereitete und reinbrachte. James und ich haben bei ihr immer ordentlich bestellt: Gambas, Fleisch und dies und das. Sie kam von der Karibikküste und kochte wirklich sehr gut.

Der Sonntag, der Besuchstag der Frauen und Kinder, war dann wirklich der absolut heiligste Tag. Da mussten sich alle zusammenreißen. Niemand durfte irgendwie Drogen nehmen, sonst gab es richtig auf die Eier. Die Kinder und Frauen sollten einfach nicht sehen, was sonst da drin passierte, und vor allem wollte niemand die Besuchsgenehmigung gefährden. Der Frauentag bedeutete auch, dass du mit deiner Frau oder Freundin in deine Zelle gehen und dort Dinge veranstalten konntest. Sonntags wackelte der ganze Knast, weil da so viele Menschen waren und zu wenige Zellen. Teilweise haben sie auf dem Hof Seile gespannt und dann Decken darüber gehängt, um mit einem Hauch von Privatsphäre Sex zu haben.

Die Besucherinnen konnten frühestens um 9 rein und mussten um 15 Uhr das Gefängnis verlassen. Und entsprechend krass war dann auch der Andrang vor dem Knast. Die Schlangen, die sich bei 10000 Häftlingen bildeten, kann man sich vielleicht vorstellen. Es war eine Katastrophe. Manche Frauen haben sogar vor dem Gefängnis gezeltet, um sonntagsmorgens die Ersten zu sein. Und dann gab es natürlich auch wieder einen regen Handel mit den Positionen. Ich hatte ja zu der Zeit meine Freundin Elisabeth, mit der ich gerade erst etwas angefangen hatte. Wenn sie mich besuchen wollte, schickte ich Don Camilo 50000 Pesos und er besorgte ihr einen Platz unter den ersten 100, die reinkamen. Die Frauen wurden vom Gefängnispersonal oft sehr demütigend behandelt und betatscht, wenn sie durchsucht wurden. Elisabeth war gerade erst 18 Jahre alt, ein sehr hübsches, intelligentes und liebes Mädchen. Sie hat mich anfangs mehrmals in Bogotá besucht. Damals begann ich aus Gründen, die ich gleich noch näher beschreibe, vielleicht zum ersten Mal nicht nur an mich selbst zu denken, sondern auch an die Menschen in meinem Umfeld. Ich wusste nicht, wie lange ich sitzen würde. 8 bis 12 Jahre waren mir gelesen worden, und vielleicht würde es am Ende weniger werden – vielleicht aber auch nicht. Bezüglich des Plans mit der Bestechung der Laborleute hatte ich noch nichts von meinem Anwalt gehört außer Beschwichtigungen. Im schlechtesten Fall hätte Elisabeth also jahrelang auf mich warten müssen. Und zu der Zeit war ich ehrlich gesagt noch so drauf, dass für mich klar war: „Wenn ich rauskomme, dann drehe ich richtig durch, was Geschäfte angeht.

Und auch in Sachen Frauen, denn die verlorene Zeit muss ich ja wieder aufholen."

Jedenfalls dämmerte mir, dass es nicht fair war zu erwarten, dass Elisabeth auf mich wartete und in ihrem Leben total eingeschränkt wurde. Auch gab mir zu denken, was Mithäftlinge mir sagten: „Wenn sie nicht deine Frau ist oder eine langjährige Freundin, die das wirklich mit dir durchsteht, dann gib dir das nicht. Denn viele Frauen halten es dann eben doch nicht aus und suchen sich einen Typen draußen und dann leidest du wie ein Hund."

Und so habe ich bei einem ihrer Besuche zu ihr gesagt, dass ich denke, es ist das Beste für sie, wenn wir Schluss machen. Sie war sehr traurig und ich auch. Aber ich glaube wirklich, dass es besser so war.

# EIN STÜCK HIMMEL IN DER HÖLLE

Und dann geschah der wundervollste und heftigste Moment meines Lebens, der meine Welt um 180 Grad drehte.

An einem Morgen in der zweiten Woche meiner Haftzeit sind wir wieder mal in der Fünferreihe im Gefängnishof zur Zählung angetreten. Es war unangenehm kalt. Während ich da so rumstand, holten mich meine eigenen Gedanken und Gefühle ein, die ich sonst mit Pokerspielen und anderen Ablenkungen ganz gut verdrängen konnte. Zum ersten Mal in meinem Leben verspürte ich tiefe Hoffnungslosigkeit und ein Gefühl von Impotenz. Der absolute Tiefpunkt. Ich wusste, ich hatte mein Leben an die Wand gefahren. Was, wenn der Plan meines Anwalts nicht funktionierte und ich wirklich für 12 unvorstellbare Jahre in diesem Drecksloch festhing? Nie wissend, ob ich den nächsten Tag überlebte oder ob irgendwer vielleicht auf die Idee kam, dass es besser war, mich zu beseitigen. Oder wenn ich mir irgendeine Krankheit einfing? Eine Blinddarmentzündung oder so was wäre hier ein Todesurteil.

Und abgesehen von diesen elementaren Bedrohungen war es einfach ein dreckiges Lebensgefühl, nichts selbst entscheiden zu können. Nicht zu wissen oder beeinflussen zu können, was draußen passierte. Das Leben ging einfach komplett an mir vorbei. Eine furchtbare Verschwendung von Lebenszeit. Bei dem Gedanken, dass das 12 Jahre so weitergehen könnte, fühlte ich mich komplett lost. Eine dunkle Wolke der Verzweiflung senkte sich über mich.

In der Aula 1 liefen wie immer die Vorbereitungen für den evangelischen Gottesdienst, der jeden Tag nach der Zählung angeboten wurde. Und plötzlich spürte ich den ganz starken Drang, in diesen Gottesdienst zu gehen. Das kam für mich total überraschend, weil Glaube und Gott zu dieser Zeit wirklich überhaupt kein Thema in meinem Leben waren.

Aber jetzt war da dieser Drang, fast schon Zwang, wie ein inneres Ziehen. Ich gab dem Ziehen nach und ging hin. Die Aula war bei den Gottesdiensten immer gerammelt voll, daher stellte ich mich in die hinterste Reihe. Vorn stand ein Mithäftling, Duvan, der predigte, und ich habe wahrscheinlich das erste Mal in meinem Leben das Evangelium gehört, die frohe Botschaft vom Kreuz. Und während ich zuhörte, öffnete Gott mir mein Herz, sodass ich verstand, dass Jesus Christus, der Sohn Gottes, vor 2000 Jahren den Himmel verlassen hat und auf die Erde gekommen ist, um uns vor Augen zu führen, wie sein Vater, Gott, ist – nämlich voller Liebe zu uns Menschen, so sehr, dass er sogar bereit war, für uns am Kreuz zu sterben, um so unsere Schuld zu bezahlen und die Strafe zu tragen, die uns hätte treffen müssen. Und dass er am dritten Tag vom Tod wieder auferstanden ist und uns verspricht, dass wir nicht verloren gehen, sondern ewiges Leben haben, wenn wir an ihn glauben. Er ist da, wartet mit offenen Armen und zwar auch schon, wenn wir nichts von ihm wissen wollen, um uns bedingungslos zu lieben und anzunehmen, wie wir sind.

In dieser Situation dort im Gefängnis hat mich die Hoffnung des Evangeliums voll erwischt: dass Gott, der Vater, mich annehmen würde, egal wie ich war, egal was ich getan hatte. Er wartete nicht darauf, mich zu richten oder zu verdammen, sondern er wollte mir vergeben und mich in seine Arme schließen. Egal wie weit weg ich von Gott gelebt hatte und wie viele Sünden ich auch gegen ihn begangen hatte, Gott würde mir Vergebung schenken, wenn ich vor ihn treten und ihn darum bitten würde. Dass ich diesen einen Schritt hin zu ihm wagen musste und dann meine Sünden vergeben waren und ich ewiges Leben in Jesus haben würde, weil er den Tod besiegt hatte. Was für eine Hoffnung, dass der

Tod nicht das letzte Wort hatte und das Grab nicht der letzte Ort sein sollte.

Als ich das hörte, wurde mir klar, dass Jesus der Einzige war, der mir helfen konnte – aus meiner jetzigen dreckigen Situation im Gefängnis, aber auch aus meinem Zustand gegenüber Gott, nämlich verloren zu sein und vor ihm nicht bestehen zu können. Und dann tat ich das Ehrlichste, was ich tun konnte. Ich ging auf die Knie und sagte: „Jesus, ich möchte dich kennenlernen als diesen Retter, der du bist. Ich habe dieses Leben komplett vergeigt und an die Wand gefahren. Ich will nicht mehr mein eigenes Ding leben und vor dir weglaufen. Ich kehre um zu dir, gebe dir mein Leben und mache von jetzt an, was du sagst."

Und dann habe ich Jesus gebeten, in mein Leben zu kommen und mein Herz neu zu machen. Ich habe mich ganz fallen lassen in seine Arme und habe ihn um Vergebung gebeten für alle meine Sünden. Und sofort hat er mir viele der Sachen, die ich verbockt habe, vor Augen geführt und mir aufs Herz gelegt, wofür ich Buße tun musste. Ich habe um Vergebung gebeten für den ganzen Drogenschmuggel, ich habe um Vergebung gebeten für jeden Einzelnen, dem ich Gewalt angetan hab, ich habe um Vergebung gebeten für das, was ich meinen Eltern jahrelang angetan habe, für dieses Leid, das sie so beeinträchtigt hat, weil ihr Sohn diesen Weg gegangen ist. Ich habe auch Gott selbst um Vergebung gebeten dafür, dass ich ihn mein ganzes Leben lang ignoriert hatte.

Auf einmal sind so viele Sachen auf mich eingeströmt. Es ging gar nicht mehr so sehr um mich, sondern auch um all das um mich herum, was schieflief, so als ob ich einen kurzen Einblick in Gottes Perspektive bekommen und sehen würde, wie sehr es ihn betrübte, was die Menschen alles an Mist bauen und einander antun. Und ich habe einfach geheult und geheult und geheult wie ein kleiner Junge. Aber es war ein erleichtertes Weinen, ein reinigendes, gutes Weinen. Es war ein wortwörtlich lebensverändernder Moment, in dem ich förmlich gespürt habe, wie Frieden in meinem Herzen einzog. Ein Moment, in dem ich erfüllt war wie noch nie. Ich hatte das Gefühl: „Gerade bin ich zu Hause angekommen. Ich bin in meinem Heimathafen eingelaufen und meine Seele ist frei."

Es war der Wahnsinn. Eine riesige Last war von meinen Schultern gefallen, obwohl sich die Situation an sich nicht geändert hatte. Ich saß immer noch auf Knien in der Aula 1 im gefährlichsten und größten Gefängnis Kolumbiens. Aber meine Perspektive hat sich auf einmal komplett umgekehrt. Statt Hoffnungslosigkeit hatte ich neue Hoffnung, statt Stress Frieden, statt Hass Liebe in mir. Und irgendwie spürte ich auch sofort so ein Grundvertrauen, dass alles gut werden würde. Und was am allerwichtigsten war: Ich wusste, ich habe Frieden mit Gott, mir war vergeben worden. Dieser ganze Dreck, den ich in meinem Leben getan habe, wurde mir verziehen und ich konnte von vorne anfangen. Eine zweite Chance.

✝

Von da an ging ich jeden Tag nach der Zählung zu diesem Gottesdienst. Außer Duvan, der eine Pastorenausbildung hatte und oft gepredigt hat, gab es auch noch andere Häftlinge, die zum Glauben gefunden hatten. Weil wir alle das Gefühl hatten, sozusagen von Gott adoptiert worden zu sein in seine große Familie, waren das jetzt meine Brüder. Wir haben viel gemeinsam in der Bibel gelesen und gebetet, und ich habe jeden Tag mehr über Gott gelernt. Ich habe auch selbst angefangen zu beten, und auch wenn das nicht so die geschliffenen Gebete waren – es war ehrlich und fühlte sich total vertraut an, obwohl es ganz anders war als alles, was ich kannte. Sicher, ich hatte auch früher schon Stoßgebete zum Himmel geschickt, wenn ich ein Problem hatte. Wohl jeder betet irgendwann mal zu Gott, auch wenn er nicht gläubig ist. Aus der Not heraus werden oft Gebete von Menschen gesprochen, die nur schnell ihre Probleme loswerden wollen. Genauso war es bei mir gewesen: Ich wollte, dass meine Notlage abgewendet wurde, hatte aber nicht das geringste Interesse an Gott. Nun aber hatte ich verstanden, dass ich geistlich verloren gewesen und dass Jesus meine einzige Hoffnung war. Und je mehr ich über ihn erfuhr, desto mehr wollte ich wissen. Nun betete ich zu ihm, weil ich mit ihm Zeit verbringen wollte.

Meine erste Bibel war auf Spanisch, es war eine von denen, die im Gefängnis kostenlos verteilt wurden. Ich habe einfach erstmal vorne angefangen und Gott gebeten, dass er mir hilft zu verstehen. Alles, was ich da las, hat mich zutiefst beeindruckt. Alles ergab plötzlich Sinn!

Ich merkte, wie ich nach und nach anfing, mich von innen heraus zu verändern. Alle Masken im Umgang mit meinen Mitgefangenen fielen. Bisher hatte ich vor jedem Menschen, mit dem ich zu tun hatte, eine andere Maske getragen: Vor meinen Eltern, meinen Mannschaftskollegen beim Fußball, den Leuten aus der Szene, den Frauen ... Jetzt hatte ich nicht mehr so stark das Bedürfnis, mein wahres Ich zu verstecken. Darin lag eine so große Freiheit, einfach ich selbst sein zu können. Das merkte ich aber erst jetzt so richtig, als ich es zu leben begann.

Mein ganzes bisheriges Leben lang war es mir immer am wichtigsten gewesen, den Respekt der anderen zu haben. Dabei habe ich den Unterschied nicht gecheckt zwischen „jemanden respektieren" und „jemanden fürchten", mit dem man aber eigentlich nichts zu tun haben will. Wenn derjenige eine Schwäche zeigt, wird er angegriffen – im Prinzip so, wie es auch im Tierreich läuft: Der Stärkste gewinnt. Aber so hart, wie du auch zu sein meinst, es gibt immer einen Härteren, der bereit ist, noch weiter zu gehen. Wo soll da die Grenze sein? Jetzt begann ich langsam zu sehen, wieviel schöner es war, dafür respektiert zu werden, etwas Gutes zu bewirken.

Mir wurde bewusst, dass man das erntet, was man gesät hat. „Cada quien recoge lo que siembra", zu Deutsch: „Jeder erntet, was er sät.“ Dieses Tattoo nach Galater 6,7 habe ich mir 2011 in La Modelo von einem spanischen Mithäftling stechen lassen. Der hatte sich aus Stiften und kleinen Motoren ein Tätowiergerät selbst gebaut und sich Tattoo-Tinte reinbringen lassen.

Zu dem Zeitpunkt habe ich angefangen, Träume zu haben, die aus meiner Sicht nicht einfach nur normale „Verarbeitungsträume“ waren, sondern eine andere Dimension hatten. Durch die Gott mir etwas sagen wollte, wie es auch in der Bibel beschrieben wird. Kurz nach meiner Bekehrung habe ich die Geschichten von Samuel und Elia gelesen. Das hat mich sehr beeindruckt und in einer Nacht hatte ich einen Traum, dass ich einen Sohn haben werde und dass ich ihn Elias nennen sollte.

Dann erinnere ich mich an noch einen Traum, in dem ich auf einem grün-braunen, ziemlich ekligen Gewässer mit einem kleinen Bananenboot unterwegs war. Ich paddelte, und von links nach rechts kamen Mantas geflogen, diese Rochen mit dem giftigen Stachel, und wollten mich stechen. Aber irgendwie konnte ich sicher an einen Felsen schippern. Ich krabbelte hinauf und stand dann dort auf dem Felsen. Die Rochen sind trotzdem noch herumgeflogen, aber irgendwie hatte ich so ein sicheres Gefühl dort auf dem Felsen. Ich wusste, dass mir nichts passieren würde, das war für mich ganz klar. Ich hatte gerade in der Bibel gelesen, dass Jesus mein Fels ist, und wenn ich auf ihm stehe, dann wird mir nichts passieren. Egal ob Stürme kommen, ob „Stachelrochen“ kommen oder ich durch ungemütliche Gewässer schippern muss – ich kenne den Felsen und auf ihm stehe ich sicher.

Und es ist tatsächlich so, dass mir in dieser ganzen Haftzeit kein Leid zugefügt wurde. Die einzigen Kratzer, die ich abbekommen habe, sind beim Fußballspielen passiert. Es gab Momente, wo ich mal Kopf an Kopf mit jemandem stand und wo es fast ausgeartet wäre. Oder Situationen, wo es vielleicht gefährlich hätte werden können. Aber es ist nie etwas passiert. Ich habe einfach gemerkt, dass Gott wirklich bei mir ist und dass alles gut werden wird.

Natürlich stand ich ganz am Anfang und Gott hatte noch jede Menge an mir zu arbeiten. Ich habe immer noch hier und da mal einen Joint geraucht, gekokst und Poker gespielt und auch noch was mit Frauen gehabt. Duvan, der Prediger, und auch andere meiner neuen Brüder im Glauben wiesen mich zwar darauf hin, dass das nicht gut war, aber ich hatte einfach noch gar keine Peilung und noch einen langen Weg vor mir. Das ist bei jedem Menschen ein Prozess – die Bibel nennt das Heiligung –, dass man Stück für Stück von innen heraus von Gott verändert wird. Deswegen würde ich nicht sagen „Ich habe mich verändert", sondern tatsächlich war es Gott, der mich veränderte. Wir selbst würden das nicht schaffen. Und obwohl wir immer wieder fallen und straucheln, dürfen wir wissen, dass Gottes Gnade immer viel größer ist als unser Versagen. Dass er uns bedingungslos liebt und immer treu zu uns hält, obwohl wir so oft untreu sind. Das glauben zu dürfen, macht frei, wirklich frei!

✝

Regelmäßig kam Pastor Henry ins Gefängnis, ein etwas älterer, sehr lieber Mann mit einer fundierten theologischen Ausbildung, der im Gefängnisdienst tätig war. Er bot einen Jüngerschaftskurs an. Das heißt, er hat den Leuten, die sich dafür entschieden hatten, mit Jesus zu gehen – genau wie seine Jünger damals –, die Grundlagen des christlichen Glaubens erklärt. Der Kurs ging über mehrere Wochen, und wer wollte und sich bereit fühlte, konnte sich danach taufen lassen. Die Taufe ist ein uraltes Sinnbild für eine geistliche Neugeburt: Man lässt sich im Wasser untertauchen und wieder herausheben – das symbolisiert, dass man sich mit Jesus, in seinem Tod und seiner Auferstehung eins macht, dass man für sein altes Leben mit all seinem Dreck und seinen Traumata gestorben ist, dass all die Sünde und die Fehler von einem abgewaschen werden und etwas ganz Neues beginnt.

Ich war zwar als Baby getauft worden, aber das bedeutete mir nichts, ich konnte mich ja nicht mal dran erinnern. Für mich war jetzt aber ganz klar: Ich wollte getauft werden, ich wollte meine Entscheidung für ein Leben mit Gott und für einen Neuanfang für mich selbst und auch vor allen anderen ganz klar und deutlich machen. Ich wollte vor der sichtbaren und unsichtbaren Welt bezeugen, dass ich nun zu Jesus gehörte.

Gemeinsam mit rund 20 anderen Häftlingen wurde ich getauft. In dem Lavadero, einem großen Bottich auf dem Hof, in dem normalerweise die Wäsche gewaschen wurde. Pastor Henry führte die Taufen durch. Die anderen Häftlinge stellten sich links und rechts an dem Weg zum Waschbottich auf und wir durften dann durch dieses Spalier gehen. Das war ein ganz besonderes Erlebnis, das ich nie vergessen werde.

Auch James Ariza, mein Zellengenosse und Freund, ließ sich taufen. In der Folgezeit haben wir oft in der Zelle zusammen gebetet, Bibel gelesen und auch zusammen über all das geweint, was wir in unserem Leben vergeigt hatten. Er war alleinerziehender Vater, sein Sohn war sieben und wuchs nun bei seiner Oma auf. James hatte mehr als 25 Jahre gelesen bekommen, er war mit 2000 Kilo erwischt worden. Doch wegen eines Formfehlers mit dem Verstreichen der Gerichtstermine musste er dann schließlich freigelassen werden. Dieser Formfehler hat ihn mehrere hunderttausend US-Dollar gekostet. Leider ist er nach seiner Entlassung wieder in seine alten Strukturen zurückgegangen und hat wieder mit Paramilitärs von dem Kartell an der Küste zusammengearbeitet. Als ich längst wieder in Deutschland war, hatten wir noch Kontakt und er schickte mir Fotos, auf denen er mit einer AK vor einem dicken Auto stand. Ein anderer Mithäftling, der auch mit uns wegen Drogenschmuggel in La Modelo saß, ein Iraner namens Ali, schickte mir dann irgendwann im April 2015 einen Zeitungsartikel, in dem es um eine Mordgeschichte ging. Darin stand: „Einer der Toten saß bis vor kurzem wegen Drogenschmuggels im Gefängnis und wurde mit einer Kugel im Kopf in Baranoa gefunden“ … und das war leider James. Das hat mich sehr traurig gemacht.

# NEUE HOFFNUNG

So verstrichen Monate. Wenn ich bei dem Anwalt anrief und fragte, ob es etwas Neues gäbe hinsichtlich des Plans mit dem Labor, hieß es immer: „Nein, aber das klappt schon."

Nach vier Monaten endlich brüllte der Typ von der „Audianza", der für die Ankündigungen zuständig war, über den Hof: „Aleman, Aleman! Komm runter, dein Anwalt ist da! Abogado!"

Ich wurde von einem Wächter durch das Zentralkreuz runter in den Tunnel gebracht, wo es zu einem kleinen Nebentunnel ging, in dem man sich mit seinem Anwalt treffen konnte. Da unten war es absolut stockdunkel und es stank wie die Pest, sodass einige Insassen Zettel anzündeten, damit es etwas Licht gab und der Gestank vom Rauch überdeckt wurde.

Da stand mein Anwalt dann vor mir an der Scheibe und ich merkte gleich, dass er sehr aufgebracht und nervös wirkte. Er sagte: „Ich weiß nicht, was passiert ist, aber die haben 550 Gramm aus dem Zeug rausgeholt, das in deinem Rucksack war. Anscheinend ist irgendwas durchgesickert. Tut mir wirklich leid!"

Ich war ziemlich geschockt in dem Moment, weil ich die ganze Zeit die Hoffnung gehabt hatte, dass der Plan funktionieren würde. „W-was heißt ‚rausgeholt'?", fragte ich nach, obwohl ich mir das schon denken konnte: Im Labor hatten sie die Base umgekocht und 550 Gramm Kokain rausbekommen. An irgendeiner Stelle war die Bestechungskette gescheitert und nun war ich geliefert.

Fairerweise sagte der Anwalt: „Du bekommst die 15 Mille zurück, und wenn du trotz allem möchtest, dass ich weitermache, habe ich noch eine andere Idee, was wir jetzt tun können."

Er schien wirklich ehrlich zu sein und er gab mir auch tatsächlich das Geld zurück. Dann erklärte er mir den neuen Plan: „Ich habe einen Freund, der Staatsanwalt hier in Bogotá ist. Wenn der Fall bei ihm landet, dann können wir da was drehen, damit du eine Strafmilderung bekommst. Aber zuerst müssen wir dafür sorgen, dass dein Fall wirklich zu ihm kommt. Es gibt zig verschiedene Staatsanwälte, und wir müssen die Menschen an der Stelle bestechen, die die Fälle jeweils zuteilt, damit die das in unserem Sinne machen. Und natürlich will der Staatsanwalt selbst auch Kohle sehen."

Dieser Plan gelang dann tatsächlich. Mein Fall landete bei dem richtigen Staatsanwalt und am 16. November 2011 schloss ich den Kompromiss mit dem Staatsanwalt: Ich gab zu, dass ich es getan hatte, und er änderte die Anklage von Drogenschmuggel auf versuchten Drogenschmuggel. Was eigentlich Quatsch war, weil ich ja am Flughafen schon über den Zoll rüber gewesen war. Dann forderte er mir ein Urteil zwischen 48 und 60 Monaten an. Bei der Verhandlung hat der Richter mich letztlich zu 50 Monaten verurteilt. Das war schade, denn wenn es 48 Monate gewesen wären, hätte ich noch eine Chance gehabt, sofort in den Hausarrest zu kommen, mit elektronischer Fußfessel. Aber das wollte der Richter wahrscheinlich nicht. Außerdem bekam ich noch eine Geldstrafe und die Auflage, dass ich 10 Jahre nicht nach Kolumbien einreisen dürfe.

Als ich in Handschellen mit zwei Polizisten an meiner Seite aus dem Gerichtsgebäude kam, wurden Fotos von mir gemacht, und dann erschien zwei Tage später ein Zeitungsartikel mit der Schlagzeile: „Condenado alemán por Narcotráfico", also: „Deutscher verurteilt für Drogenschmuggel", und so weiter. Das Foto sah ziemlich verbrechermäßig aus und insgesamt klang der Artikel so reißerisch, als wäre ich voll der Drogenboss. Der Artikel kam auch gleich auf der dritten Seite und war fast eine halbe Seite groß. Das ging natürlich in unserem Gefängnishof rum und die

Kolumbianer, die wirklich wegen großer Sachen saßen, haben sich darüber kaputtgelacht – so eine bombastische Überschrift mit großem Foto und dann liest man im Kleingedruckten: „... wurde mit 550 Gramm Kokain am Flughafen festgenommen." Das war für die natürlich echt ein Witz und sie wollten gar nicht mehr aufhören zu wiehern.

Insgesamt muss ich sagen, dass sich die Deutsche Botschaft einen Dreck um mich geschert hat – die haben mich einmal im Knast aufgesucht, und das wars, während die Kollegen aus Venezuela oder Spanien alle zwei Wochen von ihren Botschaftern besucht und betreut wurden. Aber in einer Sache haben sie mir geholfen: Sie haben ein gutes Wort für mich eingelegt, damit ich in ein Gefängnis in Medellín transferiert werde würde. In Bogotá kannte ich einfach kaum jemanden außer Oscar, der mich abgezogen hatte und sich nicht mehr blicken ließ. Und das Gefängnis war schlicht die Hölle auf Erden.

In Medellín kamen zwei Gefängnisse infrage. Einmal Bellavista in der Stadt Bello, die direkt an Medellín grenzt, das war ungefähr so übel wie La Modelo. Und ein kleineres Gefängnis in einer anderen Vorstadt, in Itagui. Und wirklich habe ich nach ein paar Wochen Bescheid bekommen, dass ein Gefängnistransfer nach Itagui für mich veranlasst worden sei. Normalerweise erfährt man aber nicht, wann es losgeht. Diese Info habe ich von einem Wächter bekommen, dem ich Geld gegeben habe, damit ich vorbereitet war. Ich hatte schon geklärt, wem ich meine Zelle geben würde, wer meine Sachen bekommen sollte und so weiter. Denn wenn der Audianza reinkam und nach der Nachmittagszählung schrie: „Traslado!", also Gefängnistransfer, ging es ganz schnell. In fünf Minuten musstest du deine Siebensachen zusammenpacken und weg warst du.

Ich hatte Tage zuvor Geld in meiner Jeans versteckt, um etwas am Mann zu haben, wenn der Transfer passierte. Ganz vorsichtig hatte ich die Fäden von dem Leder-Etikett meiner Levis-Jeans gelöst und zwei 50000-Pesos-Scheine reingeschoben. Und danach alles sorgfältig wieder zugenäht. Denn um rauszukommen, musstest du wieder durch den Tunnel in die Primaria und wurdest komplett gefilzt.

Irgendwann im April 2012 war es dann so weit, dass mein Name fiel: „Niels Petersen, Traslado ... Transfer." Eine Nacht musste ich noch in der Primaria schlafen und am nächsten Tag sollte dann der Transfer durchgeführt werden.

In dieser Nacht passierte etwas, was ich auch heute noch nicht richtig einordnen kann: Ein Mitgefangener, den ich noch nie gesehen hatte, sprach mich im Gemeinschaftsbad extrem freundlich, ja beinahe liebevoll an und sagte etwas zu mir, das ich nie vergessen habe: „Alles wird gut werden, dir wird nichts passieren und das hat alles bald ein Ende. Nicht mehr lange, dann bist du wieder bei deinen Liebsten. Egal was alles noch passieren wird in deinem Leben, vergiss nie: Jesus ist bei dir. Aber es wird nicht leicht werden."

Das war ein ganz besonderer Moment, durch den ich viel Kraft bekommen habe für das, was mich dann erwartete. Ich bin bis heute nicht sicher, ob der Mann vielleicht gar kein Mithäftling war, sondern ein Engel. Meinen neu gefundenen Glauben hat das jedenfalls noch mal richtig gestärkt.

Am nächsten Tag wurde ich von zwei INPEC-Mitarbeitern in Zivil mit dem Gefängniswagen zum Flughafen in Bogotá gefahren. Zurück auf Los, dachte ich, wie ich da so in Handschellen durchgezerrt wurde wie ein berüchtigter Drogenboss. Die Leute glotzten mich wirklich so an, als wäre ich ein Drogen-Capo auf dem Weg in ein Hochsicherheitsgefängnis in den USA. Aber ich ließ mich nicht beirren. Ich hatte einen Plan. Ich hatte diese 100000 Pesos nur aus einem einzigen Grund in meine Hose gepackt: Am Flughafen gab es einen Laden der kolumbianischen Fastfood-Kette El Corral. Ich liebte diese Hamburger und hatte mir schon seit Wochen vorgenommen, einen zu essen. Für mich war dieses Vorhaben ein Ding, aus dem ich viel Energie gezogen habe. Ein kleines Stück Selbstbestimmung in dieser ganzen komplett fremdgesteuerten Zeit.

Da wir noch Zeit hatten, fragte ich die zivilen Wächter, ob ich einmal auf Toilette dürfte. Einer begleitete mich hin, nahm mir die Handschellen ab und wartete direkt vor meiner WC-Kabine. Ich nutzte diesen Moment, um das Geld rauszufriemeln. Dann sagte ich zu den beiden INPEC-Leuten: „Ich würde euch gerne auf einen El Corral-Burger einladen."

Der eine wollte wissen, wo ich das Geld herhatte, aber ich habe ihm einfach die Scheine in die Hand gedrückt und gesagt: „Bestell drei große Menüs, den Rest behältst du." Und so habe ich also meinen El-Corral-Burger bekommen wie geplant.

✝

Vom Flughafen in Medellín waren es zwei Stunden Fahrt nach Itagui. Das Gefängnis hieß „Cárcel de Paz", Gefängnis des Friedens. Eine gewisse Ironie, aber tatsächlich war es infinitesimal friedlicher als in La Modelo.

Im April 2012, als ich eingefahren bin, waren dort ungefähr 900 Inhaftierte. Also in dem ganzen Gefängnis so viele wie allein in unserem Hof 3 in Bogotá. Hier saßen im Hof 1 die ganzen Hochkaräter, die großen Paramilitär-Generäle, die Drogenbosse, ob's ein Monoleche war oder ein Juan Bolivar. Große Namen in Kolumbien. Und genau wie in allen anderen Gefängnissen auch machten die sich da ein nettes Leben und feierten dort nächtelang Partys mit Prepagos und allem Drum und Dran. Ivan Urdinola alias „El Enano", der Zwerg, lebte in Itagui wie ein Kaiser mit einer Zelle aus purem Marmor mit Sauna und Dampfbad. Auch die Ochoa-Brüder, Fabio und Jorge, die Mitbegründer des berüchtigten Medellín-Kartells und somit Partner Pablo Escobars, schwelgten da drin mit ihren Bodyguards in purem Luxus.

Im Hof 2 hockten die Mafia-Chefs von La Oficina de Envigado und anderen Organisationen. Weiter ging es in den Höfen 5 und 6 mit Paramilitär-Soldaten verschiedener Ränge, alle, die im Rahmen der Demobilisierung im Jahr 2006 ihre Waffen abgelegt hatten.

Die kolumbianische Regierung hatte 2005 ein „Gesetz für Gerechtigkeit und Frieden" („Ley de Justicia y Paz") erlassen, das den Grundstein zu einer Befriedung des Bürgerkriegs legen sollte: Die Paramilitärs sollten ihre Waffen niederlegen und dafür Strafmilderung bekommen. Und die Opfer sollten entschädigt werden. Klang gut, war aber von Anfang an übelst umstritten, und das aus gutem Grund: Die Ursachen des Konflikts wurden einfach ausgeblendet. Personen, die brutal schwere Verbrechen begangen hatten, kamen ungestraft oder mit lächerlichen Strafen davon. Die Opfer guckten in die Röhre. Und das Gesetz bot jede Menge Ansätze zu neuen Betrügereien.

Seit 2003 sollen 30000 Angehörige paramilitärischer Gruppen und 6500 FARC-Guerillera demobilisiert worden sein. Es wird aber vermutet, dass viele davon entweder gar keine Paramilitärs waren oder ihre Aktionen einfach unter neuer Führung fortsetzten. Wie gesagt finanzieren sich alle Beteiligten zum großen Teil durch Koka-Anbau und Kokainhandel. Viele Drogenbarone gaben sich nun als Paramilitärs aus oder kauften sich in die Strukturen ein, um die in Aussicht gestellte Amnestie genießen zu können und einer Auslieferung an die USA zu entgehen. Die Erben der Paramilitärs werden Bacrim (Bandas Criminales) genannt und sind kein Stück besser als ihre Vorgänger. Drogenhandel, Zwangsrekrutierungen, illegale Hinrichtungen, Morde, Massaker, Vergewaltigungen und gewaltsame Vertreibung passieren jedenfalls nach wie vor. Für die Zivilbevölkerung hat sich nichts verbessert, nur die Protagonisten haben gewechselt. Teilweise wurden auch sogenannte „falsos positivos", „falsch-positive" Zivilisten ermordet und in Uniformen der FARC gesteckt, um das Kopfgeld für jeden getöteten FARC-Kämpfer zu erhalten. Als Auftraggeber der paramilitärischen Verbrechen wurden auch Senatoren, Mitglieder des Repräsentantenhauses, Gouverneure, Bürgermeister und Stadträte bekannt.

Seitdem gibt es immer wieder neue Friedensverhandlungen, Verträge und Waffenstillstandserklärungen, die dann wieder gebrochen werden. Eines der vielen Probleme ist, dass weder die Guerilla noch die Paramilitärs sich ohne kriminelle Aktivitäten weiter finanzieren könnten. Die UN „bemüht" sich halbherzig um die Absicherung des Friedensprozesses, Wiedereingliederung der FARC-Rebellen und den Wiederaufbau in den betroffenen Konfliktgebieten. Doch mangels Infrastruktur in den Randgebieten entstand ein Machtvakuum, und so kontrollieren neue paramilitärische Gruppen, kriminelle Organisationen des Drogenhandels und auch abtrünnige FARC-Guerilleros sowie die immer stärker wachsende ELN diese Gegenden. Angeblich wird in Kolumbien Stand 2022 mehr Kokain produziert als je zuvor in der Geschichte des Landes. Aber Hauptsache, der Präsident Juan Manuel Santos hat für seine Bemühungen um die „Entwaffnung" der Konfliktparteien den Friedensnobelpreis bekommen …

Einige der wenigen Leute, die in diesem ganzen Prozess also tatsächlich im Gefängnis gelandet waren, saßen hier in Itagui in Hof 5 und 6.

Im Hof 4 war die Straßenkriminalität, also die ganzen Combos, wie die Gangs in Medellín genannt wurden. Das war der schlimmste Hof, in dem es die meisten Zwischenfälle gab. Und dann gab es noch den Hof 3, in dem ich dann landete.

Ich hatte nur eine Matratze und meine Siebensachen, denn es gab dort absolut keine Zelle mehr. Die waren von Leuten mit größeren Haftstrafen belegt und die verkauften ihre Zelle auch nicht, wie das in La Modelo üblich war, weil sie noch eine ganze Weile einsitzen mussten. Und der Komfort im Knast war mehr wert als Geld. Im Hof 3 waren Ex-Funktionäre, Ex-Polizisten, Ex-Soldaten,

Ex-Staatsanwälte, ein paar Leute aus indigenen Stämmen und nur wenige Ausländer. Außer mir eigentlich nur ein Franzose, Etienne, ein ganz strange wirkender älterer Mann mit Glatze und einem kleinen Zöpfchen am Hinterkopf. Und irgendwann kam noch ein Italiener dazu, der auch schon mit mir in Bogotá gesessen hatte, Antonio.

Ich hatte also erstmal keine Zelle und musste mit einigen anderen im Flur schlafen, wo fast jede Nacht bis 3 Uhr morgens Karten gespielt wurde. Da lag ich direkt unter einer grellen Lampe, die nie ausgemacht wurde. Ratten liefen herum und versuchten mich anzuknabbern, aber ich empfand trotz allem inneren Frieden. Ich war richtig froh, dass ich jetzt hier war.

# GEFANGEN, ABER FREI

In Bogotá habe ich erstmal noch auf sehr tapsigen Glaubens-Beinen gestanden. Der Transfer nach Itagui war auch in dieser Hinsicht ein Riesensegen, weil Gott in diesem Gefängnis zu der Zeit gerade gleich mehrere sehr schlimme, brutale Männer, die viel zu sagen hatten beim Paramilitär, aus ihrem „toten" Zustand zum Glauben an ihn erweckt und total verändert hatte. Allen voran Leon und Rolando, von denen man hörte, dass sie tausende Leute auf dem Gewissen hatten, die auf ihren Befehl hin ermordet worden waren. Viele davon sollen sie sogar selbst umgebracht und Spaß daran gehabt haben.

Seit diese beiden Männer zum Glauben gekommen waren und dort anfingen zu predigen, gab es jeden Tag Gottesdienste, die immer von mehr als 80 Männern besucht wurden. Und einer davon war ich. Es war schwer vorstellbar, dass diese zutiefst demütigen, bußfertigen Menschen, denen Gnade und Liebe aus allen Knopflöchern strahlte, so krasse Verbrecher gewesen sein sollten. Die Veränderung in ihnen war wirklich ehrfurchtgebietend.

Diese Zeit prägte mich zutiefst, denn es ging nicht um die Konfession oder theologische Spitzfindigkeiten, sondern dort kamen Männer zusammen, die erkannt hatten, dass Gott ihnen Gnade geschenkt und sie gerettet hatte. Denen ganz klar bewusst war, dass sie die Hölle verdient gehabt hätten, weil sie so viel Schlimmes in ihrem Leben angerichtet hatten. Und jetzt waren sie erfüllt von Freude über die Gnade Gottes, weil sogar sie Vergebung empfangen hatten und sie auch annehmen konnten – etwas, was man sich angesichts der Schwere ihrer Verbrechen kaum vorstellen kann.

In unserem Gefängnishof 3 waren noch ein paar Glaubensbrüder und wir trafen uns jeden Tag um 6 Uhr morgens, noch vor der Zählung, und sangen und beteten zusammen. Nachmittags hielten wir dann eine Bibelstunde, bei der wir gemeinsam die Bibel studierten. Es war ein krasses Kontrastprogramm zu allem, was ich vorher gemacht hatte, auch zum Knastleben in La Modelo. Innerlich entfernte ich mich immer mehr von meinem Vorleben. Nur bei einer Sache war ich immer noch sehr sturköpfig, nämlich bei den Frauenbesuchen. Irgendwie wollte ich immer noch nicht so ganz wahrhaben, dass das nicht mehr so weitergehen konnte.

✝

In Itagui durfte ich auch einen ganz besonderen Mann kennenlernen, mit dem ich bis heute eng in Kontakt bin und der auch das Nachwort zu diesem Buch geschrieben hat. Er war und ist für mich wirklich wie ein großer Bruder in vieler Hinsicht, aber vor allem im Glauben. Sein Name ist Fabian Figueroa. Zu der Zeit musste er noch seine letzten zwei Jahre absitzen. Insgesamt hatte er 20 Jahre wegen Mordes bekommen. Er war ein hochrangiger Polizist gewesen, der aber für das Kartell gearbeitet hat. Nach fünf oder sechs Jahren im Gefängnis war er zum Glauben gekommen und hatte jetzt entsprechend schon einige Jahre mit Gott auf dem Buckel. Er war einer der Männer, die im Gefängnis predigten, und er war für mich ein großes Vorbild und auch ein geistlicher Lehrer.

Ein anderer Mann, der mich sehr geprägt hat, war Pastor Javier. Er kam jeden Mittwoch und jeden Samstag ins Gefängnis und hat dort Gottesdienste gehalten. Das hat einen enormen Impact auf mich gehabt, weil seine Geschichte einfach so heftig war, noch mal deutlich hervorstechend aus den vielen krassen Sachen, die man in diesem Gefängnis gehört hat. Er war der Anführer von La Oficina in Santa Cruz gewesen, einem Viertel in Medellín, das sehr gefährlich ist. Fast 300 Männer unterstanden ihm in diesem

Auftragskiller-Büro, sie haben viele Morde für Pablo Escobar erledigt. Javier war in der Unterwelt von Medellín ein sehr bekannter und gefürchteter Mann. Sein Alias war El Pana, aber jetzt war er nicht mehr El Pana, sondern Pastor Javier, der schon seit 25 Jahren ein Mann des Glaubens war und mehrere Gemeinden in den Armutsvierteln gegründet hatte. Gott hatte es ihm aufs Herz gelegt, in die Gefängnisse zu gehen und uns Inhaftierten zu predigen, und so habe ich ihn kennengelernt. Er hat mich wirklich liebgehabt und viel mit mir geredet und hat mich natürlich auch oft ermahnt, dass die Frauengeschichten, die ich immer am Wochenende hatte, nicht gingen.

Schnell merkte ich, dass es in diesem Gefängnis wesentlich entspannter ablief als in La Modelo. Auch die Wächter waren viel umgänglicher – vielleicht auch, weil hier die ganzen Hochkaräter saßen, bei denen sie sich besser nichts erlaubten. Das Essen war viel besser, es gab sogar manchmal so was wie „bandeja paisa", mein Lieblingsgericht – eine gemischte Platte mit Reis, Bohneneintopf, Rindfleischmus, Maisbrot, Banane, Würsten, Bauchfleisch, Avocado und Spiegeleiern. Regelmäßig wurden Fußballturniere veranstaltet. Bei dem ersten kannte mich noch keiner und daher wusste auch niemand, dass ich ein guter Kicker war. Das änderte sich. Ich wurde Torschützenkönig. Die großen Capos aus den Höfen oben stellten sich ihre Teams zusammen und sponserten sie mit Trikots. Im zweiten Jahr spielte ich dann bei „Real Madrid" für einen Capo und wir wurden auch Erster.

Jeden Sonntag telefonierte ich für etwa zehn Minuten mit meinen Eltern. Diese Minuten waren mir absolut heilig, sie waren meine Lifeline. Und meine Eltern hangelten sich genauso wie ich von Sonntag zu Sonntag, um diese Zeit irgendwie zu überstehen.

Nach drei Monaten auf dem Flur konnte ich mir ein Kabuff auf dem Balkon im zweiten Stock organisieren, dann habe ich bei Chavez auf dem Boden geschlafen. Er war ein Ex-Polizist, der wegen „Teilnahme an einer kriminellen Organisation" saß. Wir wurden gute Freunde, und seine Frau hat uns beiden immer Essen mit ins Gefängnis gebracht. Später kaufte ich dann die Zelle von Alejandro, einem Sicario, der aus einer Comuna namens Aranjuez kam. Er schlief bei mir mit auf dem Boden und wir lernten uns gut kennen. Er erzählte mir, dass er gerne Kfz-Mechaniker geworden wäre, aber einfach keine Chance gehabt hatte. Als er 13 war, fielen die Milizen der Guerilla in seine Comuna ein. Sie raubten, mordeten und vergewaltigten. Er und einige andere Jungs in seinem Alter bewaffneten sich und führten Krieg gegen die Milizen. Seine Jugend war von Blut und Tod geprägt. Als sie nach drei Jahren Straßenkampf schließlich die Milizen verjagen konnten, war Alejandro 17. Er hatte keine Ausbildung, keine Möglichkeit, Geld zu verdienen, und keine Zukunft. Da kam La Oficina auf ihn zu und bot ihm einen Job an – einen Auftragsmord. Und er nahm an. Nach seinem sechsten Mord wurde er dann festgenommen. Mit 19 Jahren.

Er war nur einer von vielen Auftragskillern, die ihre letzten Jahre der Haftstrafe in Itagui absaßen. Die meisten von denen hatten tierisch Angst davor rauszukommen, weil sie wussten, es wurde auf sie gewartet. Nicht nur einer wurde ein paar Wochen nach seiner Entlassung erschossen. „Sangre llama sangre" – Blut fordert Blut! Im Grunde war es nur eine Frage der Zeit.

✝

Ich versuchte, durch Anwälte durchzusetzen, dass ich vom Knast in Hausarrest käme, aber das klappte irgendwie nicht. Ein Anwalt vor Ort empfahl mir, dass ich mir die Schienen und Nägel aus der linken Ferse und dem rechten Wadenbein herausoperieren lassen sollte. Dadurch hätte ich eine gute Chance, in Hausarrest verlegt zu werden. Tatsächlich wurde ich dann auch operiert und bekam das Metall aus meinem Körper, aber der Richter gestattete mir trotzdem keinen Hausarrest, sondern ich musste eine

Woche auf einer Bahre im medizinischen Bereich des Gefängnisses verbringen.

Als Nächstes beantragte ich die 72 Stunden. Das hieß, dass man alle zwei Monate 72 Stunden Freigang hatte. Also zum Beispiel Freitagmittag raus und Montagmittag wieder rein. Das wurde mir genehmigt. In den letzten acht Monaten durfte ich also viermal für 72 Stunden in die Freiheit. Leider habe ich diese kostbare Zeit mit Party, Frauen und Drogen verschwendet, bin aber dennoch sonntags zu Pastor Javier in den Gottesdienst gegangen. Ziemlich paradox, wie ich heute finde – aber damals war ich eben noch reichlich ungehobelt in meinem Verständnis des Glaubenslebens.

Als ich wusste, dass es sich jetzt nur noch um Wochen handelte, dass ich auf Bewährung entlassen werde, habe ich angefangen, Deutschkurse im Schulzentrum des Gefängnisses zu geben, um noch weitere Haftzeit abzubauen. Pro Stunde Unterricht wurde mir eine Stunde Haftzeit erlassen. Ich habe mich immer mit dem französischen Kollegen Etienne abgewechselt. Meine „Schüler" wollten eigentlich vor allem deutsche Schimpfwörter lernen. Aber es war ganz lustig und brachte mir einiges an Haftreduzierung.

Allerdings habe ich auch hier gehört, dass es bei finanziell schlecht gestellten Inhaftierten so war, dass die Formulare mit den geleisteten Arbeitsstunden nie die Gerichte erreichten – es sei denn, die Häftlinge bezahlten einen Aufseher dafür, dass dieser die Liste dorthin schickte. Gefangene, die nicht das nötige Geld hatten, blieben daher auch dann in Haft, wenn sie schon lange frei sein müssten. Es war einfach ein beschissenes System und unfassbar ungerecht.

✝

Nach fast zweieinhalb Jahren wurde ich endlich auf Bewährung entlassen. Als ich Pastor Javier erzählte, dass ich bald rauskäme, sagte er zu mir mega prophetisch: „Du wirst zurück nach

Deutschland gehen und es werden Tausende durch deine Geschichte zum Glauben kommen!" Und ich dachte mir nur so: Ey, Bruder, du weißt wohl nicht, was ich sonntags immer mit den Frauen hier mache! Ich habe da noch gar nicht die Gotteskraft hinter dem Ganzen gesehen, weil ich mich noch sehr unwürdig gefühlt habe. Das ist auch immer noch so. Ich weiß, es ist alles Gottes Gnade.

Am 24. Oktober 2013 durfte ich schließlich das Gefängnis verlassen. Ich musste wieder dieselbe Prozedur über mich ergehen lassen wie damals in der Primaria in Bogotá, es wurden Finger- und Handabdrücke von mir genommen, Fotos gemacht, ich musste meinen „Freiheitsschein" unterschreiben ... und dann ging es los. Vorher hatte ich mich von meinen neuen Freunden im Hof 3 verabschiedet. Drinnen hatte man mir immer gesagt: „Wenn du entlassen wirst, wirf keinen Blick zurück." Ich habe mir geschworen, ich werde nie wieder ein Gefängnis in Kolumbien betreten. Damals ahnte ich noch nicht, dass Gott andere Pläne hatte ...

An diesem historischen Tag hat mich mein guter Freund aus der Dubai-Zeit, Juanka, abgeholt und dann haben wir erstmal Party gemacht und gebührend gefeiert, dass ich draußen war. Wir flogen für ein paar Tage nach Santa Marta und chillten bei Freunden von Juanka in einem Hostel in Taganga, einem kleinen Fischerort, der von vielen Touristen besucht wird, direkt neben Santa Marta. Das war nice. Aber in mir begann ein nagendes Gefühl von Heimweh immer stärker zu werden.

In der Bewährungszeit, also bis zu dem Zeitpunkt, zu dem meine Haftzeit voll abgegolten war, durfte ich das Land nicht verlassen. Das waren offiziell noch 18 Monate. Aber die Sehnsucht nach meiner Familie wurde einfach zu groß. Ich hatte bei meinen Eltern so viel Abbitte zu leisten und so viel zu erklären. Und ich wollte endlich wieder ein normales Leben führen. In Kolumbien zu sein, ohne Geld, ohne Job und in der ständigen Gefahr, angesichts von so vielen Versuchungen in Form von Partys, hübschen

Frauen und Drogen wieder in irgendwas reinzugeraten – das war einfach zu hart. Und so beschloss ich: Ich gehe zurück nach Deutschland und das auch gleich.

Um das Ausreiseproblem zu verschleiern, buchte mein Vater einen Flug für mich von Caracas, der Hauptstadt Venezuelas, nach Frankfurt und von Frankfurt nach Hamburg. Jetzt musste ich noch irgendwie nach Venezuela kommen. Von meinem iranischen Knastbruder Ali, der mit mir in La Modelo gesessen hatte, bekam ich einen Kontakt. An der Grenze zu Venezuela, noch auf kolumbianischer Seite, ist eine Grenzstadt namens Cúcuta. Dort traf sich dieser Kontakt mit mir, ein Venezolaner, der gut vernetzt war mit dem dortigen Militär „Guardia". Und so hat er für mich geregelt, dass ich auf kolumbianischer Seite einen Ausreisestempel bekam (gegen Bezahlung, versteht sich), sodass ich über die Grenze konnte.

Ich hatte rund drei Millionen Pesos dabei, also etwa 1000 Euro, die er in Bolivar umwechselte, die Währung von Venezuela. Er kam mit einigen riesigen Stapeln von Scheinen in einem Rucksack zurück und sagte: „Pass gut auf dich auf, schon für die Hälfte bringen sie dich hier ohne Zögern um die Ecke." Venezuela fing da auch gerade an, so richtig übel zu werden und herunterzukommen.

Der Kontaktmann fuhr mit meinem Koffer im Taxi über die Grenze von Cúcuta nach San Antonio del Tachira. Ich sollte lieber mit einem Mototaxi rüberfahren. Das klappte auch sehr gut. Dann begleitete er mich noch auf der Busfahrt von San Antonio querfeldein durch Venezuela bis in die Hauptstadt Caracas. Gute 18 Stunden Fahrt. Mehrere Male wurden wir angehalten und irgendwelche Kontrollen durchgeführt und dabei musste er jedes Mal wieder Geld abledern.

In Caracas angekommen verbrachte ich eine Nacht im Hotel und fuhr am nächsten Tag zum Flughafen. Und dort am Gate hatte ich ein krasses Deja-vu, denn dort passierte exakt dasselbe, was damals in Bogotá geschehen war: Plötzlich wurden Tische aufgebaut, 20 Polizisten machten sich über das Gepäck her und stachen in alle möglichen Sachen, sogar in Flip-Flops. Es fühlte sich gleichzeitig strange und okay an, denn ich wusste ja, dass ich diesmal nichts zu verbergen oder zu befürchten hatte.

Wie aus meinem Stempel im Pass ersichtlich, war ich nur zwei Tage in Venezuela gewesen, und die Beamten fragten mich: „Warum nur zwei Tage? Schmuggelst du irgendwas?" Und ich sagte: „Nein, diesmal nicht." Mit einem Grinsen im Gesicht. Ich konnte einfach nicht anders. Der Polizist guckte mich nur verstört an und wusste wohl nicht so recht, ob ich als Gringo einfach falsches Spanisch sprach oder ob er sich verhört hatte.

Eigentlich wäre es das nun für mich gewesen, was weitere Besuche in Kolumbien anging. Wenn man gegen die Bewährungsauflagen verstieß, durfte man nie wieder ins Land einreisen. Aber in Kolumbien hatte schlicht und einfach niemand von der Justiz mitbekommen, dass ich abgehauen war. Dort gab es nicht so was wie Bewährungshelfer oder Leute, die überprüften, ob du noch im Land bist. Es waren einfach viel zu viele Häftlinge, um das nachzuhalten. Und bei so einem kleinen Fall wie meinem scherte sich da schon gar keiner drum. Ich musste lediglich eine Telefonnummer hinterlegen, wo sie mich gegebenenfalls erreichen könnten. Da habe ich die Nummer von dem Büro von Andreas' und Stefans Firma angegeben. Aber es hat sich nie jemand gemeldet.

✝

Der Flug nach Frankfurt und auch der Anschlussflug nach Hamburg am 13. November 2013 verliefen ereignislos. In Hamburg am Flughafen holte mich mein bester Freund Dogan ab und brachte mich nach Hause zu meinen Eltern. Auf der Fahrt erlebte ich einen crazy Gefühlscocktail: Vorfreude und Dankbarkeit – ich war echt so glücklich, dass alles gut geklappt hatte und der Albtraum nun ein Ende hatte. Bei dem Gedanken, gleich meinen Eltern gegenüberzustehen, mischte sich meine Freude aber auch mit Scham und ein bisschen Angst. Ich hätte es ihnen echt nicht verübelt, wenn sie mich verurteilt hätten ..., doch gleichzeitig wusste ich, dass sie das nie tun würden und dass sie mich noch genauso liebten wie eh und je. Dennoch ...

Und dann war es so weit. Ich stand an der Haustür meiner Eltern und klingelte. Und ich hätte mir gar keine Sorgen machen müssen. Als mein Vater aufmachte, schloss er mich in die Arme und ließ mich minutenlang nicht mehr los. Bei uns allen dreien flossen Tränen und es waren einfach nur reine Freudentränen.

# EINE ZWEITE CHANCE

In der ersten Zeit in Deutschland musste ich mich wirklich ganz neu finden und sehen, wie ich draußen zurechtkam. Ich war jetzt frei. Aber was würde ich nun mit der Freiheit anfangen? Für mich war klar, dass Gott mir eine zweite Chance gegeben hatte und dass ich die nutzen wollte. Ich wollte ein neues Leben anfangen. Mit diesem ganzen Dreck, in dem ich vorher war, wollte ich nichts mehr zu tun haben. Aber dieses neue Leben dann auch wirklich zu füllen und zu leben, war gar nicht so einfach.

Ab Dezember habe ich für ein halbes Jahr im Zentrallager von Lidl in Kolding in Dänemark gearbeitet. Ich fuhr jeden Morgen um 5 Uhr los und kam nachmittags gegen 15 Uhr zurück. Das Gehalt war gar nicht schlecht und der geregelte Ablauf tat mir auch gut. Ich hatte inzwischen auch nicht mehr so das Problem damit, für jemanden zu arbeiten, auch wenn ich langfristig wieder mein eigener Herr sein wollte.

Eines Tages, es war kurz nach 4 Uhr und ich war gerade im Bad, da klingelte mein Telefon. Ich ging ran und Alejandro war dran, der Freund, der mir im Gefängnis so geholfen hatte. Als ich in Itagui saß, hatte er mich fast jeden Samstag besucht und mir Buñuelos mitgebracht, diese leckeren frittierten Käse-Teigbällchen, die es in Kolumbien an jeder Ecke zu kaufen gibt. Er war wirklich ein Herzensfreund. Und jetzt war er total aufgelöst. Er sagte, ich müsse ihm unbedingt helfen, denn in dem Barrio Manrique, in dem er lebte, wolle ihn jemand umbringen. Manrique ist eines der gefährlichsten Barrios in Medellín mit starker Präsenz vieler Combos.

Alejandro war ein sehr ruhiger Typ, der sich nie in komische Sachen einmischte, ein hart arbeitender junger Mann, der nichts mit kriminellen Dingen zu tun haben wollte. Also, was war plötzlich das Problem?

Alejandro legte am Wochenende manchmal als DJ auf privaten Feiern auf. Die Frau eines Sicarios aus Manrique hatte von irgendjemandem die Nummer von Alejandro bekommen, weil sie eine Feier plante und überlegte, ihn zu buchen. Und der Sicario fand beim Durchstöbern des Handys seiner Frau die Nummer von Alejandro. Kurze Zeit später lief er bei Alejandro zu Hause auf, rief ihn runter auf die Straße, wo er Alejandro vor vielen Leuten mit dem Griff seiner Pistole auf den Kopf schlug und ihm drohte, wenn er ihn noch einmal im Viertel sähe, würde er ihn erschießen.

Das war eine brenzlige Situation – mit einem eifersüchtigen Auftragskiller, der wahrscheinlich voll auf Tabletten den falschen Film geschoben hat, war alles möglich. Alejandro musste erst einmal in einen Vorort von Medellín fliehen, nach Sabaneta, wo die Familie seiner Frau lebte. Nachdem er mir die Story kurz erklärt hatte und mir sagte, dass er diese Frau gar nicht wirklich kenne und schon gar keinen engeren Kontakt mit ihr gehabt habe, wusste ich, was zu tun war.

Ich schickte eine Sprachnachricht an Chavez und Lopez, meine Jungs in Itagui, mit denen ich noch in Kontakt war. Ich erklärte ihnen die Lage um Alejandro und bat sie, den Boss des Barrio Manrique, der in Itagui im Hof 2 einsaß und den ich aus meiner Zeit dort kannte, zu kontaktieren und ihm zu sagen, was los war. Er kannte Alejandro aus dem Viertel und wusste, dass er mich samstags öfter im Knast besucht hatte. Daher war ihm natürlich auch bekannt, dass Alejandro nie Probleme machte und nirgendwo drinhing.

Die Combos in den Barrios kennen ihre Leute und passen auf sie auf. Sie lassen nicht zu, dass jemandem etwas passiert, ohne dass es einen Grund dafür gibt. An dieser Stelle muss ich vielleicht mal kurz erklären, wie das mit den Combos in Kolumbien läuft: Die Mehrheit der ärmeren Viertel in Medellín wird mehr oder weniger von diesen kriminellen Banden regiert. Die rund 300 Combos agieren selbstständig, haben aber Beziehungsverträge mit größeren, mafiaähnlichen Organisationen, den „Razones". Einige sehr große Razones in Medellín sind La Oficina de Envigado, La Terraza, Los Triana, Pachelly, Pesebre, Las Chatas, La Union oder Los Mondongueros. Die Razones versorgen ihre Leute mit Produkten, Schutzleistungen und Investitionskapital. Im Gegenzug bieten die Combos ein Handelsvertriebsnetz und dienen im Notfall als Armee.

Praktisch jede Combo hat ein lokales Monopol auf den Verkauf von Drogen in ihrer Nachbarschaft. Außerdem berechnen sie den Einwohnern und Unternehmen eine Schutzgebühr, die als „vacuna" („Impfstoff") bekannt ist. Viele beteiligen sich an den „gota-a-gota" („Tropfen für Tropfen")-Krediten. Auch Dienstleistungen für die Drogenindustrie, wie Auftragsmorde, das Eintreiben von Schulden und die Sicherung von Transportwegen, Diebstahl in von der kriminellen Regierung „autorisierten Zonen" und Vermietung von Waffen oder Motorrädern bringen Geld ein. Die Combo-Anführer streichen die Gewinne ein, die Combo-Mitglieder bekommen einen kleinen Festlohn mit Prämien für besondere Leistungen.

Man könnte jetzt fälschlicherweise meinen, dass die Bewohner die Combos hassten und dass mehr Polizei und Soldaten aufzufahren die Lösung wäre, aber das Gegenteil ist der Fall: Die Gegenden mit dem größten Polizeiaufgebot sind die mit den meisten Konflikten. Die Polizei besitzt einfach wenig Glaubwürdigkeit, die Menschen vertrauen den bewaffneten Gruppen in ihrem Barrio viel mehr, da sie aus jungen Leuten aus der Community bestehen, die dadurch die Bedürfnisse der Menschen besser kennen. Und sie sind viel mehr als die Polizisten, zum Beispiel gibt es allein in der Comuna 13 in Medellín fast 1.500 bewaffnete Akteure, die kriminellen Strukturen angehören. Oftmals fungieren sie als Vermittler zwischen den Leuten im Viertel und der Regierung.

In einigen Vierteln von Medellín bilden sie die sogenannte „kriminelle Regierung“, die auch Dienstleistungen für die Gemeinschaft erbringt, die normalerweise vom Staat erbracht werden sollten, wie die Beilegung von Streitigkeiten, die Durchsetzung von Verträgen, die Verwaltung von Märkten und Besteuerung von Unternehmen. In manchen Vierteln herrscht eine Art Regierungsduopol, in dem beide regieren: die Combo und der Staat. Die Stadtteile, in denen die Combos mehr Regierungsfunktionen ausüben (und häufiger in die Bewältigung von Problemen eingreifen), sind auch die Stadtteile, in denen die Menschen mit den Combos zufriedener sind und ihnen mehr vertrauen.

Ein Spruch in der Unterwelt Medellíns, der als Kodex gilt, ist: „El que tiene razon, tiene razon.“ Also: Wer Recht hat, der hat Recht. Bezogen auf die Gesetze, die die Gangster dort selber machen. Alejandro war im Recht, er hatte nichts Falsches getan, war aber von einem Sicario, der für eine Combo in Manrique arbeitete, bedroht und geschlagen worden. Der Boss der Combo in Manrique also, der in Itagui einsaß, regelte unmittelbar dieses Problem. Noch am selben Abend zu später deutscher Zeit, rief mich Alejandro wieder an. Er war total happy und berichtete mir, dass er wieder zu Hause in Manrique in seiner Wohnung sei. Dafür bekam er von mir erstmal was zu hören, weil ich ihm ganz deutlich gesagt hatte, er soll in Sabaneta bleiben, bis dieses Problem geregelt war.

Er sagte: „Parcero (also Kumpel), es ist schon geregelt.“ Schon vormittags hatten sie offenbar den Sicario, der Alejandro geschlagen hatte, in das Oficina gerufen und ihm einen mega Einlauf gegeben. Dann drohten sie ihm, wenn Alejandro nur ein Haar gekrümmt würde, würden sie ihn und seine ganze Familie verschwinden lassen. Und danach wurde Alejandro über seine Eltern von der Combo ausgerichtet, dass er ohne Bedenken wieder nach Hause kommen könne.

Unwahrscheinlich, was für eine Macht von der Oficina und den Combos ausgeübt wird. In vielen Barrios sorgen sie für „Recht und Ordnung", natürlich ganz nach ihrem Verständnis. Aber die zivile Bevölkerung im Barrio wird wirklich von ihnen in Schutz genommen.

Alejandro und ich hielten über die Jahre Kontakt und sahen uns auch ein paarmal. Ich hatte eine ganze Zeitlang nichts von ihm gehört, als er mir im März 2022 mehrere Sprachnachrichten schickte. Er steckte wieder einmal in schweren Problemen, vielleicht noch schwerer als damals: Er hatte sich von den falschen Leuten Geld geliehen und konnte es nicht zurückzahlen. Und derjenige, der ihm das Geld geliehen hatte, ein Mitglied der Oficina, hatte die Geduld verloren und wollte Alejandro umbringen lassen.

Alejandro hatte mit seiner zehnjährigen Nichte auf einem Supermarktparkplatz gestanden, als plötzlich zwei Typen auf dem Motorrad ankamen, mit einer Waffe auf ihn zielten und sagten, er hätte drei Tage Zeit, das gesamte Geld zu bezahlen, sonst sei er tot. Es ging um 20 Millionen Pesos, umgerechnet etwa 5000 Euro. Ich rief ihn an, und Alejandro weinte bitterlich. Es war ihm mega peinlich, mich nach so langer Zeit einfach um dieses Geld anzuhauen, aber er wusste niemanden, den er sonst noch fragen könnte, er hatte alles schon probiert.

Auch ich hatte das Geld nicht einfach so rumliegen, wusste aber, dass das Leben meines guten Freundes in größter Gefahr war. Selbst eine Banküberweisung würde drei Werktage dauern und zu spät kommen. Alejandro hatte auch kein PayPal, und das einzurichten dauert in Kolumbien auch einige Tage. Also suchte sich Alejandro einen vertrauenswürdigen Kollegen, der PayPal hatte, und ich schickte ihm von meinen Firmenkonten und meinem Privatkonto über PayPal zusammengestückelt insgesamt diese 5000 Euro.

Wieder mal durfte ich dabei helfen, Alejandros Leben zu retten. Jedes Mal habe ich ihm von Jesus erzählt und ihm klargemacht, dass er jetzt umkehren muss, bevor es zu spät ist. In Kolumbien, besonders in Medellín, kann immer alles passieren.

✝

Vom Glauben her stand ich auch nach meiner Rückkehr nach Deutschland Ende 2013 immer noch auf ziemlich instabilen Beinen. Mit einem Bein im Glauben, mit dem anderen wieder in der alten Welt. Ich hatte wieder Frauengeschichten, machte ein bisschen Party, konsumierte hier und da mal was und nahm auch wieder Kontakt zu den alten Strukturen auf. Und schrittchenweise bewegte ich mich in eine ungute Richtung. Ich betete zwar immer noch, aber ich las nicht mehr in der Bibel und war insgesamt sehr lauwarm, was meine Beziehung zu Gott anging.

Im Januar 2015 fuhr ich mit zwei Kumpels aus Flensburg nach Hamburg zum Feiern, mit Locke, einem Brasilianer, und Harry, einem Albaner. Kurze Zeit vorher hatte mich mein alter Freund Lucky angerufen, der zu der Zeit in Brasilien ein Haus baute. Wir haben uns immer gegenseitig ausgeholfen und so fragte er mich: „Hey, kannst du mir vielleicht 2000 Euro leihen?" Er hatte selbst im Gefängnis gesessen und stellte sein Leben gerade neu auf. Ich sagte natürlich zu und wir vereinbarten, dass ich das Geld bei seiner Frau in Hamburg vorbeibringen würde. Luckys Frau war Christin, und wie schon früher erzählt, hasste sie mich eigentlich.

Sie wusste nicht, dass ich kommen wollte, aber als ich dann vor der Tür stand, lief alles ganz anders als erwartet. Sie schaute mich mit einem anderen Gesichtsausdruck an als sie das vor ein paar Jahren getan hatte, beinahe freundlich, und sagte: „Ich weiß zwar nicht, was du hier machst, aber Lucky hat mir gesagt, dass du im Gefängnis in Kolumbien Jesus angenommen hast. Geh nicht wieder auf dem Weg der Sünde, sondern halte dich an ihn! Ich möchte dir einen Psalm ans Herz legen." Und dann zitierte sie Psalm 1: „Glücklich ist der Mensch, der nicht auf den Rat der Gottlosen hört, der sich am Leben der Sünder kein Beispiel nimmt und sich nicht mit Spöttern abgibt. Voller Freude tut er den Willen des Herrn und denkt über sein Gesetz Tag und Nacht nach. Er ist wie ein Baum, der am Flussufer wurzelt und Jahr für Jahr reiche Frucht trägt. Seine Blätter welken nicht, und alles, was er tut, gelingt ihm. Ganz anders aber ergeht es den gottlosen Menschen! Sie sind wie Spreu, die der Wind verweht. Vor dem Gericht Gottes bestehen sie nicht und finden keinen Platz unter den Gottesfürchtigen. Über die Wege der Gottesfürchtigen wacht der Herr, die Wege der Gottlosen aber führen ins Verderben."

Das traf mich mitten ins Herz und ich wusste genau, dass Gott in diesem Moment durch diese Frau zu mir gesprochen hatte. Ich konnte einfach nicht mehr länger auf zwei verschiedenen Wegen unterwegs sein – einerseits jedem erzählen, dass Gott mich im Knast gefunden und gerettet hatte, und andererseits einfach so weiterleben, als würde es ihn nicht geben.

In der Nacht bin ich aber, halsstarrig, wie ich nun mal sein kann, trotzdem mit Locke und Harry auf Party gewesen. Wir haben gesoffen und gekokst wie die Weltmeister und wollten eigentlich in Hamburg im Hotel übernachten. Aber dann habe ich voll Paranoia bekommen und beschlossen, dass wir besser nach Hause fahren. Morgens um 7 Uhr quetschten wir uns also in den kleinen Hyundai i10, den ich von meiner Mutter geliehen hatte, ich setzte mich ans Steuer, nicht ohne vorher noch eine dicke Bahn gezogen zu haben. Während der Fahrt habe ich dann natürlich erst recht mega Paras bekommen und bin gefahren wie ein Wahnsinniger. Ich holte alles aus dem kleinen Auto raus, heizte mit 150, 160 im Zickzack zwischen den anderen Autos auf der Autobahn durch. Meine beiden Mitfahrer dachten, dass es ihre letzte Fahrt sei. Sie haben sich gegenseitig Nachrichten geschrieben; Locke, der hinten saß, forderte Harry auf: „Zieh die Handbremse, er bringt uns um!" In Flensburg angekommen habe ich den Wagen in den Carport von meinen Eltern gefahren, die beiden sind ausgestiegen und haben sich erstmal einen Joint gedreht und sind dann weitergezogen.

Später, als ich wieder ein bisschen klargekommen bin und realisiert habe, was alles passiert war, und auch, was Luckys Frau mir gesagt hatte, bin ich dann eingeknickt und richtig zusammengebrochen. Was ich getan hatte, widerte mich auf einmal richtig an, und ich bat Gott um Vergebung: „Ich habe dich im Gefängnis kennenlernen dürfen, du hast mich aus all diesem ganzen Dreck rausgeholt und jetzt bin ich wieder so auf Abwegen gewesen. Kannst du mir überhaupt noch vergeben? Bitte, vergib mir!" Und in dem Moment war es, als würde Gott mir sagen: „Ich habe dir schon längst vergeben!"

Das hat mich so überwältigt, dass ich geweint habe vor Freude und vor Dankbarkeit. An dem Abend schwor ich mir und Gott: „Ich möchte nicht mehr so ein Heuchler sein. Ich will wirklich lernen zu leben wie ein Mann Gottes. So, dass die Menschen sehen können, dass ich mich wirklich verändert habe. Ich möchte nicht nur glauben, was ich lese, sondern ich möchte leben, was ich glaube. Und ich bitte dich, dass du mir dabei hilfst."

Es war für mich ganz klar, dass Gott mir zwar helfen konnte und würde, dass ich aber derjenige sein musste, der konkrete Schritte unternahm und Dinge losließ. Am nächsten Tag teilte ich meinen Geschäftspartnern mit, dass ich endgültig raus sei. Ich brach den Kontakt mit allen möglichen Frauen ab und sagte zu meinen besten Freunden: „Hey, wegen Party braucht ihr euch gar nicht bei mir zu melden, ich mach nicht mehr mit."

Das war ein Radikalschlag von einem Moment auf den anderen, ein wahrhaftiger Bruch mit dem, was ich vorher so ein bisschen wischiwaschi gehalten hatte. Ab da habe ich mich intensiv mit meiner Beziehung zu Gott beschäftigt, viel Zeit mit ihm im Gespräch verbracht und wieder regelmäßig in der Bibel gelesen und jede Menge theologische Bücher verschlungen und Predigten auf YouTube angeschaut.

Ich habe seitdem nie wieder Drogen konsumiert oder irgendwas Illegales gemacht – außer vielleicht wegen zu schnell fahren geblitzt zu werden, das passiert mir häufiger. Aber ich habe nie wieder irgendwie illegales Geld verdient. Und was Frauen anging, hat Gott es mir geschenkt, dass ich in der ganzen Zeit, bis ich meine Frau kennengelernt habe, nur zwei Querschläger gehabt habe, weil ich es einfach nicht ausgehalten habe.

✝

In der Folge hat sich mein Lebensstil wirklich komplett verändert. Ich habe mich von dem ganzen Straßending ferngehalten, selbst von Partys mit Freunden. Und vor allem von den Frauengeschichten. Ich war mittlerweile 32 und hatte das Gefühl, dass ich nun soweit war, die Frau fürs Leben zu finden, zu heiraten und eine Familie zu gründen.

Es hatte da einen Moment in dem Gefängnis in Itagui gegeben, daran kann ich mich jetzt noch erinnern, als wäre es gestern gewesen: Sonntags waren ja die Besuchstage, genau wie in Bogotá. Meine kolumbianischen Knastbrüder dort bekamen jede Woche Besuch von ihren Frauen und Kindern. Ich hatte oft auch Freundinnen da. Aber an diesem speziellen Sonntag hatte keine von ihnen Zeit. Ich saß also allein in meiner Zelle und habe draußen meine Mithäftlinge gesehen, wie sie ihre Frauen und Kinder begrüßt haben. Und da wurde mir sehr bewusst, dass ich jetzt schon fast 30 Jahre alt war. Ich glaube, ich habe mir zum ersten Mal eingestanden, dass ich mich danach sehnte, eine Frau an meiner Seite zu haben, die mich wirklich liebt. Nicht so was Unverbindliches, sondern eine, die „All in" ist, mit der man vor Gott und dem Gesetz verheiratet ist und Kinder hat. Ich bin in der Zelle auf die Knie gefallen und habe wirklich unter Tränen Gott darum gebeten, dass er mir das ermöglicht. Dass ich eine Frau finden möge, der der Glaube so wichtig ist wie mir und mit der ich eine eigene Familie gründen könnte. Dass ich das trotz allem erleben darf.

Lange Zeit hatte ich diesen Wunsch entweder gar nicht gehabt oder so stark verdrängt, dass ich ihn selbst nicht mehr wahrgenommen habe. Wie man an den wechselnden Freundinnen, den vielen Rummachereien und der Sache mit der Abtreibung ja gesehen hat. Aber es gab auch Zeiten, wo ich mich nach etwas Beständigerem gesehnt habe, aber dachte, dass ich niemals wissen werde, wie das ist. In der Zeit in Kolumbien, in der mehrere Freunde oder Partner erschossen und erstochen wurden, war mir ständig bewusst, dass es jeden Moment vorbei sein konnte und dass ich vielleicht nicht alt werden würde.

Generell hatte ich natürlich im Gefängnis sehr viel Zeit, über die Dinge nachzudenken, die ich getan hatte – und auch über die, die ich tun könnte, wenn ich wieder draußen wäre. Ganz am Anfang der Haftzeit war ja meine Überlegung gewesen, im Knast Kontakte zu sammeln und dann so richtig abzugehen, wenn ich wieder auf freiem Fuß wäre. Doch seit ich mit Gott unterwegs war, wurde mir immer klarer, dass sich auch dieser Bereich meines Lebens verändern musste. Ich würde nicht weiterhin auf illegalem Wege Geld verdienen und schon gar nicht, indem ich etwas beförderte, was so viel Leid und Elend über die Menschen brachte. Lange Zeit hatte ich mir erfolgreich eingeredet, dass es nicht schlimm war, mit Koks zu dealen, weil es eine Party-Droge für mich war. Ich sagte mir, dass ich das Zeug schließlich an Erwachsene verkaufte, die selbst dafür verantwortlich waren, was sie machten. Ich habe das Leid und die Zerstörung, die ich damit angerichtet habe, ja nicht direkt gesehen, weil ich an größere Dealer nur größere Mengen verteilt und so nie Kontakt zum Endkunden gehabt habe.

Doch dann passierte etwas, das meine schöngefärbte Ansicht krass ins Wanken brachte. Das war im zweiten Gefängnis, in Itagui. Ich wurde im Gefängniswagen in Handschellen zu einer

Verhandlung gefahren, und zwei INPEC-Wärter passten auf mich auf. Der eine der beiden, Ramirez, war ein echt cooler Dude, der auch moralisch das Herz am richtigen Fleck hatte. Damit war er die Ausnahme, denn die meisten der Aufseher machten fröhlich mit bei der allgemeinen Korruption. Ramirez fragte mich auf der Fahrt: „Aleman, warum hast du diesen Mist eigentlich gemacht?"

Ich dachte, er meint den Schmuggelversuch, und erklärte: „Ich hatte Finanzprobleme und musste schnell Geld ranholen, um ein anderes Geschäft zu bezahlen. Und ich wusste nicht, wie ich es sonst machen sollte. Ich bin schon sehr früh in dieses ganze Drogenbusiness reingekommen, das ist halt das, was ich gelernt habe."

Dann sagte er etwas, was mich voll erwischte: „Ist dir denn nicht klar, dass an jedem Gramm, was ihr euch dort drüben in die Nase ballert, Blut von meinen Landsleuten hier klebt? Wie viele Menschen wegen diesem Geschäft draufgehen, ob es die Bandenkriege sind, die Kriege um die Küchen und Labore, die Kriege um die Häfen und Routen, Guerillakriege mit den Paramilitärs? Oder die Bauern, die erpresst werden und denen mit Mord gedroht wird, wenn sie nicht Koka anbauen? Die ganzen Kartellmorde und Auftragsmorde ... es fließt so viel Blut, es gehen so viele Menschen drauf wegen diesem Dreckszeug."

Bäm! Das saß. In Deutschland bekommt man diese Seite natürlich nicht so mit, aber ich hatte ja inzwischen hautnah miterlebt, wieviel Leid, Mord und Totschlag in Kolumbien passieren. Diverse Partner von mir wurden erschossen oder erstochen und gekidnappt – und dabei war ich noch nicht mal richtig ins Geschäft eingestiegen! Und manchmal kommt es mir sogar noch heute ganz nah: Erst 2019 wurde mein Schwager Cesar ermordet, weil er sich leider auch auf solche Geschäfte eingelassen hatte. Deswegen begleitet mich dieser Satz seitdem wirklich intensiv: „Mit jedem Gramm, das ihr euch in die Nase ballert, zieht ihr euch das Blut von Menschen aus dem Ursprungsland rein."

Für mich war spätestens nach diesem Gespräch mit dem Wärter klar, dass ich mir eine andere Art suchen musste, mein Geld zu verdienen, wenn ich denn irgendwann wieder auf freiem Fuß wäre. Aber welche? Ich hatte schon immer einen Unternehmergeist und viele Ideen. Eine davon war, Medellín-Touren für Ausländer anzubieten. Damals war ich einer der wenigen Gringos, die dort lebten und die Stadt gut kannten, aber zu der Zeit ging es gerade los, dass Medellín ein angesagtes Touristenziel wurde. Ich hätte meine Erfahrungen und Kontakte nutzen können, um ausländischen Gästen die Sehenswürdigkeiten, aber natürlich auch die angesagten Restaurants und Party-Locations zu zeigen. Doch ich habe mich schnell dagegen entschieden, weil ich ahnte, dass es schiefgehen würde, wenn ich mich wieder im Nachtleben herumtreiben würde.

Dann kam mir eine andere Idee: Angesichts des in Itagui zwar viel besseren, aber immer noch miesen Knast-Fraßes dachte ich, was für eine Schande es war, in einem Land mit so leckerem Essen und so großartig schmeckenden Früchten zu sitzen und nichts davon zu haben. Beim Schwelgen in kulinarischen Erinnerungen fiel mir ein, dass es in den kolumbianischen Supermärkten im Kühlregal tiefgefrorenes Fruchtpüree in 100- oder 200-Gramm-Päckchen gab. „Pulpas" wurden die dort genannt, also frisch pürierte Früchte, ohne Kerne, ohne Schalen, ohne irgendwelche Zusätze, nur das Fruchtfleisch. Ich hatte ein paar Sorten gekauft und mir damit meinen Saft, Smoothies oder Joghurt gemacht, und es schmeckte einfach bombastisch. Die Früchte waren sonnengereift geerntet und sofort verarbeitet, und daher war der Geschmack von der Frucht wirklich so intensiv, wie er nur im Ursprungsland sein kann. Wer mal eine Mango in Kolumbien oder eine Ananas in Panama oder eine Maracuja in Peru gegessen hat, der weiß, dass das ein völlig anderes Geschmackserlebnis ist als das, was man in deutschen Supermärkten so bekommt. Wie man auch immer versucht, die Früchte selbst nach Deutschland zu schaffen, es gelingt einfach nie, diesen Geschmack rüberzubringen, weil die Früchte für den Transport noch unreif sein müssen und dann in dunklen See-Containern nachreifen müssen, aber eben nicht mit dem Aroma. Doch diese Pürees sind absolut authentisch im Geschmack und sollten sich ja auch mit einem Kühlcontainer oder so gut transportieren lassen. Und praktisch war es auch noch, das Püree direkt verwenden zu können, ohne Schälen oder Schnippeln.

Das wäre doch was für den deutschen Markt, so etwas gibts bestimmt noch nicht, dachte ich. Und das wäre auch was Anständiges, mit Früchten zu handeln!

✝

Gleich nachdem ich auf Bewährung raus war, erzählte ich Stefan von dieser Idee, der auch diesen Unternehmergeist hat und immer offen ist für neue Sachen. Er war sofort begeistert und wir beschlossen, uns schlauzumachen, was Kontakte und Konkurrenzprodukte anging. Wir haben in Kolumbien geschaut, wer diese Pürees herstellen konnte, und ich habe eine kleine Marktanalyse gestartet. Es gab nur eine einzige Firma in Deutschland, die tiefgefrorenes Fruchtpüree in Kleinpackungen verkaufte, und zwar hauptsächlich Acai-Beeren aus Brasilien. Also keine wirkliche Konkurrenz.

Und so gründeten wir im Februar 2015 gemeinsam die Firma Tropifruit. Stefan ist ein feiner, sauberer Kerl, er kommt aus einer reichen Familie aus Österreich und ist vielleicht ein bisschen eigen, aber er hat definitiv nie was mit irgendwelchen kriminellen Sachen zu tun gehabt. Er hatte dann die „blendende“ Idee, eine Offshore-Firma in Panama zu gründen, weil man dort keine Steuern bezahlen muss. Einiges des Einkaufs in Südamerika sollte über diese Firma laufen und würde nur mit einer ganz kleinen Marge an Tropifruit verkauft, um Steuern zu sparen. Im Grundsatz war das ja gar keine schlechte Idee, aber ein denkbar blöder Zeitpunkt, weil zu der Zeit gerade das Gedöns mit den Panama

Papers aufkam. Kurz zur Erklärung: Wegen eines Datenlecks gelangten Unterlagen eines panamaischen Offshore-Dienstleisters ans Licht, die legale Strategien der Steuervermeidung, aber auch Steuer- und Geldwäschedelikte enthüllten. Das führte zu groß angelegten Ermittlungen und das ganze Thema „Steuerschlupflöcher und Briefkastenfirmen" war sehr präsent. Zusätzlich waren wir an den falschen Anwalt geraten, der seinen Job nicht gut gemacht hat oder sogar ein Betrüger war. Er hat die Firma eingetragen, aber dann nicht weitergemacht. Das Ganze wirkte einfach mega verdächtig.

Es war dann auch um diese Zeit, Anfang 2015, als in Deutschland noch mal neue Ermittlungen gegen mich losgingen und ich wieder mal von der Polizei angehalten wurde. Ich sollte einmal ne Urinprobe abgeben, anscheinend wollten sie sehen, ob ich wirklich clean war. Dadurch, dass sie mich weiter unter Beobachtung hatten, müssen sie ja mitbekommen haben, dass es einen Bruch in meinem Leben gab, eine Kehrtwende, nach der ich, was Drogen anging, geschäftsmäßig und auch konsummäßig komplett clean war. Aber dass ich da jetzt „Fruchtsäfte" in Containern von Südamerika nach Deutschland holte, plus diese Offshore-Sache ... logisch, dass die dachten, dass ich das wieder irgendwie für kriminelle Sachen nutzen möchte. Der Gedanke ist ja nicht weit hergeholt.

Ich weiß, dass heute immer noch Ermittlungen laufen. Aber das stört mich nicht so sehr, ich habe ja nichts mehr zu verbergen. Es ist zwar etwas nervig, wenn du weißt, du wirst immer noch abgehört und es wird immer noch herumgeschnüffelt. Aber andererseits denke ich, je mehr sie ermitteln und meinen Telefonaten zuhören, umso mehr sehen sie halt, was für ein Mensch ich heute bin. Ich hege den heimlichen Wunsch, dass irgendwann mal so ein Ermittler auf mich zukommt und sagt: „Ich musste dir Tag und Nacht zuhören und habe deswegen, wie du dir vorstellen kannst, oft von Jesus gehört und von Gottes Gnade und daraufhin hat Gott mich zu sich gezogen und ich habe mich bekehrt."

Dankbar

# MADE IN HEAVEN

Nach meiner zweiten Bekehrung in Deutschland und dem Gefühl, mein Leben jetzt auf sichere, legale Füße gestellt zu haben, habe ich mein Gebet von damals im Gefängnis wieder aufgegriffen und angefangen, ernsthaft darum zu beten, dass Gott mir die Frau meines Lebens über den Weg schickt. Und im August 2015 habe ich dann Kelly kennengelernt.

Es war keine große aufregende Lovestory, sondern eigentlich eher plump: Ich war einfach auf einer kolumbianischen Partnervermittlungsseite, sie hieß „Colombian Cupid" oder so. Eigentlich hat mir das ein bisschen widerstrebt, weil da auch ganz viele Mädels waren, die sich einen Gringo anlachen wollten, dem sie vielleicht ein bisschen Geld aus der Nase ziehen können. Trotzdem war ich neugierig, und ich war erst seit ein paar Tagen dort angemeldet, als ich auf Kelly gestoßen bin. Eine hübsche junge Frau mit zimtfarbener Haut, braunen Augen und dunklen Locken. Also genau mein Geschmack. Auch sie hätte nie gedacht, dass sie mal auf so eine Seite gehen würde, das war gar nicht ihr Ding, und als Frau hatte sie auch etwas Angst oder zumindest Respekt davor, weil man natürlich auch an Männer geraten konnte, die es nicht gut mit einem meinten. Aber sie hatte gerade eine kleine OP hinter sich und musste eine Woche im Bett liegen, und ihr war langweilig. Eine Arbeitskollegin von ihr hatte über diese Seite einen Amerikaner kennengelernt und da war alles bestens gelaufen. Daher war Kelly irgendwie neugierig und hat sich bei dieser Seite angemeldet. Und zwar „zufällig" genau gleichzeitig mit mir.

Wir beide waren nur zwei oder drei Tage auf dieser Seite und haben recht bald gemerkt, dass wir uns echt mögen. Als wir eine Weile ein paar Nachrichten hin und her geschrieben hatten, sind wir dann auf WhatsApp gewechselt und haben uns nach und nach immer besser kennengelernt. Also, wir haben uns nicht nonstop gegenseitig vollgetextet, sondern immer mal wieder. Es war ein ganz organisches Kennenlernen. Nach ein paar Wochen haben wir uns dann auch mal über Skype verabredet.

Zum ersten Mal wollte ich nicht einfach eine Frau aufreißen, um Spaß zu haben, sondern ich wollte eine Frau kennenlernen, die vielleicht meine Ehefrau werden könnte. Kelly hat schon gemerkt, dass der „neue Niels" da sehr ernsthaft und seriös war. Zum Glück kannte sie den alten Niels nicht, das ist wirklich ein Segen, denn das hätte wahrscheinlich zu Eifersuchtsdramen geführt oder zu einer Menge Misstrauen, weil der einfach eine absolute Vollkatastrophe war, was das Thema Frauen anging.

Kelly war noch sehr jung, als wir uns kennenlernten, 22 oder 23 und ich 10 Jahre älter. Nach und nach erfuhr ich mehr über sie: Sie wohnte in Medellín mit einer Freundin zusammen und stand komplett auf eigenen Beinen und das auch schon eine ganze Weile, weil sie ihre Eltern früh verloren hatte und bei ihrer Tante aufgewachsen war. Sie arbeitete tagsüber und studierte abends und am Wochenende Modedesign. Mit 18 hatte sie ein bisschen mit dem Partyleben angefangen, war viel ausgegangen, hatte einige Männer getroffen und war oft enttäuscht worden. Und so hatte auch sie zu Gott gebetet, dass sie nun gern den Mann fürs Leben finden würde und dass das bitte einer sein sollte, der Ehrfurcht vor Gott hat. Sie dachte, wenn ein Mann Ehrfurcht vor Gott hat, wird er auch Ehrfurcht vor der Ehe haben und versuchen, ein guter Ehemann zu sein. Wobei sie da noch gar nicht so einen großen Glaubensbezug hatte.

Ich habe ihr von Anfang an sehr offen von meiner Geschichte und auch von meiner Veränderung durch den Glauben erzählt. Als wir uns langsam näherkamen, hat meine Story an sich und auch die Gespräche über Gott, die wir geführt haben, viel bei Kelly bewegt. Wir sprachen oft über das Thema Glauben und fingen auch bald an, zusammen zu beten. Ich erzählte ihr von den Sachen, die ich gelesen oder gehört hatte, und dann tauschten wir uns darüber aus. Auch für mich war das ja alles noch recht frisch und so entdeckten wir vieles gemeinsam.

Manchmal musste ich die Nacht durchmachen, damit wir reden konnten, denn durch die Zeitverschiebung hatten wir immer nur bestimmte Zeitfenster. Kelly ist eine fleißige Frau. Abends und am Wochenende war sie mit ihrem Studium beschäftigt und tagsüber arbeitete sie in einer Firma, die spezielle Gürtel und Büstenhalter für Frauen nach Schönheits-OPs herstellt. Kolumbien ist mit Brasilien auf dem amerikanischen Kontinent das Land, wo man hingeht, wenn es um eine Schönheits-OP geht. Erstens ist es nicht ganz so teuer und zweitens sind die Chirurgen in Kolumbien wirklich top. Das kann ich auch von meiner Fuß-OP bestätigen.

Nun ja, es war also schon rein aus zeitlichen Gründen nicht so einfach, uns ausführlich zu unterhalten, und deshalb haben wir bald entschieden, dass Kelly mich in Deutschland besuchen kommt. Wir wollten uns endlich mal persönlich und mit viel Zeit begegnen. Zu der Zeit hatte ich nicht viel Geld, Tropifruit war noch kein halbes Jahr alt und ich habe über das Jobcenter für das erste Jahr Selbstständigenunterstützung bekommen. Das waren 1000 Euro im Monat. Meine Eltern haben geholfen, den Flug zu bezahlen.

Anfangs hatte Kelly natürlich auch Bedenken, mich in Deutschland zu besuchen, weil sie die Stories kannte, wie Mädchen in Sex Trafficking reingeraten. Aber nachdem wir uns so lange geschrieben und per Videochat gesprochen hatten, empfand sie so einen Frieden und hat gespürt, dass ich wirklich ein Mann Gottes bin und dass sie keine Angst zu haben braucht. Trotzdem finde ich es krass, dass sie den Mut hatte, es durchzuziehen. Ich meine, ich sehe vielleicht nicht unbedingt wie ein lieber Kerl aus. Auch wenn ich das jetzt bin, sprechen die Narben und Tattoos ja eine ganz andere Sprache und auch die Muskeln, die ich damals noch ausgeprägter hatte. Ich sah einfach nicht aus wie ein typischer frommer Mann. Aber sie hat sehr stark gespürt, dass es das Richtige ist, zu mir zu kommen.

†

Und dann endlich, Mitte Dezember 2015, war es so weit und Kelly flog über den großen Teich. Da ich den Flug für sie gebucht hatte, wurde sie richtig auseinandergenommen vom Zoll am Frankfurter Flughafen. Wahrscheinlich dachten die: der Petersen wieder! Jetzt macht der auf Lovestory und schickt eine Frau mit Drogen los! Sie wurde direkt von vier LKA-Leuten abgeholt und in einen Raum geführt, und dort wurde sie durchsucht und befragt und so weiter. Aber meine süße Lady hatte ja nichts zu befürchten und so war das Ganze zwar natürlich unangenehm, aber letztlich okay.

Als sie in Hamburg ankam, habe ich mit einer Rose vorm Ausgang gewartet. Ich war damals ja noch richtig gut gebaut, sah wie immer fresh aus und hatte ein Paco-Rabanne-Parfum aufgelegt, das ich seitdem immer kaufen muss, weil der Duft Kelly so an diesen Moment erinnert. Ich war mit dem Mercedes meiner Eltern zum Flughafen gefahren – ich hatte ja weder Auto noch Kohle, aber immerhin eine eigene Wohnung in Flensburg. Und da fuhren wir dann auch hin. Ich bestellte etwas zu Essen und wir sind nicht gleich in die Kiste gesprungen, wie ich es früher vielleicht gemacht hätte. Es war alles sehr respektvoll.

Ich hatte eine kleine Last-Minute-Reise für uns gebucht, fünf Tage Fuerteventura, wo wir uns dann auch „in echt" ineinander verliebten. Natürlich lernte Kelly auch meine Eltern kennen und wir verbrachten Weihnachten bei meinen Großeltern in Tolk, einem kleinen Ort bei Schleswig, wo meine Mutter aufgewachsen ist. Ich hatte ein sehr inniges Verhältnis zu meinen Großeltern mütterlicherseits, die sehr gläubig waren, immer in die Kirche gegangen sind und vor allem mega hilfsbereit waren. Das ganze Dorf hat sie geliebt, weil sie einfach jedem geholfen haben und immer ein offenes Ohr für alle hatten. Meine Oma war bekannt dafür, dass sie auf jeder Feier im Dorf Gedichte für irgendwelche Leute geschrieben und dann vorgetragen hat. Daher habe ich wahrscheinlich dieses Reim-Gen.

Meine Großeltern sind mehr als 65 Jahre verheiratet gewesen, und es war toll zu sehen, dass mein Opa noch im hohen Alter die Hand meiner Oma gestreichelt und sie geküsst hat. Meine Mutter erzählte, dass auch die beiden natürlich Momente hatten, wo nicht alles so toll war, aber insgesamt hat es mich sehr beeindruckt, wie lieb sie miteinander umgegangen sind. Es war so schön, dass sie Kelly noch kennenlernen konnten. Wir haben später jedes Jahr Weihnachten bei ihnen verbracht, solange sie noch gesund waren. Ich bin sehr dankbar, dass meine Großeltern ihren Enkel noch völlig verändert als neuen Menschen und Mann Gottes erleben durften. Meine Oma ist im November 2018 gestorben und mein Opa im Juli 2019. Beide sind total vertrauensvoll und im Frieden gegangen, sie waren ganz sicher, dass sie in den Himmel kommen würden.

Ich habe Kelly wie gesagt gleich am Anfang ganz offen und ehrlich meine Story erzählt. Also, nicht alles auf einmal, aber immer mal ein bisschen mehr. Und dann wesentlich detaillierter, als sie das erste Mal hier war. Ich habe ihr nichts verschwiegen, weil ich wusste, dass sie alles wissen muss, wenn das mit uns eine wirkliche Chance haben sollte. Aber ich war schon ein bisschen überrascht, wie gut sie das alles aufgenommen hat. So richtig schockiert schien sie nicht zu sein. Gut, sie kommt auch aus Medellín und zwar aus einem ziemlich heftigen Barrio, und daher war ihr vieles nur zu bekannt. Außerdem deutete sie an, dass sie schon ziemlich viel erlebt hatte und daher nicht so leicht zu schocken war. Also, von mir abgeschreckt hat sie das jedenfalls nicht.

Kelly hatte drei Wochen Urlaub genommen und blieb bis Anfang Januar bei mir. Wir waren inzwischen echt heftig verliebt und hatten schon geplant, dass sie im März noch mal zwei Monate kommt. Und bei diesem zweiten Besuch erzählte sie mir mehr über ihre nicht so schöne Kindheit.

Wie gesagt war sie bei ihrer Tante aufgewachsen, La Mona, und zwar seit sie vier Monate alt war. Deshalb kann sie sich auch gar nicht an etwas anderes erinnern. Doch von ihrer Tante wusste sie, dass ihre gesamte Familie – also ihre Eltern und Großeltern und auch La Mona und die anderen Tanten und Onkels – in der Region Uraba gelebt hatten, mitten in der Pampa. Sie hatten eine Finca mit Kühen und Pferden und Land, das sie alle gemeinsam bewirtschafteten.

In der Gegend waren die Guerilla und die Paramilitärs sehr aktiv. Kelly ist am 13. Oktober 1993 geboren. Im Januar 1994 gab es irgendwie ein Problem mit demjenigen, der dort in der Region bei der Guerilla das Sagen hatte. Diese Leute nahmen oft einfach der Landbevölkerung ihre Häuser weg, wenn es ihnen gerade passte. Deswegen ist Kolumbien das Land mit den meisten Binnenflüchtlingen weltweit, weil in solchen Gebieten die Guerilla oder auch das Paramilitär einfach Fincas und ganze Dörfer enteignen und die Bewohner verjagen. Und wenn die sich wehren, dann gibt es ein Massaker. Zu der Zeit sind ganze Dörfer ausgerottet worden. Oftmals wurden aber auch „nur" die Männer umgebracht und die Frauen und Kinder verjagt, und dann rissen die Aggressoren sich die Häuser unter den Nagel. Genau das ist auch bei der Finca des Opas von Kelly passiert. Anscheinend haben ihre Eltern sich gesträubt, als sie auch deren Haus besetzen wollten, weil sie es gerade erst gebaut hatten. Sie wurden erschossen. Alle Verwandten mussten abhauen und nahmen die kleine Kelly mit, die erst vier Monate alt war und schon ein Waisenkind.

Sie siedelten sich in den Armutsvierteln von Medellín an, wo viele Binnenflüchtlinge landen. Das ist dann der Endpunkt der Hoffnungslosigkeit, denn es gibt wenig bis keine Möglichkeit, dort auf legale Weise zu überleben oder es gar wieder dort rauszuschaffen.

Kelly wuchs bei ihrer Tante auf, die selbst eine Tochter hatte, Luisa. Sie ist nur ein paar Tage vor Kelly geboren. Als La Mona Kelly zu sich genommen und als ihre Tochter ausgegeben hat, musste sie angeben, dass sie 1992 geboren ist – denn es konnte ja schlecht Luisa am 1. Oktober 1993 geboren sein und Kelly am 13. Oktober. Die beiden Mädchen wuchsen wie Schwestern auf. Kelly war sehr krank und schwach, und La Mona dachte eigentlich, dass sie es gar nicht schaffen würde. Doch sie überlebte. Anscheinend hatte Gott noch etwas mit ihr vor.

La Mona, Luisa und Kelly lebten in einem Barrio namens Castilla, einem sehr gefährlichen Viertel, wo viele Gangs und Combos miteinander im Krieg sind und wo Straßen unsichtbare Grenzen ziehen zwischen Territorien, wo die einen das Sagen haben, und denen, wo die anderen herrschen.

Ständig gab es Schießereien, das hat Kelly von klein auf mitbekommen. Teilweise saßen die Kinder in der Schule, und dann gab es einen Schusswechsel draußen und alle mussten sich auf den Boden werfen, damit sie nicht von einer Kugel getroffen wurden. Nicht nur in diesem Viertel und nicht nur in Medellín, sondern auch anderswo in Kolumbien kommen durch Querschläger recht häufig Kinder oder andere Unbeteiligte ums Leben. Auf dem Schulweg musste Kelly teilweise über Leichen steigen, oder eine Blutlache oder Gehirnmasse befand sich auf der Straße. Solche Sachen musste sie sehen, als sie noch sehr jung war.

Dadurch, dass alle ihre Tanten Schneiderinnen waren, hat sie das Handwerk von klein auf gelernt und schon früh mitgeholfen, mit La Mona Sachen zu schneidern. Das gab ihnen zumindest eine kleine Verdienstmöglichkeit. La Mona und die Mädchen sind oft umgezogen, hauptsächlich innerhalb von Castilla, auch mal nach Robledo, die Comuna nebenan, immer in die Straßen, wo es wirklich heftig abging. La Mona lebte zuerst mit dem Vater von Luisa zusammen, der sie dann jedoch verließ. Irgendwann lernte sie einen neuen Mann kennen, der bei ihnen einzog. Von ihm bekam La Mona dann Samuel, der wie ein Bruder für Kelly ist, weil sie ihn mit großgezogen und gewickelt hat. Bei aller Liebe, die sie für La Mona empfindet, und so dankbar sie ist, dass ihre Tante sie mit durchgefüttert hat, was wirklich nicht leicht war, hat sie trotzdem auch zu spüren bekommen, dass sie eben nicht die leibliche Tochter ist, sondern dass man ihr einen großen Gefallen tat. Sie ist auch öfter mal von Tante zu Tante geschickt worden und war unter anderem ein Jahr bei der Oma, die mittlerweile auf einer anderen Finca lebte. Es war also eine sehr unbeständige Kindheit mit viel Angst und Gewalt, und sie hat oft mitbekommen, dass die anderen Tanten über sie schon den Stab gebrochen hatten: „Aus der wird sowieso nichts werden", musste sie sich schon als Kind anhören.

Aber Kelly hat sie alle Lügen gestraft. Sie hat mit 16 die Schule abgeschlossen und für sie war klar, dass sie gleich arbeiten gehen und studieren möchte. Und das hat sie auch durchgezogen. Sie suchte sich einen Job, erstmal als Verkäuferin, dann in einem Call Center, dann als Rezeptionistin, und hat ganz okay verdient für ein junges Mädchen. Sie hatte einen eigenen Roller und eine Mietwohnung in Robledo. Und nach der Arbeit abends und am Wochenende hat sie Modedesign studiert. Als ich sie kennengelernt habe, war sie im vierten Semester. Und ich habe ihr das sozusagen kaputtgemacht. Es war klar, dass sie nicht mehr weiterstudieren könnte, wenn sie nach Deutschland käme, aber das war für sie okay.

Tja, und jetzt ist sie also eine der Wenigen, die es aus dem Armutsviertel rausgeschafft haben. Und die Tanten, die meinten, dass aus ihr nichts wird, guckten natürlich dumm. Heute sind sie aber dankbar, dass wir zusammen sind, weil wir natürlich der Familie viel helfen.

Im September 2019 wurde Luisas Mann Cesar erschossen. Sie haben einen Sohn zusammen, Maximiliano, der jetzt sieben ist. Leider war Cesar in gewisse Geschäfte involviert, obwohl ich ihm oft gut zugeredet habe, dass er da endlich raus müsse. Er war auch offen dafür, auszusteigen, doch er starb, bevor er das umsetzen konnte. Für Luisa ist es sehr schwer, allein zurechtzukommen, und so sind wir für sie da und helfen, wo wir können. Aber es gibt in dieser Familie so viel Leid und Finsternis. Eine der Tanten von Kelly ist früh in der Prostitution gelandet und wurde umgebracht. Einige Familienmitglieder liegen total im Krieg miteinander, die eine Tante mit dem Onkel sogar so sehr, dass sie ihn umbringen lassen wollte und er mit seiner Familie aus Medellín wegziehen musste, weil sie ihn und andere Leute aus der Familie mit einem Fluch belegt hatte. Und im März 2022 hat sich die Tochter dieser Tante mit 13 Jahren erhängt. Es herrscht da wirklich viel Leid und Durcheinander.

Als Kelly dann hier in Deutschland war, hat sie durch die Gespräche mit mir und auch durch meine Geschichte eine große Sehnsucht danach bekommen, auch bei Gott so einen Halt zu finden. Für sie war sicher auch der Aspekt wichtig, dass sie bei Gott nicht nur so ein lästiges zusätzliches Maul zum Stopfen war, sondern eine geliebte und gewollte Tochter. Sie hat Jesus eingeladen, in ihr Leben zu kommen. Ich war seit 2015 in einer Landeskirchlichen Gemeinschaft in Flensburg mit dem Prediger Samuel Liebmann, und der hat sie dann in der Ostsee getauft.

Rückblickend sagt sie, dass es auf jeden Fall auch früher schon Gott war, der ihr geholfen hat, bei dem ganzen Wahnsinn in ihrer Familie nicht mitzumachen und sich mit einer anständigen Arbeit da rauszukämpfen. Sicher hat sie auch eine krasse starke Persönlichkeit, dass sie auf die miesen Vorhersagen ihrer Tanten mit einem „Denen zeig ich's!" reagiert hat. Und sie war natürlich auch gehörig abgeschreckt dadurch, dass ihre eine Tante schon als Jugendliche Prostituierte war und dann umgebracht wurde. Aber sie hat mir erzählt, dass sie auch vor vielen Sachen bewahrt geblieben ist und das Gefühl hat, Gott hat ganz besonders seine Hände über sie gehalten. Sie hat zum Beispiel nie Drogen konsumiert, sich auch nie irgendwie mit Männern eingelassen, die in kriminellen Strukturen waren. Das ist eigentlich schon fast ein Wunder.

La Mona hat sicher auch dazu beigetragen, indem sie sie mit einer sehr harten Hand erzogen hat. Kelly hat durchaus mal Schläge mit dem Gürtel oder einem Löffel auf den Kopf bekommen. Sie musste schon früh hart arbeiten, nach der Schule beim Schneidern helfen und insgesamt einfach sehr schnell erwachsen werden. Und sie hatte diese Willenskraft, es anders zu machen und ihr eigenes Leben zu führen.

✝

Mit unserer Firma ging es unterdessen auch weiter. Unser Plan mit Tropifruit war: Wir machen einen Onlineshop, aber wir wollen mit dem Produkt auch in die Supermärkte. Das erwies sich aber als extrem schwierig. Ich bin zu allen möglichen Märkten in Schleswig-Holstein, Hamburg und Niedersachsen persönlich hingefahren. Der Tiefkühl-Platz ist sehr hart umkämpft, weil der einfach nicht so groß ist. Da wir bald gecheckt haben, dass wir gegen Wagner und Co. nicht anstinken können, leasten wir Tiefkühlschränke zum Aufstellen aus der Türkei und stellten diese in die Märkte.

Wir besuchten auch Messen und stellten dort aus. Die größte Lebensmittelmesse der Welt ist die SIAL in Paris und die zweitgrößte die Anuga in Köln. An sämtlichen Wochenenden waren wir noch und nöcher in irgendwelchen Supermärkten und haben Verkostungen gemacht. Alle Einkäufer haben das Produkt geliebt, aber im Verkauf wurde es nicht so gut mitgenommen. Im Nachhinein denke ich, dass der Durchschnittsdeutsche vielleicht einfach zu faul ist, sich seinen Smoothie selbst zu machen, danach den Mixer zu säubern und so weiter. Da kauft man sich lieber convenientmäßig ein fertiges Produkt, schmeißt die Flasche weg und gut ist.

Mehrere potenzielle Kunden fragten, ob wir auch größere Abpackungen oder Fassware für die Industrie besorgen könnten. Wir fragten unsere Partner in Kolumbien, ob so was möglich wäre, und plötzlich sind viel größere Horizonte aufgegangen. Bald hatten wir die ersten Großkunden, zum Beispiel aus der Eisbranche. Erst nach und nach ging mir auf, was für ein riesengroßes Ding das Fruchtpüree- und Saftkonzentrat-Geschäft ist. Das hätte ich niemals geglaubt.

Unser großer Vorteil waren meine Spanischkenntnisse und meine guten persönlichen Kontakte zu den Lieferanten in Peru, Kolumbien und Costa Rica. Bei anderen Produkten muss man erst den Markt finden und den Verkauf regeln, aber das war bei uns easy – der Markt war ja schon da. Ich musste halt nur sehen, dass ich gute Ware zu guten Preisen bekam. Ich habe von Anfang an darauf geachtet, dass das alles nachhaltig produziert wird und die Leute vernünftig bezahlt werden. Heutzutage muss man ja alle möglichen Zertifikate haben, um in Europa in der Qualität verkaufen zu können. Wir sind Bio-zertifiziert und Fairtrade-zertifiziert. Das Industriegeschäft wuchs, während sich das Geschäft mit den kleinen Pads wirklich schwergetan hat. Zum Glück haben wir rechtzeitig die Reißleine gezogen und die Kühlgeräte wieder zurückgegeben.

Irgendwann waren Stefan und ich dann nicht mehr so richtig auf einer Linie im Hinblick darauf, wie die Geschäfte geführt werden sollen. Nach einigem teilweise auch sehr unschönen Hin und Her einigten wir uns schließlich darauf, dass ich ihn ausbezahle und die Firma allein weiterbetreibe. Und so bin ich nun seit

Anfang 2023 ganz allein verantwortlich. Es macht mir sehr viel Spaß, und weil ich sehr schnell arbeite, habe ich auch die Zeit, die anderen Dinge weiterzutreiben, die ich noch so mache. Ich pflege einen sehr guten Draht zu meinen Lieferanten und auch zu meinen Kunden. 90% der Leute, mit denen ich geschäftlich zusammenarbeite, kennen meine Story. Eigentlich könnte man denken, dass sie das abschreckt, aber das Gegenteil ist der Fall. Es ist eher so, dass meine Transparenz ihnen gefällt und dass sie auch schnell merkten, dass ich jemand bin, der sein Wort hält und der Ehrfurcht vor Gott hat. Die Leute durchschauen ja, ob du ein Quatscher bist oder ob du wirklich diese Werte vertrittst. Ich bin trotzdem ein knallharter Geschäftsmann, aber eben auf eine faire, ehrliche und saubere Art, sodass die Leute ganz genau wissen, woran sie sind.

✝

Nach Kellys zweitem Aufenthalt in Deutschland war für uns beide klar: Okay, wir wollen miteinander wirklich ernst machen. Wir planten unsere Hochzeit für den 9. September 2016 und feierten dann im kleinen Kreis. Etwas ganz Besonderes war für uns, dass wir in der Kirche in Tolk geheiratet haben, wo meine Großeltern und meine Eltern schon geheiratet hatten. Und meine Großeltern konnten noch alles miterleben, das war sehr rührend.

Standesamtlich haben wir am selben Tag in Dänemark geheiratet, das liegt ja direkt hier um die Ecke und es wurden viel weniger Dokumente verlangt. Wenn es nach deutschem Recht gegangen wäre, hätte Kelly eigentlich nach dem Standesamt wieder zurück nach Kolumbien fliegen und in der Deutschen Botschaft ein Heiratsvisum beantragen müssen, was 8 bis 12 Monate dauern kann. Und erst damit würde sie dann wieder in Deutschland einreisen dürfen und bekäme dann eine Aufenthaltserlaubnis. Wir hatten erstens nicht das Geld, um jetzt noch mal Flüge zu bezahlen, und zweitens wollten wir nicht noch mal acht Monate oder gar ein Jahr getrennt sein.

✝

Recht bald kündigte sich dann auch unser erstes gemeinsames Kind an. Als der Test positiv war, haben wir uns beide mega gefreut. Und bald haben wir in Harrislee um die Ecke von meinen Eltern eine Wohnung gefunden, weil die Wohnung in Flensburg zu klein für drei war.

Am 2. Januar 2018 ist Dulce Maria auf die Welt gekommen. Aber gleich mit einem Riesenschreck: Sie war komplett blau und hatte die Nabelschnur um den Hals gewickelt. Die Ärzte haben sie mitgenommen und uns total im Schock zurückgelassen. Gefühlt waren sie eine halbe Stunde weg, in Wirklichkeit waren es wahrscheinlich nur ein paar Minuten. Ich bin wie wild auf dem Flur rumgelaufen und habe gefragt: „Wo ist meine Tochter? Wo ist meine Tochter???"

Und dann haben sie mir die Kleine gebracht und ich durfte sie das erste Mal in meinen Armen halten. Das ist einer der krassesten Momente meines Lebens gewesen. Ich habe bis heute ein ganz inniges Verhältnis zu meiner Tochter. Ich habe immer gedacht, wenn ich es mir aussuchen könnte, würde ich ganz gern einen Sohn haben. So wegen Fußball spielen und so weiter. Aber es war so mega, eine Tochter zu haben, es war einfach perfekt.

In der Schwangerschaft hatten wir beide das Gefühl gehabt: Das ist ein Junge. Und ich hatte ja auch diesen Traum im Gefängnis gehabt, dass ich mal einen Sohn bekommen werde, der Elias heißen soll, wie der Prophet. Deswegen hatten wir auch nur den Namen Elias und haben uns über einen Mädchennamen gar keinen Kopf gemacht. Als uns dann beim Ultraschall gesagt wurde, es ist ein Mädchen, waren wir ein bisschen überfordert und hatten erstmal gar keine Idee. Luisa, Kellys Schwester, kam auf den

Namen Dulce Maria, „süße Maria", und das fanden wir sofort richtig cool.

Während der Coronazeit ist Kelly dann wieder schwanger geworden. Diesmal war ja schon klar, wie er heißen wird: Elias. Kurz vor der Geburt war mein Opa Theodor gestorben. Ich wünschte mir, dass unser Sohn den Namen von meinem Opa trägt. Deshalb heißt er Elias Theodor. Elias bedeutet „Der Herr ist mein Gott" und Theodor heißt „Geschenk Gottes".

Ich bin für das Familienglück, was wir jetzt haben, sehr dankbar, weil ich weiß, dass Gott mein spezielles Gebet (und viele andere natürlich auch) damals in der Zelle gehört hat. Ich hätte niemals gedacht, dass ich mal so eine wundervolle Frau haben werde und zwei so goldige Kinder. Dass ich so gesegnet sein würde. Mit allen Herausforderungen, die Kinder und Ehe so mit sich bringen, aber jeden Tag danke ich Gott dafür. Es ist mir nach Gott auch das höchste Gut, was ich habe hier auf Erden. Meine Frau und meine Kinder, darüber kommt nix.

Kelly ist eindeutig das Beste, was ich jemals aus Kolumbien importiert habe. Aber im Ernst, Kelly hat das Leben, das sie kannte, hinter sich gelassen, um bei mir zu sein, und dafür bin ich ihr ewig dankbar. Von Medellín nach Flensburg, das volle Kontrastprogramm. Aber es gefällt ihr gut hier, sie liebt meine Eltern und sie lieben sie auch wie eine Tochter. Und deshalb sagt sie, sie hat jetzt die Familie, die sie nie hatte. Denn so ein richtiges Familiengefühl war es eben nicht. Kelly hat zum Beispiel auch nie zu La Mona „Mama" gesagt. Sie hat von klein an mitbekommen, dass La Mona nicht ihre Mama ist und dass ihre Eltern tot sind. In so jungem Alter schon solche Sachen zu hören, das ist schon krass. Es ist wirklich ein Wunder, dass Gott sie da so durchgeführt und bewahrt hat. Und es ist auch ein Wunder, dass wir zusammen sind bei all den vielen Frauen, die in meinem Leben stattgefunden haben, ob es nur mal für eine Nacht war oder sogar nur für einen Moment oder auch für ein bisschen länger. Die ganze Zeit über ist sie die Frau gewesen, die Gott für mich hatte. Das weiß ich ganz genau. Gott macht seine Pläne ja nicht mal so spontan, sondern die Pläne des ewigen Gottes sind halt auch ewig, das heißt, es ist schon von Gott so gewollt gewesen, bevor wir geboren wurden, ja sogar bevor die Welt geschaffen wurde, dass sie einmal meine Frau wird.

Wir sind wirklich sehr unterschiedlich von der Denkweise und von unseren Begabungen her. Uns verbindet auch viel, nicht zuletzt der Glaube und die Liebe, aber wir sind wirklich sehr verschieden und das gibt natürlich auch viel Reibung. Wir sind beide sehr temperamentvoll und aufbrausend – eigentlich klar, sie als Latina und ich als geborener Hitzkopf. Gott hat da aber auch schon viel an mir gearbeitet. Früher musste man mich ja nur einmal schräg angucken, dann habe ich schon Fäuste verteilt. Nicht bei Frauen, aber bei Männern schon. Auch beim Fußball. Wie viele Rote Karten habe ich bekommen, weil ich mich nicht unter Kontrolle hatte.

Aber ich glaube, Gott packt nicht zwei Menschen zusammen, bei denen einfach alles passt und die immer die gleiche Meinung haben. Gott möchte, dass wir uns immer weiterentwickeln und IHM immer ähnlicher werden, das können wir nur, wenn wir an unseren Partnern lernen, bedingungslos zu lieben und uns gegenseitig zu schleifen. Und das zeigt sich eben genau in den Momenten, wo man vielleicht denkt: Das hat sie jetzt nicht gerade gesagt! Das ist doch nicht ihr Ernst! Genau in den Momenten, wo es Reibung gibt, muss ich lernen, sie bedingungslos zu lieben – und andersrum sie auch bei mir. Das ist wahrscheinlich bei so einem Charakter wie mir auch nicht immer leicht. Ich bin einfach nur dankbar, sie an meiner Seite zu haben bei den Herausforderungen, die es gibt, und auch bei all den Makeln, die wir beide haben.

So sind wir also zwei ausgeprägte Temperamente, die aufeinandertreffen, und das ist dann schon auch manchmal spannend.

Auch unsere Kinder sind zwei heftige Temperamentsbolzen, wie sollte es auch anders sein bei den Genen. Unsere Dulce ist in allem sehr extrem, die kann extrem süß und lieb sein, sie ist extrem schlau, sie kann einem auch extrem auf den Geist gehen und sie kann extrem böse werden. Und Elias ist auch nicht viel anders. Wir sind halt nicht so ganz die typische deutsche Familie, was die Charaktereigenschaften angeht, sondern eher südamerikanisch unterwegs.

180°

# VOM DOPE-DEALER ZUM HOPE-DEALER

Ein Wermutstropfen in der ganzen Zeit war, dass ich dachte, ich kann nie wieder nach Kolumbien zurück, da ich ja vor Ende der Bewährungsfrist das Land verlassen hatte.

Im Oktober 2019 stand eine Messe in San José, Costa Rica an, wo ich für meine Firma hinreisen musste. Ich habe nach Flügen geschaut, und der beste und schnellste ging über Panama. In Panama war ich ja schon gewesen, dort hatte ich mein Visum für Kolumbien bekommen. Von da ist es nur ein Katzensprung nach Medellín. Nur etwas mehr als eine Stunde Flug!

Ich dachte: Gott, wenn du mir eine Frau aus Kolumbien, sogar aus Medellín schickst, dann wirst du doch bestimmt auch wollen, dass ich ihre Familie kennenlerne, oder? Außer es Gott hinzulegen, habe ich mich auch ein bisschen schlaugemacht und bei der Justizbehörde angerufen und gefragt, wie es aussieht in meinem Fall. Man sagte mir, der sei schon archiviert und das „Paz y Salvo"-Zertifikat liege auch vor. Jetzt war ich verwirrt. Nach der Bewährungszeit muss man sich eigentlich vom Richter ein Blatt unterschreiben lassen, eben besagtes „Certificado Paz y Salvo", das ausdrückt, dass die Strafe abgegolten und man frei ist. Die Justizangestellte schaute in den Archiven nach und da lag dieses Dokument in meinem Ordner. Wo auch immer das hergekommen ist – ich hatte es nicht unterschrieben. Aber ich habe nicht weiter nachgehakt. Ich war nur einfach froh, dass von rechtlicher Seite anscheinend alles okay war.

Nun gab es noch das Problem mit der Migration, denn letztendlich war ich ja nie offiziell ausgereist. Der gekaufte Ausreisestempel war ja nicht im System. Und den Pass, den ich damals hatte, habe ich natürlich zerstört und einen neuen beantragt. Laut System war ich also nie offiziell ausgereist.

Der Stiefvater von Kelly, der Vater von Luisa, hat mal beim DAS gearbeitet, das war das kolumbianische FBI, das es heute nicht mehr gibt. Er meinte, das Schlimmste, was passieren könne, sei, dass sie mich deportierten, also dorthin zurückschickten, wo ich hergekommen war. Das war easy, fand ich: Das Risiko ging ich ein. Wir flogen nach Panama und dann von dort nach Medellín. Und wenn ich nicht reingekommen wäre, hätte Kelly einfach mit unserer kleinen Tochter Urlaub bei der Familie gemacht und ich wäre so lange in Panama geblieben.

In Medellín gab es dann nicht das geringste Problem, und so ist es seither auch geblieben. Vielleicht weil Gott dort noch was mit mir vorhatte.

✝

Im März 2023 habe ich eine zweite Firma in Kolumbien gegründet, „Frutos de Gracia SAS", also „Früchte der Gnade". Sie beruht auf einer Vision, die ich im Oktober 2019 hatte. Ich weiß, das klingt danach, als hätte ich doch wieder was eingeworfen und nun Hallus. Aber nein, eine Vision ist, wenn es mehr ist als nur eine Idee, wenn man es quasi schon vor Augen sieht und genau weiß: Das sollst du machen, das ist es, was Gott möchte.

Als ich 2019 zum ersten Mal wieder in Kolumbien war, hatte ich auch Fabian wiedergetroffen, meinen Kumpel und Bruder aus Itagui. Er war mittlerweile schon vier Jahre wieder in Freiheit und hatte immer noch keinen Job finden können. Das machte mich nachdenklich. Klar, er hatte seine Vergangenheit, aber er hatte seine Strafe abgesessen, er hatte sich total verändert. Zudem ist er ein sehr schlauer, disziplinierter Mensch, der vorher ein hochrangiger Polizist war und weiß, wie man mit Menschen umgeht. Eigentlich genau das, was viele suchen. Doch niemand wollte ihm eine zweite Chance geben. Es ist leider (nicht nur) in Kolumbien so, dass man gebrandmarkt ist, wenn man im Gefängnis gesessen hat. Ein Ex-Knacki wird von der Gesellschaft abgelehnt. Niemand möchte einen Ex-Drogenschmuggler oder gar Mörder anstellen. Ich bin aber überzeugt davon, dass jeder Mensch eine zweite oder sogar dritte oder noch mehr Chancen bekommen sollte. Und wie man in Kolumbien sagt: „No toda la persona que está en la cárcel es mala y no toda persona que está afuera es buena!“ Zu Deutsch: Nicht jede Person, die im Gefängnis sitzt, ist schlecht, und nicht jede Person, die draußen ist, ist gut!

Als ich aus Kolumbien wieder zurück war, im Oktober 2019, traf mich die Idee zu „Frutos de Gracia“, also Früchte der Gnade, wie ein Blitz – heute weiß ich, dass das eine unternehmerische Vision von Gott war: Ich sollte Maracuja-Plantagen in Kolumbien aufbauen, um die herum dann Häuser für die Familien der Arbeiter entstehen würden. Ein richtiges kleines Dorf mit einer Schule und einer Bibelschule dabei. Dort sollten 50 % Menschen arbeiten, die sonst von der Gesellschaft abgelehnt und mit Füßen getreten werden. Auch oder hauptsächlich Post-Penados, also Ex-Gefangene, die dort resozialisiert werden und ihre zweite Chance auf ein normales Leben bekommen sollten. Am liebsten natürlich Männer und Frauen, die im Gefängnis Jesus kennenlernen durften. Aber auch solche, die aus dem bewaffneten Konflikt kommen und ihre Waffen niedergelegt haben. Gerade in den ländlichen Gebieten, wo Maracuja wächst, gibt es ja wie geschildert viele bewaffnete Konflikte, wo besonders Frauen wirklich einen sehr schweren Stand haben. Auch ihnen würden wir die Möglichkeit bieten, dort in einem sicheren Rahmen ihr Auskommen zu haben, und das alles auf einem christlichen Wertefundament. Und im Idealfall sollte das Ganze dann einen guten Impact auf die Region haben.

Das alles war von einem Moment auf den anderen komplett in meinem Kopf, inklusive des Namens „Frutos de Gracia". Ich habe innerhalb von einer Woche einen Businessplan geschrieben, eine PowerPoint-Präsentation ausgearbeitet und alles durchkalkuliert. Natürlich habe ich auch groß gedacht, mit eigenen Produktionsstätten, wo wir das Püree oder den Saft produzieren könnten, einer Bibelschule und allem Pipapo. Unterm Strich standen dann irgendwie 2,5 Millionen Euro Finanzbedarf. Und ich hatte zu der Zeit noch nicht mal 5000 Euro auf dem Konto. Aber ich wusste, wenn das eine Idee von Gott ist, dann wird sie früher oder später im wahrsten Sinne des Wortes Früchte tragen.

Nach und nach fügten sich Dinge zusammen. Über meinen peruanischen Lieferanten lernte ich einen Mann namens Adalberto kennen, der heute mein Partner ist und das Ganze als ausführende Kraft leitet. Er ist Agronom, Ingenieurmeister der Landwirtschaft und spezialisiert auf Maracuja – er ist so ein Spezi, dass er zum Beispiel von der peruanischen Regierung zu Rate gezogen wird, wenn es um Maracuja-Anbau geht. Und das Beste von allem ist: Er ist ein Bruder im Glauben. Als ich ihm das Projekt vorgestellt habe, war er gleich Feuer und Flamme dafür.

Es hat sich dann herauskristallisiert, dass wir nicht gleich ganze Dörfer bauen und eine Produktionsstätte hinstellen, sondern erstmal kleine Schritte machen und örtlichen Bauern helfen, auf saubere Landwirtschaft umzusteigen, sodass wir dann die Frischfrucht schon von ihnen kaufen können. Zu fairen Preisen und mit langjährigen Verträgen, sodass sie auch damit planen können. In Cordoba, einer Konfliktregion, sowie in Restrepo und Santa Elena, Valle del Cauca haben wir schon die ersten Bauern dafür gewinnen können.

Es sind aktuell eigene Maracuja-Plantagen in Partnerschaft mit Bauerngemeinschaften als Pilotprojekte im Aufbau. Wir zielen darauf ab, Maracuja in höchster Qualität als hochwertige Exportfrucht an die kolumbianischen Exportfirmen zu verkaufen und die Früchte, die optisch dafür nicht perfekt genug sind, lassen wir von einer Produktionsfirma zu Maracujasaft machen, mit der ich schon viele Jahre zusammenarbeite. Den Saft wiederum kauft dann meine Firma Tropifruit, mit der ich jede Menge Container Maracujasaft auf dem europäischen Markt durchhandle.

Eigentlich kann man sagen, ich mache immer noch dasselbe wie vorher: Ich exportiere immer noch Container aus Kolumbien und Peru nach Europa. Teilweise sind die Vessel, also die Schiffe und die Routen, sogar tatsächlich die gleichen, nur das Produkt hat sich geändert. Statt des weißen Teufelszeugs sind es jetzt Fruchtsäfte, Pürees und Konzentrate. Und der Zweck ist heute so viel besser, geradezu diametral entgegengesetzt: Statt Not und Elend an beiden Enden zu verstärken, versorge ich Menschen in Deutschland mit südamerikanischer Gaumenfreude und Vitaminen und kann gleichzeitig vielen Einheimischen faire Verdienstmöglichkeiten und sogar zweite Chancen im Leben verschaffen. Ich hoffe, dass ich damit ein bisschen Wiedergutmachung für den Anteil leisten kann, den ich an dem blutigen Drogenmist hatte.

Das wichtigste Anliegen ist aber nach wie vor, dass dort Leute resozialisiert werden. Deswegen sind wir in engem Kontakt mit der Organisation „Prison Fellowship International" und mit der kolumbianischen „Confraternidad Carcelaria de Colombia", die dort gerade zusammen mit der Stiftung „Llevando Esperanza", ein großes Landstück gekauft haben.

Auch wenn der Friedensprozess in Kolumbien extrem schwierig ist und immer wieder an scheinbar unüberwindbare Grenzen stößt, gibt es viele Einzelpersonen, Initiativen und Menschenrechtsorganisationen, die sich unermüdlich dafür einsetzen und bessere Ansätze für eine echte Versöhnung in den Bürgerkriegsregionen verfolgen. Die „Confraternidad Carcelaria de Colombia" und die Stiftung „Llevando Esperanza" bauen sogenannte „Dörfer der Versöhnung", in denen Ex-Guerilleros und Ex-Paramilitärs mit Opfern des Konflikts zusammenleben. In begleiteten

Gesprächsgruppen arbeiten sie das Geschehene auf und sprechen über ihre Geschichten, ihre Verluste und ihre Schuld. Vergebung ist dafür ein Schlüsselthema. Gleichzeitig bauen die Teilnehmer zusammen zerstörte Häuser, Brücken, Straßen und Schulen wieder auf. Dabei können sie Fertigkeiten erwerben, mit denen sie später ihren Lebensunterhalt verdienen können. Alles Themen, die bei den staatlichen Maßnahmen hinten runterfallen. Statt auf Schuldzuweisungen auf Versöhnung zu setzen, das bedeutet weder Vergessen noch Straflosigkeit, sondern Wahrheit, Ermittlung und Aufklärung unter Einbeziehung der Opfer und Mitarbeit der Täter. Und das scheint mir sehr sinnvoll zu sein.

Es gibt Menschen in Kolumbien, die sagen, dass es keine Hoffnung für ihr Land gibt. Es sei zu viel passiert. Es sei zu viel Blut geflossen. Es gibt kaum eine Familie in Kolumbien, die nicht Opfer der bewaffneten Konflikte im Land geworden ist und der nicht ein geliebter Mensch genommen wurde. Korruption zieht sich wie ein Krebsgeschwür durch den ganzen Körper des Staates. Angefangen bei der Elite bis in die ärmsten Verhältnisse. Korruption und Erpressung sind in gewisser Weise ein Teil des Überlebens in Kolumbien.

Vielen ist das letzte Quäntchen Hoffnung verloren gegangen, nachdem sie sehen mussten, dass selbst der Friedensvertrag mit der FARC nach mehr als 50 Jahren Bürgerkrieg nicht die Lösung des Problems war. Denn auch heute gibt es immer noch keinen Frieden in Kolumbien. Man muss leider sehen, dass die Gewalt sogar zugenommen hat. Viele individuelle Militärblöcke der FARC haben sich verselbstständigt oder sind zur zweitgrößten Guerilla-Gruppierung des Landes, der ELN, übergewandert, welche sich schwere Auseinandersetzungen mit dem Militär und der Polizei liefert.

Es hat sich nichts verändert. Das Problem ist nicht gelöst, weil es noch viel tiefer liegt als in einer blutgetränkten staatlichen Institution. Es liegt im Herzen des Menschen.

Und genau deswegen gibt es Hoffnung. Weil es einen lebendigen, gnädigen Gott gibt, der die harten kaputten Herzen der Menschen weich und heil machen möchte. Wenn Gott in das Herz eines Menschen einzieht, gibt es eine komplette Veränderung – das habe ich selbst erlebt. Dieser Mensch wird durch und durch verändert. Und ein veränderter Mensch wiederum bringt Veränderung in seinem ganzen Umfeld mit sich. Das ist die Hoffnung des Evangeliums. Eine Hoffnung, die selbst ein Land wie Kolumbien verändern kann! Und dafür will ich mich von ganzem Herzen einsetzen.

„Frutos de Gracia SAS" ist nun seit März 2023 eine eingetragene Firma. Adalberto arbeitet jetzt mit einem weiteren Spitzen-Agronom, Oswaldo, und mit Fabian vor Ort und es geht schrittweise nach vorne. Wir haben von der „Confraternidad Carcelaria de Colombia" einen ersten großen Auftrag bekommen, für ihre 648-Hektar-Finca Betanci die Topografie abzubilden und eine Bodenstudie zu machen.

Schon zweimal waren wir auch im kolumbianischen Kongress. Einmal im September 2021 und jetzt im Februar 2023. Dort haben wir Gespräche mit Senatoren und Spitzenpolitikern geführt, Interviews für das kolumbianische Fernsehen gegeben und unsere Arbeit vorgestellt. Das war ein krasser Moment, in dem sich für mich ein Kreis geschlossen hat auf eine Art, die ich niemals für möglich gehalten hätte: Vor 10 Jahren hatten sie mich abgeführt wie einen Hund und ins Gefängnis gesteckt, und jetzt stand ich hier und erzählte davon, wie auch andere Menschen neue Hoffnung und eine neue Chance bekommen können. Einfach Wahnsinn!

Es gab Zeiten in meinem Leben, da war es mir echt egal, ob ich lebe oder sterbe. Ich hatte mich damit abgefunden, dass der Tod immer näherkam und man keine lange Lebenserwartung hat in diesem Business. Ich war nicht lebensmüde, aber der Tod verfolgte mich förmlich, ich konnte seinen kalten Atem schon im Nacken spüren. Vor allem war mein Leben völlig sinnlos. Ohne irgendeinen längerfristigen Plan hangelte ich mich von Tag zu Tag, das Motto war einfach: überleben. Und damit war ich so beschäftigt, dass ich auch wenig über den Sinn des Ganzen nachdachte.

Jetzt begreife ich das Leben als kostbares Geschenk Gottes, für das ich ihm jeden Morgen neu danke. Aber darüber hinaus haben wir auch noch die wundervolle Hoffnung auf ein Leben nach diesem Leben. Wir haben die Gewissheit, dass der Tod nicht das Ende, sondern ein Anfang ist. Wir glauben, dass nicht das Grab unser letzter Aufenthaltsort sein wird, sondern der Himmel, wo wir bei Gott die Ewigkeit verbringen werden. Deshalb brauchen wir uns auch nicht mehr vor dem schlimmsten Feind des Menschen zu fürchten, vor dem Tod, der so viel Tränen und Trauer bewirkt und so viele Familien zerreißt. Denn jetzt ist der Tod unser Freund, der uns die Tür ins ewige Leben öffnet.

Der Apostel Paulus sagt deshalb: „Denn für mich ist Christus das Leben, und das Sterben ein Gewinn" (Philipper 1,21). Heute lebe ich mit der Perspektive Ewigkeit. Reisefertig sitze ich auf gepackten Koffern, den Blick auf die zukünftige Heimat gerichtet. Jeder Tag ist ein Stück Abschied von dieser Welt, zu der ich nicht mehr gehöre.

Aber das geht nicht nach dem Motto „nach mir die Sintflut", sondern in der Verantwortung, ein größtmöglicher Segen zu sein für diese Welt. Wie schon Martin Luther sagte: „Auch wenn ich wüsste, dass morgen die Welt untergeht, würde ich heute noch einen Apfelbaum pflanzen." Na ja, fast, ich pflanze halt Maracujasträucher statt Apfelbäume.

✝

Nach meiner quasi „zweiten Bekehrung" habe ich eine wirkliche Kehrtwendung vollzogen, eine 180-Grad-Wende zu so ziemlich allem, was ich vorher gemacht habe. Bis dahin war ich unbeirrt wie eine Dampfwalze in die Richtung gerannt, die ich eingeschlagen hatte und die leider exakt entgegengesetzt von dem war, wo Gott war. Das war keine bewusste Entscheidung, aber ich bin die ganze Zeit vor ihm weggelaufen. Und jetzt bin ich umgekehrt und laufe in seine Richtung zurück, auf den Vater zu, in seine Arme. Weil ich weiß, dass er kein Vater ist, der auf mich wartet, um mir ordentlich den Hintern zu versohlen für den ganzen Mist, den ich gebaut habe, sondern der mich so sehr liebt, dass er alles für mich gegeben hat – sogar seinen eigenen Sohn. Dass er nur darauf gewartet hat, dass ich endlich zu ihm zurückkehre, und ein Fest im Himmel veranstaltet hat, als ich es getan habe. Und dass seine Gnade immer noch viel größer ist als all mein Versagen. Das ist wirklich eine Sache, die mich immer wieder neu beeindruckt und die meine Sehnsucht nach ihm immer größer macht.

In dem Jahr davor, in dem ich noch so zwischen meinem vorherigen Leben und dem neuen hin und her geschwankt bin, hatte ich Samuel Liebmann kennengelernt, den Prediger der Landeskirchlichen Gemeinschaft in Flensburg. Die Landeskirchlichen Gemeinschaften gehören zur evangelischen Kirche, sind aber organisatorisch und finanziell selbstständig. Samuel Liebmann war der Prediger dieser Gemeinschaft in Flensburg, und ich bin so ein-, zweimal im Monat in seinem Büro aufgekreuzt und hab mit ihm einfach über Gott und die Welt gesprochen. Er war wirklich sehr liebevoll, hat mir zugehört, mich beraten und mich immer wieder in den Gottesdienst eingeladen. Aber ich habe mich nicht danach gefühlt. Ich kam gerade erst aus dem Knast und war ja auch immer noch so ein bisschen umtriebig. Bei der Vorstellung, wie die ganzen anderen Menschen da so fromm sitzen, kam ich mir einfach mega unpassend und vielleicht auch etwas unwürdig vor. Ich kannte ja bisher nur die Gottesdienste im Knast und war ziemlich sicher, dass das hier ganz anders ablief.

Doch als ich jetzt diese 180-Grad-Wende vollzogen hatte, spürte ich, wie sich etwas in mir ganz grundlegend verändert hatte. So fühlte sich das also an, wenn man ein neuer Mensch wurde, wie es in der Bibel beschrieben ist: „Gehört also jemand zu Christus, dann ist er ein neuer Mensch. Was vorher war, ist vergangen, etwas völlig Neues hat begonnen“ (2. Korinther 5,17). Also, wenn jemand ein lebendes Beispiel dafür ist, dass das wirklich passieren kann, dann wohl ich.

Der alte Niels, der nichts von Gott wissen wollte und am Ende so abgestumpft war, dass er gar nichts mehr fühlte, ist tot. Er ist mit Christus am Kreuz gestorben. In dem neuen Niels lebt jetzt Christus. Jesus ist mein Fundament, mein Zentrum, mein Neuanfang und mein Ziel. Alles dreht sich um ihn. Und dank ihm schaffe ich es mehr und mehr, so zu leben, wie auch er lebte, hingebungsvoll die Menschen liebend, sanftmütig und demütig. Es hat wirklich etwas vollkommen Neues begonnen.

Nach dieser zweiten Bekehrung im Januar 2015 habe ich mich sehr intensiv mit Glaubensthemen befasst, die Bibel studiert, theologische Bücher gelesen und viele Predigten auf YouTube angeschaut und viel Zeit im Gespräch mit Gott verbracht. Ich habe zum ersten Mal so richtig verstanden, dass ich wirklich freigesprochen bin von allem, was ich getan habe. Dass ich frei bin, um ganz neu anzufangen, wie ein weißes, unbeschriebenes Blatt. Das ist so „unmenschlich“ wunderbar.

Mein Lieblingsvers wurde bald Jeremia 31,3: „Von ferne her ist mir der HERR erschienen: Mit ewiger Liebe habe ich dich geliebt; darum habe ich dich zu mir gezogen aus lauter Gnade.“ Diese ewige Liebe, die ist in Gott verankert in Jesus Christus und die ist vor Grundlegung der Welt schon dagewesen. Sie ist aus ihm gekommen, diese Entscheidung, uns zu lieben. Mit dem Wissen, dass wir versagen werden, hat er in all seiner Liebe diesen wundervollen Rettungsplan geschmiedet.

Manche Leute sagen ja: „Ich habe Gott gefunden“ oder „Ich habe zum Glauben gefunden“. Aber eigentlich ist das nicht wahr – niemand findet Gott, sondern Gott findet uns. Ich habe ihn nicht gesucht, aber ich wurde von ihm gefunden, in dem Moment, wo ich mich am wertlosesten und am beschissensten gefühlt habe. Genau das war der Moment, in dem Gott in mein Leben kam und gesagt hat: „Du bist mir so wertvoll, dass ich meinen eigenen Sohn für dich gegeben habe."

Und das ist so ganz anders als Religion, weil Religion sagt: „Du musst dich verändern, du musst dies und jenes tun, du musst ein besserer Mensch werden, du musst fromm werden, damit Gott dich annehmen kann" – aber das Evangelium von Jesus Christus ist: „Gott nimmt dich an, so wie du bist, und ER verändert dich. Sodass du so leben kannst, wie es ihm gefällt."

Das ist Gnade. Gnade bedeutet, nicht die Strafe zu verhängen, die jemand verdient hat, sondern Barmherzigkeit und Annahme zu schenken, die man eben nicht verdient hat. Und Gottes Gnade ist so viel größer als unser Versagen. Es ist so schön zu wissen, dass er uns durchs Leben führen will und nicht wir uns abstrampeln müssen, um es zu schaffen.

Dass ich heute so leben möchte, wie es Gott gefällt, und seine Gebote einhalten will, liegt nicht daran, dass ich mir damit die Rettung oder den Himmel verdienen will oder bei Gott gut dastehen möchte oder erwarte, dass er mich dafür belohnt. Nein, dass ich jetzt so leben möchte, dass es ihm gefällt, liegt einfach nur daran, dass ich ihn liebe, weil ER mich zuerst geliebt hat. Ich bin meiner Frau ja auch nicht treu, weil ich mir irgendwie dadurch was verdienen möchte oder weil ich es muss, sondern ich bin meiner Frau treu, weil ich sie liebe. Und genauso ist es auch mit Gott.

✝

Irgendwann hatte ich dann auch den Wunsch, nun doch auch mal eine Gemeinde zu besuchen. Ich bin mit meiner Mutter das erste Mal in den Gottesdienst in der Landeskirchlichen Gemeinschaft in Flensburg gegangen und wir wurden dort ganz lieb aufgenommen. Nach ein paar Sonntagen fragte mich Samuel, ob ich nicht mal vor den anderen meine Story erzählen möchte. Ich habe in mich hineingehört und hatte das ganz starke Gefühl, dass diese Geschichte, die Gott mit mir geschrieben hat, es wert ist, weitererzählt zu werden. Mehr noch: dass das vermutlich der einzige Grund ist, warum ich noch lebe. Um zu seiner Ehre zu berichten, was er in meinem Leben getan hat.

Und so habe ich dann das erste Mal dort die ganze Geschichte erzählt. Die Leute in der Gemeinde waren natürlich ziemlich geplättet. Das waren ja alles ganz normale Menschen, deren schlimmstes Vergehen vermutlich ein Parkknöllchen war. Mit der Zeit habe ich mich immer mehr in das Gemeindeleben eingebracht und durfte dann auch mal die eine oder andere Bibelstunde vorbereiten und halten. Im April 2016 hatten wir vier Tage eine Veranstaltung mit dem Evangelisten Lutz Scheufler in der Gemeinde. Zwei Abende sollte ich moderieren und an einem davon auch meine Geschichte erzählen. Inzwischen hatte ich das ein bisschen mehr ausgearbeitet. Nach dem Abend kam Lutz Scheufler auf Samuel zu und sagte: „Du weißt schon, dass du da ein kleines Predigertalent hast?"

Samuel fragte mich dann, ob ich vielleicht auch mal sonntags predigen möchte. Einerseits war ich mega aufgeregt vor dieser Herausforderung, aber andererseits dachte ich auch: „Ja, Mann, das ist jetzt dran." Ich hatte mich nun so lange mit theologischen Fragen auseinandergesetzt, dass ich das Gefühl hatte, ich habe auch was Stabiles zu sagen. Und so hielt ich meine erste Predigt. Es lief ganz gut, wobei es wahrscheinlich für den einen oder anderen schon auch ziemlich herausfordernd war.

Lutz Scheufler hat mit anderen Predigern das Evangelisationsteam gegründet. Ein Team, das nur dafür da ist, anderen Menschen den Glauben an den Gott der Bibel nahezubringen. Und die vom Evangelisationsteam haben mich eingeladen, bei ihren Veranstaltungen mitzuhelfen und zu sprechen, meine Geschichte zu erzählen und auch zu predigen. Und nachdem ich das einige Male gemacht hatte, wurde ich gefragt, ob ich nicht eine Bibelschule absolvieren möchte, um das Ganze auch auf ordentliche Füße zu stellen. Die Idee fand ich gut, allerdings war auch klar, dass ich das nur nebenbei oder als Fernstudium machen kann. Auf Empfehlungen von Lutz habe ich mich dann beim „Seminar für biblische Theologie Beatenberg" in der Schweiz eingeschrieben. Dort konnte ich via eLearning in meinem eigenen Rhythmus biblische Theologie studieren. Ich hatte noch die Ehre, ein Evangelisations-Seminar bei Theo Lehmann machen zu dürfen, der Ehrenmitglied im Evangelisations-Team und der Mentor von Lutz Scheufler ist, und von ihm eingesegnet zu werden. Aus verschiedenen Gründen haben wir (Kelly war inzwischen auch dabei) nach einigen Jahren die Landeskirchliche Gemeinschaft verlassen und sind nun in der Arche in Hamburg.

Und gleichzeitig wurde ich immer häufiger eingeladen, zu predigen und meine Geschichte überall in Deutschland und anderen Ländern zu erzählen. Auch über die sozialen Medien, hauptsächlich über Instagram in Livestreams und bei YouTube. Nachdem ein YouTuber mit viel Reichweite, der sich „Blackpanther" nennt, mich in seinen Podcast eingeladen hatte, kamen plötzlich sehr viele Anfragen von nicht-christlichen bekannteren YouTube-Kanälen. Überall durfte ich die Geschichte erzählen, die Gott mit mir geschrieben hat.

Diese Arbeit ist Stück für Stück ganz organisch immer mehr gewachsen, oder vielleicht kann man sagen, dass Gott mich mehr und mehr darauf vorbereitet hat, dass ich seine Geschichte mit mir und auch seine Pläne für alle anderen Menschen weitergeben soll. Dieser Aufruf steht eigentlich für jeden Christen ganz deutlich in der Bibel, also es ist nicht so, dass man erst mal ganz offiziell von irgendwem dazu aufgefordert werden muss. Das hat Jesus schon getan, er hat uns schon alle beauftragt: „Und er sagte zu ihnen: Geht in die ganze Welt und verkündet allen Menschen die gute Botschaft" (Markus 16,15). Und das ist keine Empfehlung, sondern der Satz steht im Imperativ und ist ein Missionsbefehl.

Ich habe nun mal diese Geschichte und ich habe auch keine Angst davor, mich vor Menschen zu stellen und ihnen von meinem Leben und von Jesus zu erzählen. In aller Liebe und in aller Gnade, aber auch in aller Wahrheit. Ich glaube, er macht das oft so, dass er jemand komplett Verlorenen wie mich aus dem tiefsten Sumpf zieht und von der Dunkelheit ins Licht bringt, damit man dann Licht sein kann genau in dem Milieu, wo man gewesen ist. Ich merke jedenfalls mehr und mehr, dass er mich wieder genau dorthin führt, nur diesmal eben unter ganz anderen Umständen.

So erkläre ich es mir jedenfalls, dass ich immer deutlicher das Gefühl hatte, ich solle in Gefängnisse gehen und dort meine Story erzählen. Mein Herz brennt einfach für die Männer und auch Frauen, die im Knast sitzen, weil ich das alles ja selbst erlebt habe – diesen Teufelskreis aus Schuld und Bindungen, dieses Gefühl der Ausweglosigkeit. Dieses Gefangensein in der eigenen Gier und den eigenen Trieben, was die größte Unfreiheit überhaupt ist und einen mehr begrenzt als die dicksten Knastmauern. Ich weiß, dass es einen Ausweg gibt aus diesem inneren Gefängnis der eigenen Schuld. Und der heißt Jesus Christus. Und ich möchte, dass die Menschen im Knast und auch draußen von ihm hören.

✝

Und schließlich ging ich tatsächlich wieder ins Gefängnis. Aber dieses Mal nicht als Häftling, sondern als Prediger. Als ich im September 2019 das erste Mal wieder in Kolumbien war, bin ich mit meinem Kumpel und Bruder Fabian, der inzwischen auch wieder auf freiem Fuß war, in drei Gefängnissen in Medellín gewesen: in Pedregal, in Bellavista und auch in Itagui, wo wir selber gesessen hatten.

Besonders der erste Besuch in Bellavista war sehr heftig. Als wir drinnen waren und die Tore hinter mir zufielen, bekam ich einen mega Backflash und hab kurz total die Paras geschoben, ob ich hier auch wieder rauskomme. Am liebsten hätte ich ehrlich gesagt alles abgeblasen.

Auch dieses Gefängnis war total überfüllt. Nachdem wir komplett gefilzt worden sind und Spürhunde uns auf Drogen oder anderes abgeschnüffelt hatten, gingen wir zuerst in die Kapelle des Gefängnisses, wo ich vor etwa 80 Männern predigen durfte. In der Aula vor der Kapelle erblickte ich danach ein mir vertrautes Gesicht an einem Tisch: Jaime Mosquera, ein lieber Bruder, der auch schon mit der „Confraternidad" in Itagui gewesen war und mir Hoffnung gegeben hatte, als ich dort einsaß. Wir umarmten uns herzlich.

Nach dem Gottesdienst ging ich mit Jaime Mosquera und Juan Camilo, dem Leiter der „Confraternidad de Antioquia", draußen neben dem Gefängnis in einem Restaurant zum Mittagessen. Während des Essens erzählte Jaime, dass er immer in Hof 8 geht. Dort war erst am vorigen Sonntag wieder eine heftige Messer- beziehungsweise Machetenstecherei gewesen. Das Paramilitär wollte die Macht in Sachen Drogenhandel in diesem Hof an sich reißen, denn damit kann man viel Geld verdienen. Da der Sonntag ja Besuchstag war, war die Ehefrau von einem der Paramilitärs auch dort gewesen, und auf der Rückfahrt wurde sie von zwei Sicarios umgebracht.

Ich war ja nun inzwischen eine Weile aus dieser ganzen Szene raus und hatte endlich so etwas wie eine normale menschliche Reaktion auf solche Berichte – ich dachte nämlich: Whoa, heftig, in diesen Hof gehen wir hoffentlich gleich nicht rein!

Den Gedanken hatte ich nicht mal zu Ende gedacht, da meinte Jaime auch schon: „Schön, Niels, das ist der erste Hof, den wir jetzt aufsuchen."

Vor dem Hof 8 saß draußen ein Wächter, der sich nicht traute, hineinzugehen, weil das viel zu gefährlich war. „Ihr wollt da jetzt rein mit dem Gringo?", fragte er ungläubig. „Das ist Selbstmord!"

Ich stimmte ihm insgeheim zu, winkte schon ab und sagte: „Dann lassen wir es doch lieber, es soll heute wohl nicht sein." Aber Juan Camilo ließ sich nicht beirren und so gingen wir durch die Tür, die der Wächter blitzartig wieder hinter uns zumachte.

Mir lief es kalt den Rücken runter. In dem Hof sah man kaum etwas, weil es düster war und überall Wäsche hing. Einmal tauchte unvermittelt hinter einem Betttuch ein Crackgesicht auf, wie so eine Fratze in einem Horrorfilm. Ich fuhr zusammen und konnte gerade noch ein Kreischen unterdrücken. Wir gingen weiter, und erst jetzt bemerkte ich ein komisches Geräusch, das, wie ich bald checkte, daher kam, dass überall Leute ihre Messer schleiften.

Plötzlich schallte ein lauter Ruf durch den Hof: „Aleman!"

Ich wurde fast ohnmächtig vor Schreck – aber dann wurde mir klar, dass es einer der Männer war, für den ich morgens nach dem Gottesdienst in der Kapelle gebetet hatte.

Juan Camilo, dem meine Angst nicht entgangen war, sagte zu mir: „Niels, vergiss nicht, mit wem wir hier sind! Immer den Blick auf ihn halten!"

Das tat ich denn auch. Und alles lief gut.

Wir konnten vor vielen Insassen unsere Geschichte erzählen, unsere Hoffnung mit ihnen teilen und 220 von den schönen, ledergebundenen Studienbibeln verteilen, die uns gespendet worden waren.

✝

Als Nächstes ging es in den Hochsicherheitstrakt in Pedregal. Dort hineinzukommen, war schon wesentlich schwieriger und stärker reglementiert. Wir durften nur 12 Bibeln mit reinnehmen und uns nur mit den Brüdern treffen, die in den Höfen die Gottesdienste leiten. Eine Gefängnispsychologin brachte uns rein. Wir kamen an einer Reihe von blauen Türen vorbei, und sie sagte: „Das sind die Klassenräume. Wenn du schon hier bist, müssen wir das ausnutzen." Und dann klopfte sie einfach random an eine Tür und sagte zu dem Mann, der öffnete: „Hey, schaut mal, hier ist einer, der euch seine Geschichte erzählen will ..."

Der Typ meinte ganz entspannt: „Ja, wir gucken eh nur einen Film, kommt rein!"

Und dann stand ich da in einem Klassenraum voller Männer, denen man ansah, was sie für Kaliber waren. Das war wie gesagt der Hochsicherheitstrakt, die hatten alle Haftstrafen von 10 Jahren aufwärts zu verbüßen. Ich schaute in heftige Gesichter, denen man alles ansah, was sie getan und gesehen hatten. All die Schuld, all das Leid und vor allem die Hoffnungslosigkeit.

Ich erzählte meine Story und preachte das Evangelium, nur ein paar Minuten, und dann sagte ich: „Ich würde gern noch beten." Wie ein Mann standen alle auf, senkten die Köpfe und beteten mit. Die ganze Atmosphäre in dem Raum veränderte sich spürbar, so als hätte jemand das Licht angemacht. Und als sie wieder aufblickten, sah ich in manchen Gesichtern einen Funken Hoffnung.

Danach saßen wir noch in der Bibliothek mit den Leitern der Höfe zusammen. Wie damals in Itagui hatte Gott auch hier Männer gerufen, die vorher unglaublich grausam gewesen waren und viel Macht gehabt hatten und jetzt predigten sie in ihren Höfen. Das hatte natürlich einen krassen Impact auf die Mitgefangenen. Wir gaben den Leitern die mitgebrachten Bibeln und einige weinten vor Freude und sagten: „Du weißt gar nicht, was für ein heftiges Geschenk du uns da gemacht hast!"

Sie nahmen uns dann noch mit in einen Hof im Hochsicherheitstrakt. Dort sah es aus, wie man es aus US-Filmen kennt – zum Beispiel waren die Tische am Boden festgeschraubt, damit sie nicht als Waffe verwendet werden konnten. Der Bruder, der den Hof leitete, ein hohes Tier einer mächtigen Organisation, pfiff und brüllte: „Hey! Evangelium! Kommt mal all her!" Und alle haben gespurt – mehr oder weniger freiwillig. Und dann konnte ich auch dort noch mal meine Geschichte erzählen und predigen.

In Itagui waren Fabian und ich mit Leo, einem Cousin von „La Quica“, einem der „Hauptvollstrecker“ von Pablo Escobar. La Quica hat fünfmal lebenslänglich bekommen wegen des Attentats auf das Avianca-Flugzeug, das auf einem Flug von Bogotá nach Cali gesprengt wurde mit 227 Todesopfern. Inzwischen sitzt er in einem Knast in den USA. Leider durften wir nicht in „meinen“ Hof 3 hinein, aber ich habe einige Leute wiedererkannt. Es war ein erhebender Moment, als ich in der Kapelle predigen konnte, weil ich da früher immer gesessen und zugehört hatte. Und jetzt stand ich vorn und die ganzen Bosse und Capos und Paramilitärs haben mir zugehört und ich durfte für sie beten.

Als ich 2021 wieder in Bogotá war und im Büro von „Prison Fellowship International Kolumbien“ saß, mit denen ich zusammenarbeite und in die Gefängnisse dort gehe, erlebte ich eine mega schöne Überraschung: Da saß Pastor Henry, mein erster Bibel-Lehrer aus der Knastzeit in La Modelo! Ich habe nur gerufen: „Du hast mich getauft!“ und dann umarmten wir uns. Er hatte nichts davon gewusst, dass ich da sein werde.

Pastor Henry ist ein Mann, der seit 25 Jahren jeden Tag ins Gefängnis geht und dort das Evangelium predigt und für die Gefangenen da ist. Er bekommt nicht einen Cent dafür. Und er hat nur ein Bein und trägt eine Prothese. Jeden Tag muss er Demütigungen ertragen, wenn die Wächter im Knast ihn die Prothese abnehmen lassen, weil er da drin irgendwas reinschmuggeln könnte. Er nimmt das alles hin und sagt, das sei seine Art, die Strafe mit den Gefangenen mitzutragen. Dieser Mann ist wirklich sehr inspirierend und sehr motivierend.

Im Frühjahr 2023 war ich dann schließlich noch mal in La Modelo, als wir für eine Doku mit einem Kamerateam nach Kolumbien reisten. Was für ein unvorstellbar krasses Gefühl, das erste Mal alles wiederzusehen! Es war ein bisschen renoviert worden, die Scheiben mit den Einschusslöchern waren ersetzt, alles etwas heller und schöner. Hof 3 hätte ich fast nicht wiedererkannt, es waren nur noch 200 statt 900 Leute drin. Und dann betrat ich die Aula 1 – den Ort, wo sich alles verändert hatte. Ich vergaß die Kameras, fiel auf die Knie und dankte Gott dafür, dass er in mein Leben gekommen ist.

Mein Wunsch und mein Gebet war, dass sich auch in Deutschland für mich die Gefängnisse öffnen, damit ich Häftlingen die Hoffnung weitergeben kann, die mich gerettet hat. Und eine Tür, die Gott aufmacht, die kann keiner zumachen. Ich merke, dass ich an dieser Stelle wirklich gebraucht werde, weil meine Geschichte ja schon nicht so ganz das Übliche ist. Und ich durfte inzwischen schon oft erleben, dass andere Menschen dadurch über ihre eigene Beziehung zu Gott nachdachten und sich für die Möglichkeit öffneten, dass vielleicht was dran sein könnte an dieser Sache mit dem Glauben. Besonders den Leuten gegenüber, die mich früher kannten, empfinde ich eine große Verantwortung. Beinahe schon Ehrfurcht. Denn es geht ja um nichts weniger als um Seelen, die gerettet werden sollen. Ich bin nicht der Retter, aber ich kenne den Retter. Und das Mindeste, was ich tun kann, ist, ihnen den Retter vorstellen. Und das möchte ich tun, durch meine Geschichte, durch meine Predigten, durch mein Leben. Und seit 2020 auch wieder durch meine alte Leidenschaft, den Rap.

Realtalk Records

# REALTALK – GOSPEL STATT GANGSTER

Ich hatte schon länger den Eindruck, dass Gott mir sagen wollte: „Du sollst wieder rappen, aber jetzt für mich!" Ein bisschen hatte mich die geistliche Überheblichkeit gepackt und ich hatte das Gefühl: „Ich predige doch jetzt ernsthaft, warum soll ich mich denn jetzt wieder zum Kasper machen und rappen?" Dass es eine ganze Gospel-Rap-Szene gibt, hatte ich noch gar nicht so wahrgenommen. Dann stieß ich auf einen Rapper namens Sevin, der früher zu den „Bloods" in Sacramento, Oak Park, gehörte, eine berüchtigte Gang, die im Krieg mit der rivalisierenden Gang der „Crips" liegt. Crips tragen blaue Kleidung oder Bandanas und Bloods rote. Die machen wirklich ernst und erschießen sich gegenseitig einfach wegen der Farbe der Klamotten oder Bandanas. Natürlich geht es um Territorien und Drogenumschlagsplätze und anderen kriminellen Kram. Sevin war also in alle möglichen üblen Sachen involviert, doch dann ist er durch Gottes Gnade zum Glauben gekommen. Und auch er wurde komplett 180-Grad-mäßig verändert und macht jetzt eben Gospel Rap, der qualitativ den anderen Rappern in nichts nachsteht. Teils ist er sogar noch besser als mein Lieblingsrapper früher, Nipsey Hussle. Mein Gedanke war: Wenn ich noch mal als Rapper was machen würde, dann in diese Richtung, also wirklich richtig krassen Straßen-Rap mit hochwertigen Texten. Denn aus meiner eigenen Erfahrung wusste ich ja eins sehr genau: Worte haben Macht, Worte machen etwas mit einem. Und die Worte, die zum allergrößten Teil im Rap gesprochen werden, drehen sich eben um Gewalt, um Drogen, um Macht und Verzweiflung, um Geld, um Sex … und all das ohne Hoffnung und ohne Licht. Dem etwas entgegenzusetzen und besonders Jugendlichen eine ganz andere Botschaft zu geben, das schien mir eine wirklich gute Sache zu sein.

Dann schickte mir jemand einen Song von einem deutschen Gospel Rapper namens Pray, und zwar „Himmel und Hölle". Ich dachte: Wow, okay, krass, das geht in die Richtung, wie ich was machen würde. Vielleicht ist es doch gar nicht so weit hergeholt, auf Deutsch Gospel Rap zu machen.

Und nach und nach wurde dieses Gefühl immer stärker, so als würde Gott mir wirklich ans Herz legen: „Ich habe dir eine Liebe zu diesem Musikstil und auch ein Talent dafür gegeben, und du hast das damals nur für eigene Ego-Zwecke und den Gangster Rap missbraucht. Aber das Talent kommt von mir und ich möchte auch, dass du es für mich einsetzt und jetzt nicht einfach in der Erde vergräbst!" Ich nahm zu Pray Kontakt auf und er ermutigte mich dazu, einfach mal loszulegen und zu gucken, was dann passiert.

Als ich zu meiner Frau sagte: „Ich glaube, Gott möchte, dass ich Gospel Rap mache", hat sie mich erstmal ausgelacht. Sie hatte gar keinen Bezug zu Rap und noch weniger zu Gospel Rap. Aber ich frischte ein paar Kontakte auf und nahm im August 2020 meinen ersten Song „180 Grad" auf. Und von dem Moment an ging alles irgendwie mega schnell. Ich kam erneut in Kontakt mit einem alten Freund, Marvin, der ein super professioneller Videograph ist, und konnte ihn für mein Projekt gewinnen. Außerdem arbeitete ich wieder mit dem alten Jentown-Produzenten Jam Beatz und mit anderen Hochkarätern wie Lucasio und Maik the Maker zusammen. Jetzt galt es noch, den richtigen Namen zu finden. Früher war mein Rapper-Name ja erstmal „Dirty Niles" gewesen und dann später nur noch „Dirrrty". Und jetzt? Die deutsche

Rap-Szene ist ein großes Märchenland, da wird so viel Müll erzählt, einfach nur, um Streams zu bekommen oder um Platten zu verkaufen. Viele Leute tun so, als wären sie die größten Gangster, dabei ist nur ein Mini-Prozentsatz von denen wirklich echt. Und an dem Wort „echt" bin ich hängengeblieben. Sex, Drugs & Geld, das ist alles nicht echt, das ist nur Schein und kein Sein. Das wahre Leben ist Glaube, Liebe und Hoffnung. Und das Einzige, was ich weitergeben möchte, ist jetzt diese Wahrheit, dieser Real Talk. Früher war ich auch Fake. Nicht, weil ich Müll erzählt hätte in meinen Songs, der nicht stimmte, sondern weil ich noch nicht bei der Wahrheit angekommen war. Ich war komplett „unreal", aber jetzt war ich wirklich echt und wirklich ehrlich. Real eben. Und so bin ich bei „real" kleben geblieben, nur dass ich mich halt R.E.A.L schreibe.

Weil ich das Gefühl hatte, ich sollte das professioneller aufziehen, habe ich gleich eine GmbH gegründet, die „Realtalk Media GmbH", und damit das erste deutsche christliche Rap-Label: Realtalk Records. Ich war erstmal der einzige Künstler. Nach und nach lernte ich die deutsche Gospel-Rap-Szene immer mehr kennen und sah, dass die gar nicht mal mehr so klein war. Dadurch, dass ich jetzt 30 Jahre Hip-Hop-affin war, würde ich schon behaupten, dass ich einen Plan habe, wer ein guter Rapper ist und wer nicht. Und so fragte ich ein paar von den Gospel Rappern, ob sie Bock hätten, das Ganze ein bisschen größer zu denken und gemeinsam etwas richtig Gutes aufzubauen. E.R., Double M, Copain, Phuong Dao und Pray standen auf meiner Liste. Bei Pray war es so, dass der Bruder zu der Zeit andere Sachen im Kopf hatte und das Rap-Ding ein bisschen zurückgefahren hat. Die anderen waren Feuer und Flamme und sagten sofort zu. Kardo meldete sich dann noch von sich aus bei mir und schickte mir etwas von seinen Sachen. Als ich gecheckt habe, was er für Mucke macht, war das krass und passte perfekt. Und so entstand der Sampler 1, der aus meiner Sicht wirklich ein Meilenstein für den deutschen Gospel Rap ist.

Am 13. Mai 2022 erschien das Ding mit 15 Songs. Kurze Zeit später kam noch g-Time dazu, ein Rapper und Produzent aus Hamburg Horn, und alle gemeinsam haben wir den Sampler 2 in Angriff genommen. Dieser zweite Sampler erschien am 19. Mai 2023, fast genau ein Jahr nach dem ersten. Und er sollte HIStory schreiben, denn dieser Sampler stieg bei den MTV-Midweek-Album-Charts auf Platz 36 und dann nach einer Woche bei den offiziellen deutschen Album-Charts auf Platz 54 ein. Absolut legendär, Gospel Rap in den Charts zu sehen!

Wir sehen uns in erster Linie nicht als Gospel Rapper, sondern als Evangelisten. Wir sind nicht nur Musiker, sondern vor allem echte Brüder. Wir tauschen uns über alles aus, ermutigen uns gegenseitig, kritisieren uns auch mal, wenn nötig – aber immer liebevoll. Es ist uns ganz wichtig, dass wir das, wovon wir singen, nicht nur mit Worten sagen, sondern auch wirklich leben. Nicht nur übers Real-Sein reden, sondern es tatsächlich verkörpern.

Das ist noch mal ein ganz neuer Bereich für mich, beziehungsweise er ist ja nicht neu, aber meine Tätigkeit ist dadurch noch facettenreicher geworden und spricht noch mal ganz andere Leute an. Mir ist es wichtig, dass es wirklich Gott ist, der hinter dem Ganzen steht und dem ich damit die Ehre gebe. Das habe ich schon öfter ehrlich hinterfragt, vor allem, wenn ich Anklagen und Beschwerden von radikalen Christen erhalte, die das kritisch sehen. Dabei würde ich mich selbst auch als radikalen Christen bezeichnen, einfach deswegen, weil ich Gottes Wort zu 100% ernst nehme. Aber es gibt da Hardliner, die wirklich der Meinung sind, Rap sei satanische Musik und als Christ dürfe man so etwas nicht performen. Viele verwechseln hier die Kultur mit dem Medium. Hip-Hop ist die Kultur, und der Rap ist das Medium. Ein Medium, mit dem du Leben zerstören oder verändern und aufbauen kannst. Seine Einflusskraft ist offensichtlich, daher kann dieses Werkzeug zu unseren Gunsten verwendet werden, um den Einzigen zu verherrlichen, der es wert ist, gelobt und angebetet zu werden.

Abgesehen davon, dass es denjenigen, die es brauchen, eine echte Lebensveränderung bringt. Jesus ist gekommen, um wiederherzustellen. Auch so etwas wie die Hip-Hop-Kultur kann erneuert und von innen heraus verändert werden. Natürlich braucht das Evangelium nicht unbedingt Rap – aber Rap braucht das Evangelium.

Ich bin überzeugt davon, dass der grenzenlose Gott sich nicht limitieren lässt – er kann auf viele Arten und in allen Bereichen wirken, wenn die Beteiligten die richtige Herzenshaltung haben. Ich bin ganz sicher, dass Gott auch Leute erreichen will, die Rap lieben – und das geschieht auch. In der Bibel heißt es ja so schön „An ihren Früchten sollt ihr sie erkennen“ (Matthäus 7,16), und die Früchte dieser Arbeit sprechen einfach für sich. Was bei mir an Nachrichten reinkommt von Leuten, die unsere Musik feiern, die sagen, dass sie sie durch den Alltag trägt, zum Weitermachen ermutigt und näher zu Gott bringt. Oder von jungen Menschen, die mir schreiben, dass sie aufgehört haben mit Drogen oder kriminellen Sachen, dass sie sich zu Gott bekehrt haben, weil sie von diesem oder jenem Song so berührt worden sind. Oder sogar einige, die sich ihr Leben nehmen wollten und durch unsere Songs wieder Lebensfreude spüren durften und den Schritt zum Selbstmord nicht gegangen sind. Dafür bin ich so dankbar und weiß einfach, dass es dran und richtig ist, das zu machen.

Die Leiter unserer Gemeinde supporten uns zu 100% darin. Das war mir ganz wichtig, wenn sie nachvollziehbare Einwände gegen unsere Musik gehabt hätten, wäre das ein K.-o.-Kriterium für mich gewesen. Aber sie stehen ganz im Gegenteil total dahinter.

Rap ist die Sprache der Jugend, das ist es, womit sich junge Leute heutzutage identifizieren. Und wir sprechen diese Sprache. Ich bin davon überzeugt, dass Gott genauso durch christliche Rap-Texte sprechen kann wie durch eine Predigt. Weil es ja eigentlich nichts anderes ist als eine Predigt auf Beats, nur halt ein bisschen cooler und ein bisschen künstlerischer. Und warum sollte man diese Kunstform den dunklen Mächten überlassen? Ich habe ja selbst damals erlebt, wie das Böse einen dadurch in seinen Bann zieht, und genau da grätschen wir rein und wollen die Idole und Illusionen umwerfen, die diese Kultur prägen: Dass es angeblich im Leben darum geht, möglichst viel Kohle zu machen und stärker und krasser zu sein als die anderen; dass Drogen irgendwie cool seien. Dass Respekt wichtiger sei als Liebe oder Mitgefühl. Stattdessen wollen wir die Wahrheit auf eine coole und zeitgemäße Art rüberbringen. Aber niemals von oben herab und belehrend, sondern immer auf Augenhöhe und über die eigene Geschichte kommend: „Ey, Mann, ich weiß, wovon ich rede, ich habe das auch gelebt!"

Alledem, was auf der Straße „gepredigt" wird, möchte ich mit meinen Texten etwas entgegensetzen. In meiner heißen Tattoo-Phase zwischen 2006 und 2008 hatte ich mich mega vollgepflastert. Unter anderem auch mit dem Schriftzug „Sky is the Limit". „Nur der Himmel ist die Grenze", das ist ein weiterer Spruch, der in der Hip-Hop- und Straßenwelt oft zitiert wird. Ein Song von dem berühmten Notorious B.I.G., auch Biggy genannt, trug diesen Titel. Gemeint war, dass man hier auf Erden einfach alles schaffen kann. Ist eigentlich eine nett gemeinte Motivation und würde heute auch auf die Lippen von jedem selbsternannten Lifecoach passen. Die Wahrheit ist aber, dass der Himmel nicht die Grenze ist, sondern der Anfang – der Beginn von einem ewigen Leben in der Herrlichkeit Gottes, für jeden der an Jesus Christus glaubt. Und so habe ich das in einem Song aufgegriffen: „Ich dachte immer Sky is the Limit, heute weiß ich, das stimmt nicht und ich zeig Richtung Himmel, denn ich weiß, wo es hingeht, in die Heimat für immer."

Dadurch, dass ich mit den ganzen Gospel Rappern aus dem lateinamerikanischen Markt in Kontakt bin, weiß ich, dass es dort total abgeht. Die haben noch mal eine ganz andere Reichweite, da gibt es Leute wie Redimi2, der hat mehr als 5 Millionen Follower und Abonnenten und auf Streams auch mal 200 Millionen Klicks oder Likes auf YouTube. Ich durfte mit dem einen oder anderen von diesen Jungs schon zusammenarbeiten und die haben mich mega ermutigt. Man kann unglaublich viele Menschen mit dieser Kunst erreichen, wenn sie halt wirklich gut ist und nicht a la „Wir machen das jetzt mal in fromm und schlecht nach." Es muss gut sein und es muss die Wahrheit durchkommen, und das heilige Wort Gottes muss im Mittelpunkt stehen. Man muss natürlich auch ein glaubwürdiger Typ sein, mit dem sich die Leute identifizieren können. Und meine Street Credibility ist nun mal eher gegeben als bei vielen anderen.

Viele meinen vielleicht, dass nach dem verrückten, abenteuerreichen Leben, das ich als Verbrecher gelebt habe, mein Leben als Christ mega langweilig sein muss. Die Leute denken, es muss ja echt öde sein, weil man ja nach Geboten leben muss und so was. Aber genau das Gegenteil ist der Fall. Klar, spielen Gebote im Leben eines Christen eine wichtige Rolle, aber im Zentrum steht eine Person, und diese Person heißt Jesus Christus – der Sohn Gottes, der heute noch genauso Wunder tut wie damals, als er auf der Erde lebte. Und ihn wirklich kennenzulernen und live in action zu erleben, das ist alles andere als langweilig. Früher war ich auf der Jagd nach Scheinen und Mädels, heute strebe ich danach, Seelen zu Jesus zu führen, damit sie gerettet werden. Aufregender geht's gar nicht! Es ist so heftig zu sehen, wie er Leben verändert und neu macht. Das miterleben zu dürfen und auch ein Teil davon sein zu dürfen, das ist so viel spannender und erfüllender als alles, was ich vorher gelebt habe.

Mein Leben als Christ ist voller neuer Abenteuer und vor allem Wunder meines Gottes. Ich bin ja heute wieder viel in alten Gewässern unterwegs – nur dass ich jetzt gegen den Strom schwimme. Vorher war ich eine Bedrohung für die Gesellschaft, „Menace 2 Society", heute darf ich ein Segen für sie sein, hoffentlich ein „Blessin' 4 Society".

Ich kann wirklich sagen, er hat es in meinem dunklen Herzen Licht werden lassen und lässt mich jetzt Licht sein, genau dort, wo ich in der Dunkelheit steckte: im Milieu, am Block, auf der Straße, im Rap-Game und in den Gefängnissen.

Und in einen kolumbianischen Knast reinzugehen, um dort zu predigen, ist Adrenalin pur, dort drinnen kann schlichtweg alles passieren. Wenn ich nicht jedes Mal wüsste, wer mit mir dort ist, nämlich Gott selbst (Josua 1,9), dann würde ich nicht die Kraft und den Mumm haben, noch mal in so ein Gefängnis reinzugehen.

# Epilog

Ich möchte Jugendlichen zeigen, dass das, was ich gemacht habe, nur in der Grütze endet. Früher oder später führt es in den Knast oder ins Grab. In Deutschland natürlich selten Letzteres, aber in Kolumbien dafür umso wahrscheinlicher. Ich habe mal in einer Studie gelesen, dass ab dem Zeitpunkt, wo man ins Geschäft einsteigt, die Lebenserwartung in Kolumbien nur noch vier bis fünf Jahre ist. In Mexiko sogar nur drei.

In den Rap-Texten klingt das alles mega cool, die Leute scheinen alles zu haben – Kohle, Autos, Frauen, Ansehen – und unantastbar zu sein, aber das sind sie nicht. Entweder ist das alles Fake, oder sie sind wirklich kriminell und müssen ein genauso beschissenes Leben führen wie ich damals – immer im Verborgenen, immer mit Paranoia und Kino im Kopf, weil jederzeit irgendwer irgendwas mitbekommen kann.

Ja, vielleicht macht man in der Drogenszene richtig Kohle. Das wird einem ja buchstäblich überall als das Nonplusultra verkauft: Geld zu haben, sich alles leisten zu können. Das ist der totale Götze unserer Zeit. Aber weißt du was? Kohle zu haben, macht das Leben nicht leichter; jedenfalls nicht, wenn man es auf illegale Art macht. Als ich noch in der Szene war, konnte ich mich nicht frei bewegen, immer hing dieses Damoklesschwert über mir, immer musste ich aufpassen, wer mich bei was sehen könnte. Die ganze schöne Kohle und die dicke Hose, die ich dadurch hatte, konnten das nicht aufwiegen.

Ich gehe sogar noch weiter und sage, dass sogar legal erworbener Reichtum einen nicht glücklich macht, sondern einem zwar vielleicht einige Sorgen nimmt, aber dafür andere aufpackt. Klar,

Geld braucht man zum Leben, aber es ist heute für mich nicht mehr als eben ein Mittel zum Zweck. Nichts mehr, nach dem ich gierig bin.

Meine Frau und ich haben über Jahre von 1500 Euro im Monat gelebt, solange ich meine Firma aufbaute. Das war knapp, aber es ging auch irgendwie. Und ich war und bin einfach tausendmal glücklicher, erfüllter und dank eines reinen Gewissens friedvoller als vorher. Und inneren Frieden zu haben ist unbezahlbar, das kann kein Geld der Welt wettmachen.

Rückblickend ist mir klar: Das war überhaupt kein Leben, das war eine eigene Form von Gefangenschaft. Und irgendwann geht die Klappe zu. Bei mir eben blöderweise in Kolumbien. Aber erwischt wird man auch in Deutschland auf jeden Fall irgendwann. Auch hier ist es kein Spaß, im Knast zu sein. Und wenn man erstmal vorbestraft ist, sieht es mit den Chancen, danach etwas aus seinem Leben zu machen, nicht mehr so gut aus. Ein paar Jahre hustlen und auf dicke Hose machen und dafür genauso viele Jahre hinter Gittern sitzen ... kein guter Deal.

In meinem Song „Brief an die Straße", rappe ich: „Ich weiß, du bist der Straße loyal, Realtalk, Bruder, das' der Straße egal!" Dieses Straßending fängt irgendwann an, dich zu dominieren. Man lernt die Sprache der Straße, man lernt die Gesetze, den Kodex. Aber nach zwei Jahrzehnten Streetgame kann ich sagen: Nichts davon ist real. Alles daran ist heuchlerisch. Es gibt keine Liebe, keinen Respekt, keine Loyalität. Brüder verraten Brüder, um ihren Kopf aus der Schlinge zu ziehen oder um dicken Cash zu machen.

Man sagt, auf der Straße werden nur die Echten respektiert. Die, die sich an den Kodex halten. Alles großer Mist. Ich kenne Typen, die sitzen, weil sie ihren Mund gehalten haben und die von der Straße vergessen worden sind. Ich sehe aber Typen auf der Straße, die anerkannt und respected werden, obwohl jeder weiß, dass sie gezwitschert haben. Wann wacht ihr endlich auf? Es gibt keine Moral in diesem Spiel. Jeder sucht nur seinen eigenen

Vorteil. Der Straße ist egal, was mit dir passiert, also meine nicht, dass du ihr etwas schuldig wärst!

Das alles möchte ich mit meinen Texten und meiner Story klarmachen und vielleicht dem einen oder anderen einen besseren Weg aufzeigen. Der Glaube hat aus einem Dope-Dealer einen Hope-Dealer gemacht. Ich bringe jetzt nicht mehr das Yayo, also das Kokain, sondern Hoffnung an den Block. Wie es MC Bogy in einem Interview mit mir sagte: „Du wirst als Brandstifter geboren und stirbst als Feuerwehrmann." Gefällt mir.

Junge Menschen haben es hier zwar auch nicht unbedingt easy, aber sie haben immer noch viele Möglichkeiten, etwas aus ihrem Leben zu machen. Anders als in Kolumbien, wo viele Teens schon mit 12, 13 Jahren in den Drogenkrieg verwickelt werden und kaum andere Möglichkeiten haben, als Auftragskiller oder „Jibaro", also Dealer zu werden. Das ist meine Message: „Du hast dieses eine Leben geschenkt bekommen, mach was draus! Du hast das Privileg, in einem Land zu leben, das dir alle Chancen bietet. Was wirst du damit machen? Fällst du auf die falschen Versprechen rein oder verschreibst du dich dem wahren Leben?"

✝

Ich werde öfter von Eltern gefragt, was sie tun können, wenn ihr Kind einen krummen Weg eingeschlagen hat. Es gibt da keine Pauschalrezepte, aber ich erzähle mal, wie es bei uns war: Meine Eltern standen nie hinter dem, was ich gemacht habe. Beziehungsweise was sie vermutet haben, was ich gemacht habe. Immer wieder haben sie versucht, mich auf den geraden Weg zurückzubringen und mir gut zuzureden. Doch machen wir uns nichts vor: Der Einfluss der Eltern ist sehr begrenzt. Und die Linie dünn, dass das Kind zumacht, wenn es sich zu sehr in die Ecke gedrängt fühlt. Meine Eltern haben aber etwas gemacht, was von unschätzbarer Wichtigkeit war und wofür ich ihnen bis heute zutiefst dankbar bin: Sie haben mich nie aufgegeben. Ihre Tür war immer für mich offen, sie waren immer für mich da, sie haben mir teilweise aus Notsituationen rausgeholfen, auch finanziell. Mein Vater hätte mir natürlich niemals Geld für Drogendeals gegeben. Aber er hat mir bei dem Problem mit der Disco geholfen und er hat mir den Flug von Venezuela bezahlt, als ich nach dem Knast über die grüne Grenze bin. Der krasseste Satz, den er einmal zu mir gesagt hat, war: „Ich würde alles für dich geben, mein Sohn." Da hatte ich einen dicken Kloß im Hals!

Meine Eltern sind der Hammer, ich bin Gott so dankbar für sie – dem Gott, der ebenso alles für seine Kinder gegeben hat, was ihm lieb war, nämlich seinen eigenen Sohn.

Auf jeden Fall kann man sein Kind und all die Sorgen und Ängste vor Gott bringen und ihn um Hilfe bitten. Die Macht hinter dem Gebet sollte man nie unterschätzen. Meine Eltern waren damals noch gar nicht so gläubig, aber sie haben viele Stoßgebete rausgeschickt, als ich im Gefängnis saß in Kolumbien: „Bitte lass unseren Sohn heil und lebendig wieder zurückkommen." Und Gott hat ihren Sohn nicht nur heil und lebendig zurückgebracht, sondern komplett verändert und im Herzen neu gemacht. Sie durften erleben, dass all ihre Wünsche und Hoffnungen für mich sich erfüllt haben, obwohl das mit meiner Vorgeschichte ja echt mehr als unwahrscheinlich war. Heute sind sie glücklich, dass sie eine wundervolle Schwiegertochter haben und zwei süße Enkelkinder. Wir wohnen 200 Meter voneinander entfernt, sie sehen ihre Enkel fast jeden Tag. Meine Kids sind so gerne bei Oma und Opa. Wir fahren auch zusammen in den Urlaub und verbringen Wochenenden zusammen. Es ist eine ganz enge, innige Beziehung. Es ist im wahrsten Sinne des Wortes wunderbar, dass Gott zwischen uns so viel Wiederherstellung geschenkt hat.

Wenn ich also einen Tipp für Eltern geben soll, die mich fragen: „Mein Sohn ist gerade voll lost in den und den Sachen, wie soll ich damit umgehen?" – dann ist es genau dieser: „Liebe ihn.

Zeig ihm deine bedingungslose Liebe und dein Interesse an ihm, gib ihn niemals auf und sei einfach für ihn da. Und bete für ihn, ja hör nicht auf zu beten, bis Gott ein Wunder schenkt."

Auch der verstockteste Jugendliche hat ja doch manchmal diese Lichtmomente, bei all der Dunkelheit, in der man ist. Wenn man einen guten Zugang hat zu dem Jugendlichen, kann man dann vielleicht zu ihm durchdringen. Obwohl – dass er das nicht machen sollte und dass das kriminell ist und gefährlich, muss man so einen Jugendlichen vielleicht mal klarmachen, aber ganz ehrlich, das weiß man denn irgendwann auch selber. Das braucht man einem Verbrecher nicht erzählen. Und jemandem im Gefängnis brauchst du nicht sagen, dass er Dreck am Stecken hat, das weiß der auch so.

Wer weiß, wie in meinem Leben alles gekommen wäre, hätten meine Eltern mir nicht immer wieder die Tür aufgemacht. Andere brechen vielleicht für immer und ewig mit ihrem Kind. Da kann ich nur sagen: „Bitte macht das nicht! Natürlich sollt ihr nicht unterstützen, wenn es krumme Dinger dreht. Es geht ja nicht darum, das zu legalisieren oder schönzureden." Das haben auch meine Eltern nie getan. Den Mist, den ich verzapft hatte, für den musste ich schon selbst geradestehen. Konsequenzen gibt es für alles, was man macht im Leben, und die muss jeder selbst tragen. Auch heute trage ich noch die Konsequenzen meines alten Lebens. Jesus hat zwar wirklich jeden Riss in meiner Seele geflickt, aber die Narben sind noch spürbar.

Aber dass man für seine Kinder da ist und sie nicht aufgibt und ihnen Halt gibt und sagt: „Hey, ich lieb dich trotzdem und ich bin für dich da und die Tür ist hier immer für dich offen" – das macht den großen Unterschied, davon bin ich felsenfest überzeugt. Das ist das Wichtigste: Die Beziehung so halten, dass das Kind nicht eines Tages vielleicht zurückkommen will ... und vor der Tür kehrtmacht, weil es sich nicht traut.

So ähnlich ist die Liebe, die Gott uns zeigt, nur dass seine Liebe noch viel größer und absolut bedingungslos ist. Gott hasst die

Sünde, er hasst Rassismus, er hasst Gewalt, er hasst all diese ganzen Sachen, die gegen sein Wesen sind. Aber er sieht den Menschen dahinter und dem möchte er seine Liebe geben und Gnade schenken. Er hält nach uns Ausschau und hofft jeden Tag, dass wir zu ihm zurückkommen. Und dann rennt er uns entgegen, schließt uns in die Arme und feiert ein Freudenfest. Aller Mist, den wir gebaut haben, ist vergeben und vergessen. So wie in der berühmten Geschichte vom verlorenen Sohn, die ich unten abgedruckt habe. Es ist fast zu schön, um wahr zu sein, aber es ist wahr. Genau so habe ich es erlebt. So ist mein Gott.

Gott ist wie der Vater, der nie aufgehört hat, seinen Sohn zu lieben. Und wir Menschen sind wie der Sohn. Jesus erzählte diese Geschichte, um zu zeigen, wie Gott wirklich ist. Und um den Menschen zu zeigen, wie wir wirklich sind. Damit wir wissen, dass es ganz egal ist, wie weit wir wegrennen oder wie gut wir uns verstecken oder wie tief wir in der Tinte sitzen – Gott wird uns immer wieder finden.

In 2. Korinther 3,3 (NL) steht: „Ihr seid ein Brief Christi, von uns geschrieben, aber nicht mit Tinte, sondern mit dem Geist des lebendigen Gottes: nicht auf Steintafeln, sondern in die Herzen der Menschen."

Gott schreibt mit mir diese wunderbare Geschichte meines Lebens. Und wer weiß, vielleicht geht es dabei gar nicht nur um mich – vielleicht ist mein Leben ja auch ein Brief von Jesus an dich, geschrieben nicht mit Tinte auf Papier, sondern mit dem Geist des lebendigen Gottes in dein Herz.

Jetzt kannst du nach allem, was du gelesen hast, das Buch zumachen und weglegen. Ohne, dass dich das weiter berührt. Oder du kannst den Gedanken an dich heranlassen, ob du Ja zu der ausgestreckten Hand Gottes sagen willst. Das liegt ganz allein bei dir.

Wenn du mehr wissen willst, lade ich dich ein, den Anhang zu lesen, in dem ich mehr zum Evangelium erkläre.

# Anhang – Wenn du mehr wissen möchtest

## Das Gleichnis vom verlorenen Sohn

*Jesus erzählte weiter: „Ein Mann hatte zwei Söhne. Eines Tages sagte der jüngere zu ihm: ‚Vater, ich will jetzt schon meinen Anteil am Erbe haben.‘*

*Da teilte der Vater seinen Besitz unter die beiden auf. Nur wenige Tage später machte der jüngere Sohn seinen Anteil zu Geld, verließ seinen Vater und reiste ins Ausland. Dort leistete er sich, was immer er wollte. Er verschleuderte sein Geld, bis er schließlich nichts mehr besaß.*

*Da brach in jenem Land eine große Hungersnot aus. Es ging dem Sohn immer schlechter. In seiner Verzweiflung bettelte er so lange bei einem Bauern, bis der ihn zum Schweinehüten auf die Felder schickte. Oft quälte ihn der Hunger so sehr, dass er sogar über das Schweinefutter froh gewesen wäre. Aber nicht einmal davon erhielt er etwas. Da kam er zur Besinnung: ‚Bei meinem Vater hat jeder Arbeiter mehr als genug zu essen, und ich sterbe hier vor Hunger. Ich will zu meinem Vater gehen und ihm sagen: Vater, ich bin schuldig geworden an Gott und an dir. Sieh mich nicht länger als deinen Sohn an, ich bin es nicht mehr wert. Lass mich bitte als Arbeiter bei dir bleiben!‘*

*Er machte sich auf den Weg und ging zurück zu seinem Vater. Der erkannte ihn schon von weitem. Voller Mitleid lief er ihm entgegen, fiel ihm um den Hals und küsste ihn.*

*‚Vater‘, sagte der Sohn, ‚ich bin schuldig geworden an Gott und an dir. Sieh mich nicht länger als deinen Sohn an, ich bin es nicht mehr wert.‘*

*Sein Vater aber befahl den Knechten: ‚Beeilt euch! Holt das schönste Gewand im Haus und legt es meinem Sohn um. Steckt ihm einen Ring an den Finger und bringt Schuhe für ihn! Schlachtet das Mastkalb! Wir wollen essen und feiern! Denn mein Sohn war tot, jetzt lebt er wieder. Er war verloren, jetzt ist er wiedergefunden.'"*

*(Lukas 15,11-24)*

Das Leben wollte er selber erfinden – glücklich werden ohne Gott. War er bei einem Lebensglück angekommen, konnte er es nicht genießen. Er musste sofort ein neues Ziel anpeilen. Das Glück ist ihm immer eine Nasenlänge voraus – nie erreichbar. Eins hat der Sohn inzwischen vergessen: Alles, was er besitzt, benutzt und genießt, hat er von Gott, seinem Vater: sein Geld, seine Kleidung, seine Nahrung, seinen Körper und seine Begabungen. Großartige Geschenke, damit das Leben gelingen kann. Aber er benutzt sie ohne den Vater und seine Ordnung. So entfernen die Gaben sich vom eigentlichen Sinn und machen ihn kaputt. Sein Geld macht ihn größenwahnsinnig. Sein Körper wird zum Sex-Sklaven. Von der Sehnsucht rutscht er in die Sucht: Er *muss* feiern, Geld ausgeben und sich Drogen einwerfen. Was nach Freiheit roch, wird zum stinkenden Gefängnis.

Urplötzlich kommt eine Wirtschaftskrise. Der schöne Traum vom Leben ist zum Alptraum geworden. Wer schneller lebt, ist eher fertig! Er steht jetzt vor der Leere. Alles ist leer: sein Portemonnaie, seine Wohnung, sein Magen, sein Leben.

Was ist zu tun? Die einen sagen: „Zähne zusammenbeißen und durch". Andere versinken im Selbstmitleid und fragen: „Warum gerade ich?" Viele spielen sich zum Staatsanwalt auf und setzen Gott oder die Umstände auf die Anklagebank. Manche ekeln sich vor sich selber. Der Ausweg ist jedoch nicht der Ekel, sondern der Heimweg zum Vater. Diesen Weg gibt es, seit Jesus am Kreuz gestorben und auferstanden ist!

Jesus hat diese Geschichte erzählt.
Jesus hat den Weg zum Vater gebaut.
Jesus will, dass jeder Mensch den Heimweg antritt.
(Lutz Scheufler)

## Das Evangelium von Jesus Christus

Aus einer Predigt, die Niels am 19. Mai 2023 in Hamburg beim Release Konzert des Samplers 2 gehalten hat:

Vom Drogenschmuggler zum Hoffnungsträger, vom Dope Dealer zum Hope Dealer, vom Gangster Rapper zum Gospel Rapper, du hast es gelesen. Das ist die Geschichte, die Gott mit mir geschrieben hat. Dort im gefährlichsten Knast Kolumbiens, La Modelo in Bogotá, hatte ich eine Begegnung, die mein Leben um 180 Grad verändert und von Grund auf neu gemacht hat. Eine Begegnung mit dem lebendigen Gott, Jesus Christus, und seinem Evangelium. Doch was ist das eigentlich, dieses Evangelium?

Das Wort „Evangelium" kommt aus dem Griechischen und bedeutet „Frohe Botschaft", und, ja, es ist die beste Message aller Zeiten! Es ist die Siegesbotschaft von Golgatha. Diesem Hügel, auf dem Jesus Christus an unserer Stelle am Kreuz sein Leben gegeben hat, damit wir in ihm ewiges Leben haben.

Warum Jesus am Kreuz für uns starb, verstehen wir aber nur, wenn wir erkannt haben, wer dieser wahrhaftige Gott ist, der Himmel und Erde geschaffen hat. Und durch den Blick auf Gott erkennen wir, wer wir Menschen wirklich sind.

Gott ist heilig und gerecht. Er ist unvergleichlich, hoch erhoben über seiner gesamten Schöpfung und völlig anders als jedes Geschöpf. Er ist so unbeschreiblich heilig, dass der Prophet Habakuk schreibt: „Deine Augen sind so rein, dass sie das Böse nicht ansehen können; du kannst dem Unheil nicht zuschauen." Und im

Psalm 5,5 heißt es: „Denn dir, Gott, gefällt keine Gottlosigkeit; die Gottlosen dürfen nicht in deiner Nähe sein."

Genau das ist das größte Problem des Menschen: Gott ist heilig und gerecht, aber wir Menschen sind alles andere als das. Kein Mensch ist so gut und gerecht, dass er den Maßstab vollkommener Gerechtigkeit erfüllen könnte. Wir sind alle vom Kurs abgekommen. Der eine mehr – wie ich –, der andere weniger, aber wir alle haben uns von Gott entfernt, uns von ihm losgerissen. Wir sind Gott losgeworden. Dauernd brechen wir Gottes Zehn Gebote. Zum Beispiel besagt das neunte Gebot, dass man nicht lügen soll. Wer kann behaupten, er hätte noch nie gelogen? Kein Mensch kann gerecht vor Gott bestehen, egal was für ein guter Mensch jemand meint zu sein. Und wir sitzen da alle im selben Boot! Wir alle haben Gottes Gebote mit Füßen getreten und nichts zu unserer Entschuldigung vorzubringen.

Gott aber ist die Gerechtigkeit in Person. Und es ist gut zu wissen, dass Gott gerecht ist. Wir wären richtig am Ende, wenn der allmächtige Herrscher des Universums ein böser und korrupter Diktator wäre. Wenn Gott aber gut ist, und das ist er zweifellos, was soll er dann mit denen tun, die es nicht sind? Die ungerecht, egoistisch, zum Bösen geneigt und ungehorsam sind? Wenn der Richter der ganzen Erde auf der Grundlage von Gerechtigkeit handelt, muss er uns dann nicht alle verdammen?

Wenn Gott den Sünder nicht bestrafen würde, wäre er ungerecht. Und das gerechte Urteil über die Sünde ist der Tod. Römer 6,23a: „Der Lohn der Sünde ist der Tod." Hier ist aber nicht nur der körperliche Tod gemeint. Wir Menschen sterben alle, das ist der Fluch des Todes, der über uns gekommen ist, als Adam und Eva, unsere ersten Vorfahren im Paradies, von der verbotenen Frucht gegessen haben. Dieser Vers meint vielmehr den geistlichen Tod.

Gott ist Geist, und um eine Beziehung mit Gott zu haben, muss unser Geist lebendig sein. Doch wir Menschen sind geistlich tot, weil wir durch die Sünde getrennt sind von Gott. Das ist, was Sünde bewirkt: Sie trennt uns von Gott und ist immer tödlich. Und wenn der Mensch in diesem geistlich toten Zustand sein Leben verliert, wird er für alle Ewigkeit getrennt sein von Gott, an dem Ort, den die Bibel „Hölle" nennt. Und alle Menschen laufen von Geburt an direkt darauf zu. Wir sind verloren, vollkommen lost, wir alle benötigen Rettung.

Wir können uns aber nicht selbst retten. Auch nicht durch irgendwelche guten Werke, die wir tun. Genau das wollen dir aber alle Religionen auf dieser Welt erzählen. Da muss der Mensch etwas leisten, um sich die Rettung zu verdienen. Religion sagt: „Mach und tu!" Jesus Christus sagt: „Es ist vollbracht!" Das waren seine letzten Worte, kurz bevor er am Kreuz für unsere Sünden starb. Nicht wir entscheiden durch unser Tun oder Nicht-tun, ob wir errettet oder verdammt sind. Jesus Christus hat durch das, was er am Kreuz vollbracht hat, schon dafür gesorgt, dass jeder, der an ihn glaubt, erlöst ist und ewiges Leben hat.

Wo Religion der Versuch des Menschen ist, zu Gott zu kommen, sagt das Evangelium, dass Gott zu uns Menschen kam. In seiner großen Liebe und unendlichen Barmherzigkeit hat der Sohn Gottes vor 2000 Jahren seinen Thron im Himmel verlassen und kam auf die Erde, um ein Mensch zu werden wie du und ich. Jesus Christus aus Nazareth, der Gott-Mensch, wahrer Gott und wahrer Mensch, der nur aus einem einzigen Grund auf die Erde kam, nämlich, um für uns zu sterben, damit wir in ihm leben können. In 2. Korinther 5,21 steht: „Denn er (Gott, der Vater) hat den (Jesus Christus), der von keiner Sünde wusste, für uns zur Sünde gemacht, damit wir in ihm (in Christus) zur Gerechtigkeit Gottes würden."

Jesus Christus, der Sohn Gottes, der von keiner Sünde wusste, wurde für uns zur Sünde gemacht. Dank seiner großen Gnade ließ Gott, der Vater, seinen Sohn als Stellvertreter am Kreuz sterben, wo ER die Strafe für unsere Sünden trug. Jesus war dort an unserer Stelle von Gott verlassen, damit wir vor der ewigen Trennung von

Gott errettet sind. ER wurde für uns dort am Holz zum Fluch, um uns von diesem Fluch zu befreien. Der Zorn Gottes erging über Christus und so wurde die gerechte Forderung des Gesetzes Gottes erfüllt, für die ER starb.

Die Forderung der Sünde ist der Tod. Bezahlen wir selbst mit dem Tod den Lohn unserer Sünde, dann ist es vorbei, that's it. Wir können mit unserem Tod niemanden retten, nicht einmal uns selbst. Es musste ein makelloses Opfer her. Jemand, der eben nicht mit diesem Virus „Sünde" infiziert war. Und so bezahlte Jesus Christus, der einzige Mensch, der ohne Sünde war, mit seinem Tod die Schuld, die wir niemals hätten bezahlen können. Jesus war dort an unserer Stelle von Gott verlassen, damit wir vor der ewigen Trennung von Gott gerettet werden. So hat er uns mit unserem Vater im Himmel versöhnt und Frieden gemacht.

Weißt du, was der Name Jesus, im Hebräischen „Jeschua", bedeutet? Er bedeutet „Gott ist Rettung". Jesus ist der Retter, den Gott dazu bestimmt hat, uns zu erlösen, schon bevor er die Welt schuf. Und wenn du auf ihn und auf sein vollbrachtes Werk am Kreuz vertraust, so wie du auf einen Fallschirm vertrauen würdest, wenn du aus einem abstürzenden Flugzeug springst, dann trägt er dich in das ewige Leben. Der Glaube an Christus als Herrn und Retter beendet die vergeblichen Versuche, aus eigener Kraft das Gesetz zu halten und sich so selber zu retten. Denn von dem Moment an, an dem du auf Jesus Christus vertraust, bist du „in Christus".

Und zwar „in Christus" gestorben, womit deine Sündenschuld durch deinen Tod in Christus beglichen ist und Gott dir deine Sünden nicht mehr anrechnet. „In Christus" bist du zur Gerechtigkeit Gottes geworden. Gott erklärt dich für gerecht und kleidet dich in der Gerechtigkeit seines Sohnes.

Bist du „in Christus", sind deine Sünden vergeben, du bist unschuldig und freigesprochen: „Wenn eure Sünden wie Scharlach sind, sollen sie weiß werden wie der Schnee; wenn sie rot sind wie Blut, sollen sie weiß wie Wolle werden" (Jesaja 1,18).

Christus trug unsere Sünden, damit wir seine Gerechtigkeit tragen können. Gott behandelte Jesus, als habe ER unsere Sünden begangen, und Gott behandelt uns Gläubige, als hätten wir nur die gerechten Taten Jesu getan. Aus unserem großen Minus vor Gott, wird durch das Kreuz ein großes Plus. Aus unbezahlbarer Schuld wird unverdiente Gerechtigkeit. Aus ewiger Verdammnis in der Hölle wird ewiges Leben im Himmel. Das ist Gnade! Ein freies Geschenk Gottes an seine Kinder.

Wenn Jesus danach tot im Grab geblieben wäre, wäre diese sensationelle Botschaft, die du gerade gelesen hast, nur eine Legende, eine Märchengeschichte. Aber Jesus ist am dritten Tag vom Tod auferstanden! Das feiern wir heute noch an Ostern, weil wir daran glauben, dass er den Tod besiegt hat und auch heute noch lebt und mit uns in Beziehung treten will. Das unterscheidet das Christentum von allen anderen Religionen. Im Zentrum des Christentums steht eine lebendige Person. Jesus spricht heute noch durch sein Wort, die Bibel, und auch ganz persönlich zu Menschen. Das habe ich selbst erlebt und auch viele, viele andere Menschen.

Bist du ihm schon begegnet? Wenn nicht, ist jetzt vielleicht der Moment, an dem er dir ganz persönlich begegnen will. Lass das nicht einfach so an dir vorbeiziehen, als würde es nichts bedeuten. Denn nichts ist so bedeutend wie das, was Jesus Christus für dich am Kreuz vollbracht hat.

Du hast nur dieses eine Leben und das verfliegt so schnell. Weltweit sterben 150000 Menschen täglich. Woher willst du wissen, dass du nicht der nächste bist? Du weißt nicht, was morgen ist. Erfolg hat einmal ein Ende. Ansehen und Schönheit vergehen. Geld wird einmal keine Rolle mehr spielen, denn wenn du sterbenskrank bist oder alt und dir bewusst ist, dass dein Leben bald ein Ende hat, dann bedeutet dir das, was du auf deinem Bankkonto hast, einen feuchten Dreck. Es ist höchste Zeit, dass du über deine Ewigkeit nachdenkst.

Es ist egal, wie weit weg du von Gott gelebt hast und wie viele Sünden du begangen hast. Gott wird dir Vergebung schenken, wenn du mit ehrlichem Herzen vor ihn trittst und um Vergebung bittest. Du hast dich vielleicht tausend Kilometer von ihm entfernt, aber um zurückzukehren, musst du nur einen einzigen Schritt machen.

Gott bietet dir heute einen neuen Weg an. Zieh die Handbremse, mach einen U-Turn, eine 180-Grad-Kehrt-Wende. Hör auf, vor Gott wegzulaufen und komm nach Hause zu deinem Vater im Himmel.

## Nachwort

Niels hat seine Geschichte in diesem Buch festgehalten, aber eigentlich ist der wahre Autor Gott, der eine neue Geschichte in sein Herz schrieb und ihm so eine 180-Grad-Wendung seines Lebens bescherte. Die Geschichte, die Niels in diesem Buch beschreibt, ist real, sie ist keine Fiktion. Das kann ich bezeugen, denn so wie er bin auch ich Augenzeuge vieler solcher Momente gewesen.

Im Jahr 2013, nachdem ich zwei Gefängnisse durchlaufen hatte, kam ich ins Hochsicherheitsgefängnis von Itagui bei Medellín, Kolumbien, wo ich meine 20-jährige Haftstrafe wegen Mordes zu Ende verbüßen sollte. Ich war vorher im gehobenen Dienst bei der Polizei gewesen, hatte an vorderster Front im Kampf gegen die Guerilla-Milizen gestanden. Dabei habe ich viel Grausames sehen und viele Freunde und Kollegen zu Grabe tragen müssen. Ein Polizist in Kolumbien verdient nicht viel Geld, schon gar nicht in Relation zu der täglichen Gefahr, im Dienst draufzugehen. So ist der Anreiz, sich auf illegalen Wegen etwas dazuzuverdienen, sehr hoch. Viele rutschen da rein, so auch ich. Und wenn man dem Kartell einmal die Hand gereicht hat, nehmen sie gleich den ganzen Arm. Ich habe über Jahre ein doppeltes Spiel gespielt, bis ich erwischt und eingebuchtet wurde.

Als ich im Hof 3 ankam, bemerkte ich eine Gruppe von vier Personen, die die Bibel studierte. Der erste, der mich begrüßte, war Niels. Zu meinem Erstaunen war er ein Deutscher, der wie ich eine Haftstrafe in diesem Gefängnis verbüßte. Und das war der Beginn unserer Freundschaft. Uns verband nicht nur der Spaß am Sport, sondern auch die sehr ähnlichen Gründe, warum wir hier gelandet waren. Wir konnten uns gegenseitig ermutigen und uns dabei helfen, die schwierigen Momente hinter den Gitterstäben an diesem dunklen Ort auszuhalten.

Niels und ich sind bis heute mehr als nur Freunde, wir sind Brüder, die für die gleiche Sache leben: Gott Ehre zu erweisen, der uns gerettet hat. Wir entwickelten gemeinsam eine Vision für neue Lebensprojekte, an denen wir beide mitarbeiten wollten. Eines davon, das wir mit Gottes Hilfe verwirklichen konnten, ist der Dokumentarfilm „180 Grad" über Niels' Geschichte. Genauso wie das Projekt „Frutos de Gracia", also „Früchte der Gnade", dessen Ziel es ist, Männern und Frauen, die aus dem Gefängnis entlassen werden, einen Arbeitsplatz und eine zweite Chance zu geben. Dank der Barmherzigkeit Gottes bin ich heute zudem gemeinsam mit meiner Frau als Prediger in Gefängnissen und in der Paarberatung unterwegs.

Niels möchte mit diesem Buch auf keinen Fall seine Fehler verharmlosen, sondern vielmehr denjenigen Hoffnung schenken, die sich in der gleichen oder einer noch schlimmeren Lage befinden und mit diesem inneren Monster zu kämpfen haben, das uns ständig zum Bösen zieht. Er teilt aus der Tiefe seiner Seele, was passiert, wenn man sich der Illusion namens Reichtum und Macht hingibt. Aber auch die andere Seite: dass niemand zu verloren sein kann, um von Gott gefunden zu werden. Wer sich darauf einlässt, kann Wertvolles für sich mitnehmen und vielleicht auch selbst erleben, dass das, was Gott mit uns vorhat, viel besser ist als alles, was wir uns jemals vorstellen konnten.

Ich danke Gott für das Leben von Niels, einem Mann, der seinen Worten Taten folgen lässt. Ein aufrichtiger Mann, für den Freundschaft einen unschätzbaren Wert hat. Ein engagierter Ehemann und Vater, der seinen Kindern und anderen aus dieser Generation, in der christliche Prinzipien und Werte verlorengehen, ein Vermächtnis der Gotteserkenntnis hinterlassen möchte.

*Fabian Figueroa*

## Vita

Niels Petersen, 1983 in Flensburg geboren, lebte für sechs Jahre in Kolumbien, wo er im großen Stil Drogenhandel betrieb. Als er deswegen verhaftet wurde, kam er in eines der gefährlichsten Gefängnisse des Landes. Hier kam er mit dem christlichen Glauben in Kontakt und veränderte sein Leben. Zurück in Deutschland ist er heute unter dem Namen „R.E.A.L" in der Gospelrap-Szene bekannt. Mittlerweile hat er drei Firmen gegründet, eine davon ist „Tropifruit". Mit seiner kolumbianischen Frau und seinen beiden Kindern lebt er bei Flensburg.

## Danksagung

**Ich danke meinem Gott, Jesus Christus,** für die Geschichte, die ER mit mir schreibt, und für das Versprechen eines Happy Ends in Seiner Herrlichkeit. Dieses Buch widme ich einzig und allein der wichtigsten Person meines Lebens: Jesus Christus. Wo wäre ich jetzt ohne Dich, mein Herr? Ich hätte mich nie zu Gott bekehrt, wenn ER nicht entschlossen in mein Leben eingegriffen hätte. Ich wollte nichts von IHM wissen, hab IHN ignoriert, IHM ins Gesicht gespuckt und bin vor IHM weggelaufen, aber ER hat niemals aufgehört, mich zu lieben. Ich musste erst den Fall und den Zusammenbruch spüren, um von meinem Hochmut zur Demut vor Gott zu kommen. Erst danach hatte ich ein offenes Ohr dafür, was ER von mir wollte. Darum danke ich IHM, dass ER mich zuerst geschlagen und verwundet, danach aber verbunden und für immer geheilt hat (Hiob 5,18).

**Ich danke meinen lieben Eltern, Inis und Uwe,** für all ihre Liebe und dafür, dass sie mich nie aufgegeben haben und immer für mich da waren.

**Meiner wundervollen Frau Kelly Paola** für ihre Treue und den Halt. Du bist mir das Kostbarste, mein größter Segen. Meinen süßen Kindern Dulce Maria und Elias Theodor, ihr seid das größte Geschenk, das Gott mir hier auf Erden gemacht hat.

**Ein besonderer Dank geht raus an meinen Freund und Bruder Fabian Figueroa und seine Frau Dolly.**

**Auch an meine Brüder Manfred Lange, Marvin Martey und Camilo Pajhoy** vom 180°-Team. Ich bin gespannt, was Gott mit diesem Projekt tun möchte.

**Pastor Henry** für seinen Predigtdienst in den Gefängnissen Bogotás und meine Taufe im Lavadero in La Modelo.

**Pastor Javier Correa** für seinen Predigtdienst in Itagui und seinen Zuspruch und Ermutigung.

**Meinen Brüdern von Realtalk Records**, ihr seid die Krassesten.

**Meinen Produzenten**, die mich mit bestem Sound versorgen: **Lucasio, Jam Beatz, Maik the Maker, Tuny D, Dex the Producer und Venom Valentino.**

**Macho** für das Mixing und **Milian und Stephan** von Maximal Media für die gute Zusammenarbeit.

**Distri** für den Vertrieb meiner Musik.

**Sevin von Hog Mob Ministries** für die Inspiration.

**Lucky** für eine treue Freundschaft und seiner Frau für die Erinnerung an Psalm 1.

**Dogan Göndüz** für unsere lange Freundschaft. One Blood.

**Lutz Scheufler und dem Evangelisationsteam** für ihre Unterstützung und die Ausbildung.

**Der Arche Hamburg**, meiner Gemeinde und vor allem meinen Pastoren Christian Wegert, Wolfgang Wegert und Andy Mertin für die Unterstützung, die Aussendung und die Zurüstung.

**Karoline Kuhn und adeo** für die gute Zusammenarbeit.

**Adalberto und Oswaldo** für die gute und wertvolle Arbeit bei Frutas de Gracia SAS.

**Markus Karos One** für die krassen Artdesigns.

**Florian Dünker** für das Cover-Foto.

**Lukasz Kopec** für die heftigen Merch Designs.

**Jedem einzelnen Bruder und jeder einzelnen Schwester** für eure tragenden Gebete.

**Und jedem einzelnen Leser und Hörer** für den Support.

MIX
Papier | Fördert gute Waldnutzung
FSC® C014496
FSC www.fsc.org



1. Auflage Dezember 2023
Bestell-Nr. 835373
ISBN 978-3-86334-373-6

Umschlaggestaltung: Andreas Sonnhüter · grafikbuero-sonnhueter.de
Umschlagfoto: Florian Dünker
Satz: Uhl+Massopust, Aalen
Druck und Verarbeitung: GGP Media GmbH, Pößneck
Printed in Germany

www.adeo-verlag.de